MARTA HARNECKER
VIDA E PENSAMENTO

ISABEL RAUBER

MARTA HARNECKER
VIDA E PENSAMENTO

Tradução: Maria Almeida

1ª edição

EXPRESSÃO POPULAR

São Paulo – 2022

Copyright © 2021 Isabel Rauber
Copyright © desta edição Editora Expressão Popular

Produção editorial: *Lia Urbini*
Revisão de tradução: *Aline Piva*
Preparação de texto: *Miguel Yoshida*
Revisão: *Lia Urbini*
Capa: *Felipe Canova*
Projeto gráfico: *Zapdesign*
Diagramação: *Mariana Vieira Andrade*
Imagem da capa: *Brigada Ramona Parra, Chile*
Impressão e acabamento: *Cromosete*

Dados Internacionais de Catalogação-na-Publicação (CIP)

R239m   Rauber, Isabel
         Marta Harnecker : vida e pensamento / Isabel Rauber.
         --1. ed.-- São Paulo : Expressão Popular, 2022.
         360 p.

         ISBN 978-65-5891-065-7

         1. Harnecker, Marta, 1937-2019 – Educadora popular -
         Biografia – Chile. 2. Educadora marxista – Chile - Biografia.
         3. Harnecker, Marta, 1937-2019 – Ativista chilena.
         4. Harnecker, Marta, 1937-2019 – Cientista política –
         Biografia – Chile. 5. Harnecker, Marta, 1937-2019 –
         Psicóloga - Biografia – Chile. I. Título.

                                                   CDU 32(091)(83)
Catalogação na Publicação: Eliane M. S. Jovanovich CRB 9/1250

Todos os direitos reservados.
Nenhuma parte deste livro pode ser utilizada
ou reproduzida sem a autorização da editora.

1ª edição: junho de 2022

Editora Expressão Popular Ltda.
Rua Abolição, 197 – Bela Vista
CEP 01319-010 – São Paulo – SP
Tel: (11) 3112-0941/3105-9500
expressaopopular.com.br
livraria@expressaopopular.com.br
www.facebook.com/ed.expressaopopular

SUMÁRIO

Prólogo à presente edição 7
João Pedro Stedile

Reflexões 11
Camila Piñeiro Harnecker

Palavras de Michael Lebowitz 15
Michael Lebowitz

À guisa de introdução 17

I. UM MUNDO A CONSTRUIR: NOVOS CAMINHOS

Um livro que sintetiza aprendizagens e propostas 33

Novos horizontes e conceitos que são desenvolvidos ou aprofundados 37

O Prêmio Libertador, razões de sua inscrição 75

Tipologia de seus livros 79

Relacionamento com as editoras 93

Socialista e marxista, uma questão de identidade 95

II. DE ALLENDE AOS GOVERNOS POPULARES DE ESQUERDA DO SÉCULO XXI

O governo de Salvador Allende 105

Allende, o precursor do socialismo do século XXI 113

Lições do governo Allende para os governos populares 117

Outros temas a serem levados em conta por governos populares e pela esquerda 133

III. FRANÇA E ALTHUSSER: A PRIMEIRA GRANDE MUDANÇA EM SUA VIDA

Por que França 157

"Os retiros espirituais", um caminho até Althusser 163

Relação com Althusser 167

Os conceitos elementares do materialismo histórico 177

Volta ao Chile 181

Golpe, clandestinidade e exílio 191

IV. CUBA E PIÑEIRO: A SEGUNDA GRANDE MUDANÇA DE VIDA

Primeiras visitas a Cuba (Anos 1960 e 1970) 199

Romance com Piñeiro 205

O exílio em Cuba e o reencontro com Piñeiro 213
A vida com Piñeiro 219
Cuba: atividade e livros 227
Maternidade 235
Camila 239
O Mepla 243

V. VENEZUELA, CANADÁ E LEBOWITZ: A TERCEIRA MUDANÇA DE SUA VIDA

Morte de Piñeiro, solidão e novos romances 251
Michael Lebowitz 255
Saída à Venezuela, 2004 265
O sedimento político das experiências de Cuba e Venezuela 281

VI. DA INFÂNCIA À TERCEIRA IDADE: ALGO MAIS QUE UM SUSPIRO

Pinceladas familiares 295
O Movimento Ranquil e sua atividade nos sindicatos 309
Sua entrada no Partido Socialista 313
Romances de juventude 315
Voltar à formação política 323
Fama e privacidade 327
O desafio de ser avó 329
A morte, um problema a enfrentar 333
Mensagem de encerramento 337

BIBLIOGRAFIA CITADA 339

ANEXOS

"Para construir uma sociedade socialista se requer uma nova cultura de esquerda": Discurso de Marta Harnecker ao receber o prêmio Libertador Simón Bolívar ao Pensamento Crítico 343

Palavras de Marta Harnecker ao receber o Prêmio de Ciências Sociais que lhe foi outorgado pelo Clacso 357

Perfil biográfico 359

PRÓLOGO À PRESENTE EDIÇÃO

João Pedro Stedile

Minha geração foi formada teoricamente lendo livros de esquerda durante a ditadura empresarial-militar (1964-1985) de forma escondida. Os livros eram proibidos. Praticamente nenhuma editora brasileira podia editar ou reeditar livros em português que fossem de esquerda ou críticos à ditadura, principalmente depois de 1968, com o recrudescimento da repressão marcado pelo Ato Institucional n. 5 (AI-5).

Os livros circulavam com capas disfarçadas, de mão em mão, e em alguns espaços formaram-se coletivos para debater esses raros livros, na forma de seminários, pequenos encontros e leituras coletivas.

Entre os autores prediletos daquela época, que influenciaram toda a nossa geração, estava Marta Harnecker. Muitos de seus textos foram editados durante o governo da Unidade Popular, de Salvador Allende, no Chile, e chegavam ao Brasil de alguma forma. Alguns circulavam mimeografados, a maior parte deles ainda em espanhol. Mais tarde soube que muitos intelectuais brasileiros criticavam os pequenos livros da Marta alegando que eles seriam muito manualescos, que simplificavam os conceitos ou, ainda, que ela apenas copiava as ideias de Louis Althusser, o filosofo francês que foi de fato seu mestre.

Eles têm toda a liberdade de fazer suas críticas acadêmicas, mas o certo é que Marta, com seu método, popularizou o estudo entre milhares de militantes populares e de esquerda que o utilizavam para poder entender como funcionava o capitalismo e alimentar sua luta. Portanto, os livros de Marta não tratavam de preciosismos de interpretação, e muito menos queriam substituir os clássicos; ao contrário, eles eram uma forma de popularizar o conhecimento científico desenvolvidos por estes.

Passei toda a minha juventude admirando a tal de Marta Harnecker, que muitos achavámos se tratar de alguma professora alemã, devido ao seu sobrenome. Qual não foi minha grata surpresa quando, na década de 1990, pude conhecê-la pessoalmente, por ocasião de sua vinda ao Brasil para estudar a formação pouco ortodoxa do Partido dos Trabalhadores e as experiências de participação popular nas prefeituras que ele começou a conquistar pelo Brasil afora.

De pronto tivemos uma empatia muito grande entre nós e nos tornamos amigos, além da admiração que mantinha pelo seu trabalho de intelectual orgânica da classe trabalhadora. Tivemos o privilégio de hospedá-la em nossa casa durante as estadias de trabalho no Brasil e pudemos conhecer também sua única filha Camila, e seu último companheiro Michael.

Conhecia a obra da Marta, depois conheci a Marta como pessoa, e a conheci como uma intelectual irrequieta e instigante que se preocupava em pesquisar e conhecer as muitas experiências organizativas da esquerda para poder disseminá-las por todo o continente.

Certamente Marta foi a mais latino-americana de todos os intelectuais orgânicos da esquerda. Sempre lia os processos de lutas e organizativos como parte desse imenso esforço de todo povo latino-americano. Não separava as experiências de seu Chile ou de Cuba, aonde viveu a maior parte do tempo, com o Brasil, Venezuela etc.

Gostava de pesquisar se envolvendo com os processos na prática. Não foi em absoluto uma pesquisadora de gabinete, como dizia Paulo Freire, mas uma pesquisadora de práxis.

Marta utilizou o que há de melhor no método dos clássicos, que se transformaram nos sistematizadores da experiência das organizações do povo em seu tempo. Seja no espaço da luta de massas, seja dos movimentos populares, seja das experiências organizativas partidárias.

Foi também, na minha opinião, quem melhor interpretou as ideias de Lenin, não como cópia da experiência russa, mas como lições históricas da luta de classe, aplicadas à realidade latino-americana.

Pessoalmente era uma trabalhadora incansável, obstinada, sem dia de semana nem horário específico para suas múltiplas pesquisas e para a busca por respostas às suas preocupações do "que fazer" revolucionário.

Realizava tudo isso sempre preocupada com a didática. Queria sempre que as descrições dos processos que ela pesquisava fossem facilmente entendidos pela militância, e que esta se dedicasse acima de tudo a debater com o povo para avançar em sua conscientização e organização.

Comentei, de forma genérica, algumas das qualidades de nossa querida Marta. Fico por aqui, pois Isabel Rauber, que foi sua companheira de trabalho em diversas pesquisas e conviveu com ela por muito tempo, soube de maneira genial, por meio de um rico diálogo, fazer presente o legado da Marta neste livro.

A genialidade da Isabel foi ter se utilizado dos mesmos métodos de Marta para pesquisar sua vida e obra, utilizando-se de entrevistas e da sistematização precisa e didática dessa obra teórica.

Seremos sempre gratos à Isabel por, agora, repetir a Marta e trazer seu legado teórico de vida e de prática, para que toda a militância latino-americana possa conhecê-la melhor, depois de sua partida.

Termino dizendo que Marta sempre foi uma entusiasta da ideia de que os movimentos e partidos precisavam ter suas escolas de formação política para formar seus dirigentes, quadros, militantes e base social. Por isso, ela sempre aceitou com muita alegria todos os convites que fizemos para vir dar aulas na nossa Escola Nacional Florestan Fernandes, onde esteve inúmeras vezes.

Depois de andar por acampamentos, assentamentos e cooperativas conversando com nossos militantes, ela resumiu seu olhar num livro sobre a experiência dos Sem Terra brasileiros. Ficamos muito orgulhosos quando sua família enviou suas cinzas para repousar num jardim especial dos que já foram, o Germinal na Escola Nacional Florestan Fernandes.

Marta nos deixou saudades, mas também um legado teórico e de exemplo de vida militante. Somos eternamente gratos ao esforço de Isabel, tão fiel e precisa nesta biografia política. Certamente com esse livro vocês vão conhecer quem foi Marta Harnecker.

REFLEXÕES

Camila Piñeiro Harnecker

Agradecemos a Isabel Rauber pelo enorme esforço feito para terminar esta biografia de uma mulher que foi surpreendente em tantos sentidos. Uma mulher que teve, até os seus últimos dias, uma vida totalmente dedicada a contribuir com tudo o que podia para a construção de um mundo melhor para as grandes maiorias. Se é um desafio tentar sistematizar toda a vasta obra de Marta Harnecker, é ainda mais desafiante caracterizar a sua dimensão humana, tão pura, intensa e multifacetada.

Este livro está baseado em entrevistas – na verdade, conversas – que Isabel fez com a minha mãe durante vários dias em 2015, quando já intuía que a sua estada na terra ia se encurtando. Imaginamos que escolheu Isabel como "confidente" porque tinham trabalhado juntas por quase uma década e por ambas terem se inclinado a metodologias de trabalho semelhantes. Provavelmente também porque compartilharam a experiência de exiladas políticas em Cuba, vítimas de ditaduras criminosas que ceifaram a vida de dezenas de milhares de pessoas e que adiaram tantos anseios por sociedades mais justas e humanas.

Como filha, fui testemunha de sua total dedicação em contribuir para que esses sonhos e esperanças – como ela se referia a eles em todas as suas correspondências – não fossem anestesiados na consciência das pessoas, nem por ditaduras nem por consumismo ou fundamentalismo religioso. Sua razão de vida era dotar as pessoas humildes, os jovens e militantes de esquerda de ideias e ferramentas para poderem concretizar esse mundo melhor possível. Espero que este livro sirva para inspirar muitos e muitas jovens a, como ela – porque ela sempre se considerou jovem, apenas com "muita juventude acumulada" –, não aceitar as injustiças e acreditar que o céu pode ser alcançado na terra.

Marta nunca se limitou apenas à crítica ao capitalismo, mas apresentou esboços desse mundo melhor que é necessário construir; ao qual ela chamou "socialismo do século XXI". Além disso, propôs "novos caminhos" que devemos empreender para avançar até ele, evitando os erros de tentativas passadas e atuais. Por isso, em momentos em que milhões de pessoas em todo o planeta estão, uma vez mais, passando da resistência à busca de alternativas, seus escritos pedagógicos são muito úteis para compreender por que é necessário superar o capitalismo.

Este livro deve servir também aos e às militantes de organizações de esquerda porque Marta enfocou, em particular em seus últimos anos, as seguintes três ideias. Primeiro, o "instrumento político" necessário para conquistar o poder do Estado e evitar que este nos desvirtue. Segundo, o "planejamento participativo descentralizado" como componente essencial de governos com horizontes pós-capitalistas. Terceiro, e ao centro também dos dois, a importância da "participação protagonista" na tomada de decisões em todos os espaços sociais (políticos, econômicos etc.) como via fundamental para que as pessoas se autotransformem nas mulheres e homens que fundam e sustentam sociedades pós-capitalistas.

Conhecer a vida desta mulher talvez sirva também para inspirar outras pessoas inseguras como ela a superar seus medos e conseguir tudo o que se proponham com constância e dedicação. Minha mãe teve muita sorte, incluindo o fato de ter nascido em uma família com recursos que a apoiou – embora não compartilhassem todas suas ideias e projetos – em seus anseios de aprender com o mundo e de melhorá-lo; de que Louis Althusser a aceitasse como discípula e o ajudasse a entender o materialismo histórico como ferramentas de análise, e para a construção crítica de sociedades de justiça plena; de que um pequeno revólver que meu pai lhe havia dado decidisse não cair de sua bolsa quando os militares pinochetistas lhe revistavam na casa onde estava escondida dias depois do golpe militar[1]; que tantas companheiras e companheiros tão valiosos – como a autora deste livro – tenham decidido se juntar a ela e se dedicar a jornadas de trabalho intenso sem fim; que tenha podido compartilhar a vida, as ideias e as lutas com meu pai por mais de 20 anos, e que depois tenha encontrado Mike, companheiro também de ideias e lutas, e aprendido também com ele durante seus últimos quase 20 anos.

Teve sorte. Mas também teve a decisão de nunca se render às dificuldades e sempre ser otimista sobre o futuro. Sua visão da vida ficou demonstrada durante seus últimos anos e meses. Nunca a vi angustiada pela morte – nem a que caiu sobre os mais próximos, nem a que cairia algum dia sobre ela. Não que desconhecesse sua iminência: nem a morte ia lhe deter em seu empenho de continuar sendo útil para os demais. E o continuará sendo enquanto haja pessoas que se inspirem por suas ideias e exemplo de vida, assim como pelos de tantas outras pessoas que como ela dedicaram suas vidas à construção de uma alternativa verdadeiramente socialista.

Obrigada Isabel por contribuir a que muito mais pessoas a conheçam tão de perto e quem sabe se sensibilizem com o que motivava minha mãe a dar o melhor de si a cada dia.

---

[1] Marta Harnecker relata mais adiante o episódio, e explica que na realidade apenas as balas estariam na bolsa no momento da revista. (N.E.)

PALAVRAS DE MICHAEL LEBOWITZ

Michael Lebowitz

Compartilhar uma vida de amor e compromisso político fez meu curto tempo [2002-2019] com Marta o mais importante capítulo de minha vida. Quando nos conhecemos, em 1998, discutimos o trabalho de Louis Althusser. Imediatamente nos demos conta, no entanto, que estávamos em grande parte de acordo sobre a importância do protagonismo e seus efeitos em transformar as circunstâncias e as pessoas. Em nosso trabalho na Venezuela, ambos nos propusemos a isto: Marta em seu Programa sobre a Participação no Centro Internacional Miranda (CIM) [que enfatizava as comunidades] e eu em meu programa de Prática Transformadora e Desenvolvimento Humano [que enfocava a autogestão operária]. No entanto, levei muito tempo para compreender a importância de seu trabalho sobre o instrumento político [outro de seus programas no CIM] e não me detive nisso até meu último livro [*Entre capitalismo e comunidade*] – e em particular, seu último capítulo, "O instrumento político que necessitamos", o qual o vejo como um tributo a Marta.

À GUISA DE INTRODUÇÃO

Considerações necessárias

Apresentar Marta Harnecker para vocês neste livro é uma responsabilidade quase maior do que elaborá-lo. O que dizer brevemente de uma personalidade ao mesmo tempo influente, controvertida e atraente?

Começarei por contar como surgiu este livro.

Marta e eu trabalhamos juntas por cerca de oito anos. Fundamos o Centro para Recuperação e Difusão da Memória Histórica do Movimento Popular Latino-Americano (Mepla), em 1991. Como seu nome explicita, era uma ONG – da qual, inicialmente, fui vice-diretora – dedicada à recuperação da memória histórica popular latino-americana. Mas, como provavelmente muitos de vocês, já conhecia Marta por seus seus textos, desde os anos 1970. Primeiro foram os *Cuadernos de educación popular* [*Cadernos de educação popular*] e depois uma fotocópia de *Os conceitos elementares do materialismo histórico*, seu livro icônico que nos orientou naquela época de obscuridade, censura e repressão.

Quando em finais dos anos 1970 a encontrei em Havana, em um evento sobre Educação Popular na Casa de Las Américas, a alegria foi imensa. Não a imaginava assim, tão jovem, simples e acessível. Naquele momento combinamos de nos ver e conversar. Isso ocorreu alguns anos depois, ambas já muito dedicadas à recuperação da memória histórica. Eu estava concentrada na análise dos processos políticos da Argentina recente e Marta, nos movimentos insurrecionais da América Central. Lembro que a visitei em sua casa em várias ocasiões até que ela me convidou para unir esforços e trabalhar juntas nessa direção: resgatar experiências por meio de testemunhos de seus protagonistas. Assim começou uma relação que – com altos e baixos próprios da vida – se manteve até o final de seus dias e se estenderá para sempre.

Em 1990, começamos a pensar na organização de uma ONG. Marta já tinha a ideia bastante avançada; havia tentado anteriormente transformar esse projeto em um departamento de pesquisas do Centro de Estudos sobre América (CEA), mas isso não foi possível. No entanto, continuamos trabalhando juntas e assim se fortaleceu o caminho para a ONG que deu origem ao Mepla. Eu me encarreguei de fazer contato com aqueles que já eram referência de organizações de perfil parecido, de reunir informação e prover ânimo. Era algo quase desconhecido em Cuba e era preciso entusiasmo – e creio que foi onde mais contribuí com o assunto, porque o restante, papelada, registros jurídicos e certificações, ficou a cargo de Marta e de sua assessora principal naquela ocasião, Grete Weinmann.

Durante anos trabalhamos para constituir o Mepla, desenvolver os projetos de investigação da memória histórica popular latino--americana, desenvolver aspectos metodológicos acerca da história oral e do testemunho neste tipo de trabalho não antropológico, mas orientado à sistematização de experiências sociopolíticas de movimentos políticos do continente que depois foi se ampliando para movimentos sociais e temas de feminismo e gênero. E eu me dedicava precisamente a essas temáticas.

Aprendi muito com Marta nesse tempo. Metodologicamente, aprendi particularmente sobre o processamento de entrevistas, tanto individuais quanto de grupo, de forma qualitativo-temática e não linear. Neste caso, experimentei concretamente com Marta a possibilidade de realizá-lo simultaneamente ou em momentos diferentes, efetuando algumas entrevistas de modo individual para depois integrá-las como um testemunho coletivo. Com essa possibilidade, se abriram as portas para uma dimensão maior das reflexões, potencializando o trabalho coletivo e articulado entre protagonistas e pesquisadoras. Isso me mostrou novas potencialidades do trabalho de pesquisa a partir dos testemunhos, para recuperar experiências coletivas do continente protagonizadas por novos atores sociais.

Para realizar esse trabalho com seriedade e respeito aos protagonistas, suas realidades, identidades e pontos de vista era necessário ter extremo cuidado em não manipular os/as testemunhas no sentido de conseguir que dissessem o que se queria escutar; estimular sua expressão, sim, mas quem entrevista devia sempre guardar sua opinião para si e não a expor nas entrevistas. Foi com Marta que aprendi esse pressuposto ético-metodológico-chave para uma fiel recuperação crítica da memória histórica dos movimentos populares do continente.

Mas nem tudo foi metodologia. Ao processar testemunhos, emergiam critérios para a titulação e subtitulação dos textos que, em nosso caso, sempre estavam baseados nas ideias-chave identificadas nos testemunhos. Como identificá-las? Os debates a respeito foram muito enriquecedores e esclarecedores. Ajudaram-me a distinguir claramente entre um discurso ideológico e as práticas políticas, priorizando estas, já que se buscava a recuperação de experiências concretas. Além disso, em tais experiências Marta sempre procurou saber se as organizações protagonistas contavam ou não com uma análise pormenorizada da *correlação de forças* nesse momento, dado que – enquanto elo central da ação política – para a consecução dos objetivos propostos se torna indispensável contar com uma correlação de forças favorável. Marta havia vivido a experiência do governo de Salvador Allende e tinha consciência de que não ter levado em conta a correlação de forças sociais e políticas daquele tempo debilitou a ação política da esquerda chilena naquele momento e, portanto, o governo da Unidade Popular. Interiorizar tudo isso foi importante em minha formação como pesquisadora, estudiosa das experiências sociopolíticas populares no continente.

Havíamos consolidado bastante nosso funcionamento como equipe do Mepla entre o ano de 1991 e 1995. Mas as restrições próprias do "período especial", a sempre presente e crescente ameaça do Norte imperialista, irromperam em nossas atividades e abriram as comportas à incompreensão, talvez por excesso de cautela. Com a habilitação do chamado "Carril II" da lei Helms Burton (EUA), se ampliava o bloqueio e a ingerência externa para fomentar processos de desestabilização em Cuba. Em tais circunstâncias, no começo do ano de 1996, as autoridades cubanas exigiram o estrito cumprimento da "razão social" às ONGs existentes em Cuba.[1] Obviamente, isto não se referia a nós nem afetava nossas atividades. Porém, na vice-direção do Mepla eu levava adiante trabalhos comunitários que não faziam parte de seus fundamentos originários; por conta disso, consideramos melhor que eu me dedicasse ao projeto de cooperação comunitária com o bairro de Cayo Hueso, ao qual me uniam laços de profundo compromisso. Ali – de um modo participativo –, impulsionamos atividades em diversas áreas do bairro, em parceria com a Oficina de Transformação Integral da localidade e com todos os fatores comunitários do bairro. Muito haveria para compartilhar de tal experiência que se desenvolveu por mais de uma década, mas não é este o lugar nem o momento. Se o menciono aqui é para não omitir o distanciamento que as condições daquele momento produziram entre mim e Marta. Mas sempre mantivemos o diálogo, atitude que nos afastou de enfrentamentos estéreis. Desse modo, o trabalho sustentado por ambas com uma mesma direção e horizonte voltou a nos reunir como companheiras que sempre fomos e em poucos anos voltamos a fazer coisas juntas.

---

[1] A esse respeito, pode-se consultar a nota publicada no periódico *Granma*, de 27 de março de 1996.

Lembro-me, por exemplo, da revisão que fiz de seu livro *Ecuador: una nueva izquierda en busca de la vida en plenitud* [*Equador: uma nova esquerda em busca da vida em plenitude*], do qual Marta me solicitou que fizesse o prólogo [2011]; as conversas metodológicas por Skype que mantivemos quando ela já estava doente no Canadá; as cartas que compartilhamos dentro de um amplo coletivo de amigos; a revisão de seus textos e o intercâmbio de pontos de vista sobre o planejamento participativo,[2] o recebimento em seu nome do Prêmio Latino-Americano e Caribenho de Ciências Sociais, que lhe foi outorgado pelo Conselho Latino-Americano de Ciências Sociais (Clacso) em reconhecimento a sua contribuição às Ciências Sociais, ao pensamento crítico e às lutas políticas na área das Ciências Sociais, em novembro de 2018... E finalmente surgiu o projeto para esta escrita.

Quando Marta me propôs a realização desse livro, eu já havia decidido retomar meus testemunhos de histórias de vida de mulheres do continente para repensar juntas novos desafios do feminismo, do gênero, do poder e da política patriarcais, particularmente com relação à sua marca cultural e ideológica. E havia pensado nela como uma das grandes mulheres do continente indo-afro-latino-americano, entre minhas candidatas para entrevistar. Segundo me comentou Marta, a enfermidade a havia levado a pensar em seu legado, em suas memórias, e queria que eu fosse sua interlocutora.

---

[2] Isto é apenas para mencionar o último período, uma vez que antes de 1998 o intercâmbio e as atividades comuns eram permanentes e cotidianas para nós, revisando textos, debatendo questões metodológicas ou trabalhando textos em conjunto, como ocorreu especificamente com o livro *Los desafíos de una izquierda legal* [*Os desafios de uma esquerda legal*], que recupera criticamente a experiência da Frente Ampla uruguaia. Também produzimos conjuntamente: *Esquema para un análisis de coyuntura* [*Esquema para uma análise de conjuntura* (1991)]; *Hacia el siglo XXI la izquierda se renueva* [*Rumo ao século XXI a esquerda se renova*] (1991); *Memoria oral y educación popular: reflexiones metodológicas* [*Memória oral e Educação popular: reflexões metodológicas*] (1996).

Ou seja, se produziu novamente uma convergência de propósito entre ambas de forma que, de imediato, decidimos colocar mãos à obra e iniciar os diálogos

Conforme ela me disse, alguns intelectuais – por pedidos de editoras – haviam se oferecido a fazer sua biografia, mas ela queria outra coisa, um texto pedagógico, com relatos em forma de diálogos que permitirão que leitores e leitoras se aproximem dela e conheçam seu pensamento de um modo simples e direto, sem rebuscamento. E foi por isso que pensou em mim. Porque segundo ela eu havia captado e desenvolvido um estilo de entrevistas-testemunho e uma metodologia de processamento e elaboração do texto que era – segundo suas palavras – muito semelhante ao dela.[3]

Por isso, estou convencida que Marta quis que eu elaborasse este livro tal como o apresento agora a vocês. Ele é o resultado de sete encontros e conversas que foram levados a cabo, a princípio, no ano de 2015, em Havana. As transcrições e verificações iniciais foram demoradas, pois decidimos conversar livremente, não em formato clássico de entrevista. Os intercâmbios entre nós se mantiveram nos anos posteriores por correio eletrônico, embora com muitos altos e baixos pelas complicações de saúde de ambas. Lembro que, inicialmente, nos detivemos mais no período de sua vida na França, porque ela havia escrito um artigo sobre sua relação com Althusser[4] e – seguindo seu método – apelou também para esse artigo na conversa que havíamos tido sobre esse tema. Depois, revisamos outros aspectos sobre a tipologia de seus livros, sua vida pessoal etc.

---

[3] Ela expressou isso, por exemplo, quando propôs que eu recebesse – em seu nome – o Prêmio que lhe foi outorgado pela Clacso: "o ideal é que o prêmio seja recebido pela pesquisadora argentina Isabel Rauber, que foi subdiretora do Mepla e a única que soube fazer seu meu método de trabalho". Trecho retirado do correio eletrônico que ela escreveu à Clacso com cópia para mim, em outubro de 2018.

[4] Ver Harnecker, 2016.

Não foi possível revisar com ela as versões finais. Para esclarecer alguns aspectos que considerei necessários, consultei pessoas que ela havia mencionado, revisitei seus textos e – segundo suas próprias sugestões – busquei comparar informação entre as tantas e tantas entrevistas que ela deu em vida. Falamos à distância sobre alguns pontos, mas ela estava muito concentrada em seus trabalhos. E se nunca quis desviar-se de seu objetivo, muito menos no último período, que intuía ser curto para seu empenho em concluir um texto que considerava chave[5] e deixá-lo pronto para divulgação. "Isabel, consulta entrevistas anteriores, procura o que eu disse ali e incorpora-o, sou eu mesma em todas", foram suas palavras muitas vezes ante minhas insistentes consultas.

Isso não foi fácil para mim, porque não me sinto confortável com isso, embora compreenda suas razões. E, no entanto, eu também não estou bem de saúde, ao contrário, muito limitada no que se refere à mobilidade; decidi elaborar este texto a partir das conversas recíprocas, com informação que pude verificar (nomes, datas...) e de acordo com os objetivos que me havia proposto no início: identificar e evocar grandes momentos e etapas de sua vida, combinados com as experiências vividas nos países onde residiu: França, Chile, Cuba e Venezuela. Em seu devir, isso foi moldando-transformando seu modo de ver e pensar o mundo, desde a infância até o momento em que lhe outorgaram o Prêmio Libertador ao Pensamento Crítico [Caracas, 2014]. Este percurso me permitiu identificar três grandes rotações e mutações em sua vida e pensamento, sobre as quais organizei este livro.

Reservei uma parte das conversas que tivemos para uma edição posterior, mais ampla, que emergirá de um grande trabalho de busca e pesquisa, quando a minha saúde me permitir fazê-lo. Isto resultará

---

[5] Trata-se de seu trabalho *Planificación participativa descentralizada* [*Planejamento participativo descentralizado*], com várias edições e ampliações.

em outro livro, metodologicamente diferente deste, baseado no seu testemunho. Já está na minha agenda.

Gostaria de agradecer especialmente o apoio de Camila Piñeiro Harnecker em todos os momentos, assim como a colaboração da companheira Lorena Carlota, assistente pessoal de Marta Harnecker nos últimos anos. Ela me forneceu – como combinado com Marta – um caudal de informação indispensável que estava nos arquivos da Marta em Havana, o que contribuiu para agilizar o trabalho de processamento da informação.

Este livro foi estruturado em seis capítulos, começando por abordar as chaves do pensamento maduro de Marta Harnecker e terminando com o percurso pelas etapas iniciais de sua vida. Princípio e fim são unidos em sua história pessoal e na de seu pensamento, dando lugar a um fechamento que resume e simboliza o movimento de sua vida em constante revolução.

Agradeço à Editora Expressão Popular por sua decisão de traduzi-lo e publicá-lo no Brasil, neste difícil tempo de pandemia. Agradeço também o apoio determinado do companheiro e amigo João Pedro Stedile, autor do prólogo e entusiasta desta edição.

Gostaria de ter concluído este texto há um ano, mas a irrupção da covid-19 impôs isolamentos prolongados que impossibilitaram o acesso aos arquivos conforme o previsto. Mas com audácia e tenacidade, conseguimos reunir o suficiente para esta primeira e maravilhosa edição que é mais que um livro, é uma homenagem a uma das grandes intelectuais orgânicas pela emancipação dos povos de Nossa América.

Marta não era uma acadêmica tradicional, institucional, e nunca posou como tal. Os fundamentos de seu pensamento social foram desenvolvidos a partir de sua militância católica que despertou desde jovem sua sensibilidade a respeito das razões da existência da pobreza. Isso motivou, de sua parte, uma busca sobre as formas para erradicá-la. Com esse empenho chegou a Paris, ao marxismo e a Althusser, com quem trabalhou muito de perto, participando em seus seminários, traduzindo seus textos, transmitindo suas ideias... Ao regressar ao Chile, rapidamente se converteu em uma pensadora que compreendia as complexidades da esquerda latino-americana, uma revolucionária e uma excepcional comunicadora.

De caráter forte, incansável no trabalho, extremamente exigente, especialmente com ela mesma, Marta sempre se vestiu modestamente; dirigia um pequeno veículo europeu que servia a múltiplos fins. Em tempos agudos do "período especial" – mais de uma vez – ela colocou seu automóvel à disposição para pôr em funcionamento uma espécie de "usina elétrica ambulante". Com o automóvel em marcha carregávamos as baterias que depois conectávamos a um conversor para ligar os computadores e impressoras e concluir a elaboração de textos urgentes ou imprimir os originais para levá-los à gráfica (segundo as exigências daquele tempo). Ela financiou muitos dos seus livros. Pode-se dizer que subordinou a sua existência ao que foi o seu propósito de vida: produzir e difundir conhecimento revolucionário.

Marta nos ensinou muito

Quando Marta Harnecker escreveu *Os conceitos elementares do materialismo histórico*, ela estava longe de imaginar que sua difusão removeria as pedras do pensamento e das práticas revolucionárias de então (e de daí em diante...). Apesar disso, insatisfeita consigo mesma, ela continuou buscando modalidades pedagógicas para comunicar conteúdos teóricos, daí *Los cuadernos de educación popular* [*Cadernos de educação popular*]. Tudo isso, combinado à militância política e o trabalho como jornalista encarregada do *Chile Hoy*, foi deixando marcas em seu pensamento e abriu as portas às buscas e reflexões ancoradas na palavra dos protagonistas.

A maior grandeza da obra de Marta reside, talvez, no fato de ela não ter procurado grandeza pessoal, mas sim pôr em relevo as experiências de luta dos povos e de suas organizações em busca de um projeto superador do capitalismo, para contribuir com a construção de um novo horizonte coletivo em comum, que ela definiu como o "socialismo do século XXI". Esta proposta foi o resultado de décadas dedicadas à reconstrução do pensamento sociotransformador a partir de conhecer, sistematizar e difundir experiências alternativas desde a base indo-afro-popular deste continente, promovendo sua difusão sem preconceitos, sem mordaças nem temores ao "que dirão".

Marta Harnecker, uma intelectual orgânica comprometida com os povos, acompanhou os processos populares de mudança social; aprendeu com eles e, ao mesmo tempo, teve a honestidade de expressar seu enfoque crítico quando identificou algumas práticas que considerou prejudiciais aos processos de mudanças sociais. Buscou sempre ajudar os protagonistas a crescer e a desenvolver também neles o olhar crítico a respeito de suas experiências para amadurecer coletivamente, fortalecer-se e renovar esforços e vontades para construir um mundo novo, superador do capitalismo.

Sua apurada técnica de entrevistas está ligada a essa finalidade pedagógica e política. Não corresponde ao formato nem aos procedimentos jornalísticos; expressa – do meu ponto de vista – uma visão epistemológica que é consciente de que não haverá pensamento novo se não se esquadrinhar as práticas dos povos que os impulsionam, mesmo que o façam, talvez, de maneira desordenada, incompleta. Este tem sido, para mim, um posicionamento teórico-prático medular que constituiu um ponto de convergência entre ambas para manter e desenvolver nosso trabalho.

Marta buscou com agudeza interrogar os entrevistados e as entrevistadas promovendo e destacando sempre, em primeiro plano, suas reflexões. Destaco-o porque é talvez uma das mais raras práticas intelectuais em nosso meio e no mundo: subtrair tempo ao desenvolvimento do pensamento próprio para dedicá-lo a expor o pensamento de sujeitos coletivos do campo popular, geralmente privados da palavra (enquanto expressão de pensamento coletivo).

Para isso, Marta Harnecker estava disposta também a aprender com os povos, consciente de que os processos de transformação revolucionária são, ao mesmo tempo, processos de conscientização e (auto)constituição dos atores sociais diversos e dispersos, em sujeito coletivo. Porque um/uma intelectual orgânico/a não é quem se autoproclama como tal e diz: "Sigam-me", mas sim quem é capaz de mostrar e demonstrar que: os povos sabem e – articulados com seus saberes e sabedorias – é possível mudar o presente e construir um mundo novo. A consciência dessa afirmação resume o caminhar de Marta e as transformações de seu pensamento. E se expressam em seu livro *Um mundo a construir: novos caminhos*,[6] que recebeu o "Prêmio Libertador ao Pensamento Crítico" [2014] e que – por isso – decidi que fosse o primeiro capítulo deste livro.

Os resultados de seu trabalho constituem um patrimônio dos povos

O que foi dito me permite afirmar que os resultados da tarefa intelectual de Marta Harnecker pertencem a todos nós; constituem um patrimônio dos povos. Enquanto *conhecimento construído* é uma obra conjunta, alinhavada e reconstruída passo a passo entre todos e todas e que a todas e todos – incluindo o intelectual participante – faz crescer, refletir e amadurecer.

É por isso que os textos que Marta Harnecker põe à disposição dos/das leitores/as, em sua maioria militantes por um mundo melhor, não são apenas livros e muito menos "reportagens"; trata-se

---

[6] Esse livro foi publicado no Brasil pela Expressão Popular em 2018. (N. E.)

de uma grande obra política pedagógica popular que contribui ao amadurecimento da consciência revolucionária coletiva.[7]

Ela tomou consciência de que os processos revolucionários não são obra de elites iluminadas nem de messianismos individuais, que são os povos, em sua diversidade, os que – articulando-se – vão tomando as rédeas de suas vidas; e em suas experiências de resistência, luta e transformação vão se constituindo em atores políticos coletivos capazes de protagonizar sua história. Enquanto intelectual orgânica, sua obra é parte desses processos de luta, da construção e (auto)constituição dos sujeitos e de sua aposta histórica, de seus processos de amadurecimento e empoderamento coletivos, contribuindo para os diversos acúmulos (de consciência, organização, projeto, vontades, saberes e poder), orientados a fortalecer suas capacidades de rupturas cada vez mais profundas com o funcionamento do capital.

Em seus textos, Marta Harnecker tem presente também o internacionalismo, posto que nos convida a refletir a partir das experiências dos povos indo-afro-latino-americanos e do mundo, enriquecendo-nos e fortalecendo nossa espiritualidade ao colocar ao nosso alcance a alentadora aposta global dos povos que lutam pela vida, pela justiça, pela paz e pela felicidade.

No entanto, não pôde – e creio que também não se propôs – abordar todas as dimensões de uma sociedade em transformação. Poder-se-ia dizer que os temas relativos ao questionamento mais aprofundado do poder patriarcal machista de dominação e subjugação da sociedade – e particularmente da mulher – não estiveram muito presentes em sua produção.

Quando conversamos a esse respeito – e está neste livro–, Marta disse:

---

[7] Todas as suas publicações estão disponíveis, precisamente por isso, no portal web de *Rebelión*. Pode ser visitado em: https://rebelion.org/autor/marta-harnecker/

> Eu não conheci o pensamento feminista, eu não li feministas; no entanto, se você ler meus textos a partir das entrevistas às guerrilhas de El Salvador, se dá conta que há temas que foram reivindicados pelo feminismo, como a democracia, a participação, o respeito às diferenças. Esses temas estão presentes. E me dou conta de que estão presentes porque os comandantes guerrilheiros assimilaram o pensamento das comandantes ou... conseguiram que fossem incorporados à sua visão da política elementos que eram considerados do pensamento feminista.

Ou seja, de alguma maneira Marta teve presente em seus trabalhos os postulados do feminismo e de gênero, embora raramente de modo explícito ou como tema central de suas reflexões. Em certa ocasião, reuniu o testemunho de Rebeca (Lorena Peña), comandante da Frente Farabundo Martí de Libertação Nacional (FMLN) de El Salvador no livro *Los retos de la mujer dirigente* [*Os desafios da mulher dirigente*], de 1994. Na apresentação, Marta dizia:

> Desta e de outras entrevistas realizadas pelo Mepla destaca-se a necessidade urgente de elaborar um projeto alternativo de sociedade que leve em conta as diferenças de gênero, que supere o direito burguês. Este, embora proclame a igualdade universal, ao desconhecer a desigualdade real dos indivíduos na sociedade capitalista, se limita a defender uma igualdade que para muitos é algo meramente formal. É necessário elaborar um projeto de sociedade que – partindo da desigualdade real de gênero – defenda e propicie uma igualdade efetiva de ambos os sexos. Um projeto que abandone a concepção burguesa da família, não para destruí-la, mas para superar uma concepção patriarcal, discriminatória, individualista e hipócrita de família. Um projeto que permita que a mulher chegue a cargos de direção política sem que a mulher se veja constrangida a ter que renunciar a ser mãe, esposa e amante para cumprir essas tarefas.

Suas palavras dão conta de sua posição neste tema. Ela sabia que não havia dedicado tempo a esta dimensão do poder, pois estava centrada no resgate de experiências coletivas; no entanto, isso não a fez desconhecedora da importância do enfoque feminista e de gênero para ancorar e conectar os processos emancipatórios como aqueles fundamentados na despatriarcalização descolonizadora ou descolonização despatriarcalizadora, entendidos como fatores de fundo para a germinação e construção de uma nova civilização (re-humanizada).

Isso me transporta ao Equador, em 26 de agosto de 2016, quando Marta Harnecker recebeu a Ordem Nacional ao Mérito no Grau de Cavaleiro das mãos do chanceler equatoriano, Guillaume Long. Depois de entregar-lhe esse reconhecimento de Estado, ele disse: "Não consigo pensar em nenhuma outra intelectual com a constância e dedicação de Marta. Ela é a demonstração mais clara de uma intelectual comprometida com a transformação de nossas sociedades, tão injustas e vergonhosas em tantos aspectos".[8]

Nessa ocasião, Marta fez um breve repasse por sua militância católica e sua aterrissagem no marxismo, que – segundo suas palavras – foi para ela "um instrumento para concretizar o amor". Referiu-se também ao trabalho da esquerda na região que, depois de muitos anos de lutas, conquistou o poder político em muitos países, podendo colocar em andamento políticas de Estado demandadas pelos povos.

Assim concluo esta introdução, esperando ter oferecido nela elementos suficientes que convoquem à leitura do livro. Ele faz parte do sentido fundamental de nossa prática intelectual, política e social, articulado sempre com múltiplos processos de construção de poder popular que se desenvolverão no continente. E tem como finalidade – primeira e última – compartilhar e reafirmar o que Marta enfatizou também em Quito, naquela ocasião: que os povos buscam a felicidade e que essa felicidade se consegue transformando a sociedade.

Nisso estamos.

Isabel Rauber
Buenos Aires, abril de 2021

---

[8] Publicada originalmente por *Diario El Telégrafo*. Disponível em: www.eltelegrafo.com.ec/noticias/cultura/7/marta-harnecker-recibio-la-orden-nacional-al-merito. Nota original: www.eltelegrafo.com.ec

I.
UM MUNDO A CONSTRUIR: NOVOS CAMINHOS

UM LIVRO QUE SINTETIZA APRENDIZAGENS E PROPOSTAS

Marta, você indaga sobre a realidade, dialoga com os sujeitos e depois volta e elabora um texto. Você acha que o livro *Um mundo a construir* é uma síntese de muitos anos de reflexões, mediadas pela sistematização de experiências de lutas populares?

Sim. Eu diria que, depois de *Os Conceitos...*, um primeiro livro desse tipo, síntese, como você diz, seria: *A esquerda no limiar do século XXI* (1998), e depois este, que recebeu o Prêmio Libertador ao Pensamento Crítico (2014).

Seriam três grandes momentos em termos de sua produção de livros.

Sim. Resgatando todos eles, inclusive *Os conceitos elementares do materialismo histórico*. Eu quero fazer uma defesa de *Os conceitos...* Poucas pessoas sabem que eu revisei e ampliei a primeira edição.

A partir da edição de 1985, o livro foi revisado e ampliado por você. Talvez muitos não distingam as modificações que você fez, mas acho que – falando em termo geracionais – a maioria leu seu texto depois dessa edição.

Pode ser.

Voltando ao livro do mundo a construir...

Eu gosto muito deste livro porque foi feito em função do que aprendi.

Você considera que expõe nele seu pensamento maduro?

Sim. Já em 2010 havia feito o livro *Inventando para no errar. América latina y el socialismo del siglo XXI* [*Inventando para não errar. América Latina e o socialismo do século XXI*], um pequeno livrinho que saiu em vários países. Primeiro na Guatemala, como um livro; depois na Venezuela, em três livrinhos; na Espanha com a Viejo Topo; e na Siglo XXI também.

Na Espanha foi muito bem recebido.

Bom, fui à Espanha apresentar outro livro, *A Esquerda no limiar do século XXI*, do qual saíram três edições em três ou quatro meses. Quer dizer, eles já me conheciam bastante...

Vamos falar um pouco sobre como você fez o livro premiado.

Esse livro surgiu da ampliação do texto inicial do livro sobre o *Socialismo do século XXI*.

Mas é mais do que uma ampliação...

Ah, claro. A história é que a *Monthly Review* publicou em inglês o livro do *Socialismo do século XXI* [*Monthly Review*, v. 62, n. 3 (julho de 2010)]. O livrinho, vamos chamá-lo assim para distinguir do livro. Eles publicaram em um formato terrível, porque era uma edição especial de verão, então saiu tudo apertado e sem os títulos. Depois eu escrevi "Construindo uma nova hegemonia", um artigo longo que não me lembro para que o fiz. Talvez foi uma palestra que tive que dar. Eu o traduzi e enviei para a *Monthly Review* como um artigo para a revista. Mas eles me disseram:

"Marta, isso é muito longo". E eles mesmos me propuseram: "Por que você não faz um livro, com tudo o que você já nos mandou?" Foi assim que surgiu a ideia. E aí comecei a juntar...

Você retomou o texto do socialismo e o que foi escrito neste artigo.

Claro. Mas não foi uma colagem, foi um ponto de partida para fazer um novo livro.

Motivos do livro

Eu estava procurando por um tipo de sociedade que respondesse a essa ideia de uma sociedade alternativa que eu havia descoberto em Marx, ou seja, eu parti daí.

Ainda que você não gostasse do socialismo que havia existido no século XX, isso te impulsionou a querer ir mais longe...

Claro. Eu fiz uma revisão também, olhando para trás, para os meus trabalhos, quando refiz o livro *Os conceitos elementares do materialismo histórico*, em 1985, e pus um capítulo sobre a transição ao socialismo. Isso vinha de minha formação althusseriana e de Bettelheim.

O quê?

Saber que o socialismo não correspondia a um Estado do povo que se apropria dos meios de produção e resolve problemas...

Estava claro para mim que ali haveria problemas teóricos entre a propriedade e a apropriação real. Portanto, a participação dos trabalhadores foi uma preocupação central desde sempre.

O problema era – como eu te dizia – que naquela época sabíamos mais o que não queríamos do que o que queríamos.

Lembro que quando voltamos do Equador, depois de apresentar o livro *Hacia el siglo XXI la izquierda se renueva* [*Rumo ao século XXI a esquerda se renova*]**, de 1991, eu te disse que os acontecimentos da esquerda eram apenas crítica ao capitalismo, enunciados sem propostas....**

Claro. E eu te disse que o diagnóstico estava muito claro, mas não o tratamento. Lembro-me muito bem; isso ainda faz parte dos problemas a serem resolvidos.

NOVOS HORIZONTES E CONCEITOS QUE SÃO DESENVOLVIDOS OU APROFUNDADOS

Resgatar o pensamento original de Marx

O livro *Um mundo a construir* está organizado em três partes. A primeira, intitulada "América Latina em marcha", é uma espécie de diagnóstico atualizado da realidade continental. Na segunda, "Até onde avançar: o socialismo do século XXI", você aborda a questão da alternativa socialista e da transição, e na terceira você trata do tema de "Um novo instrumento político para construir uma nova hegemonia". Como um convite aos leitores e às leitoras a mergulhar no texto, quais elementos você destacaria como os mais importantes?

Procuro resgatar o pensamento original de Marx sobre a sociedade comunista que chamamos de socialista. E vou te dizer que eu não tenho clareza qual é o melhor termo. Porque, bem, muitos dizem que o comunismo é mais rejeitado do que o socialismo. Insisto no aspecto humano do socialismo que Marx postulava, isto é, no pleno desenvolvimento humano, que é um assunto em que me enriqueci enormemente com Michael Lebowitz, meu esposo, porque seu eixo de estudo é justamente o tema do desenvolvimento humano.

A dimensão ecológica

Eu já tinha descoberto, por exemplo, o tema ecológico em Marx. Não sei se você leu o livro de John Bellamy Foster intitulado *A ecologia de Marx* (2000); é um livro extraordinário, Isabel, porque mostra como Marx dialogou com todos os cientistas de sua época. Eu pensava: na época de Marx, o problema ecológico não existia.

E agora você descobriu que não era assim...

Há duas razões pelas quais eu pensava que Marx não havia falado sobre ecologia. Primeiro, porque falava do capitalismo e na lógica do capital não cabe o ecológico. E segundo porque – eu pensava – realmente eram muito limitados os problemas ecológicos naquela época, nada a ver com o momento atual, que não podem ser ignorados. Mas lendo esse livro me dei conta que havia uma grande sensibilidade em Marx, que havia estudado, por exemplo, o tema do esgotamento das terras com os fertilizantes...

Então, essa questão do metabolismo entre o homem e a natureza, estas ideias, as incluí aqui, neste livro.

Que é um tema que você não havia abordado antes.

Não. Havia tratado bem rapidamente em *A esquerda no limiar do século XXI* ["Danos irreparáveis ao meio ambiente", Cap. VI].

Essas novas leituras fizeram mudar sua visão com relação ao socialismo?

Nem tanto, digamos que a complementam. Não a mudam porque uma das questões que criticaram do socialismo real é o tema do produtivismo, e isso não é verdade. Retiraram frases do contexto, de Engels ou de Marx, em relação com o desenvolvimento das forças produtivas, para argumentar que no socialismo tinha que se produzir mais que no capitalismo. Então: se o capitalismo não levou em conta o dano à natureza e se o socialismo real se propôs a um desenvolvimento maior das forças produtivas e também prejudicou a natureza, era muito fácil pensar que havia se inspirado em Marx ou, pelo menos, que a ausência do enfoque ecológico se devia ao fato de também estar ausente em Marx.

Embora fosse mecanicista...
Claro. Mas não foi assim.

Vale trazer aqui o nó da questão enfatizada por você no livro, a retiro de uma das partes dele: "Regular racionalmente o metabolismo entre homem e natureza". No parágrafo 223, você diz:

> Marx também afirma que é necessário pôr fim às relações capitalistas de produção e ao antagonismo entre o campo e a cidade porque produzem uma 'fratura irreparável' do metabolismo entre o ser humano e a natureza, afirmando que seria apenas na sociedade dos 'produtores associados' onde [estes regulariam] racionalmente esse seu metabolismo com a natureza, colocando-o sob seu controle coletivo. [Harnecker, 2013, p. 45][1]

A ideia é que, no socialismo, é necessário desenvolver as forças produtivas para satisfazer as necessidades reais das pessoas. Porque uma coisa é satisfazer necessidades artificiais criadas pelo capitalismo e outra coisa é atender as necessidades reais das pessoas. E isso é totalmente compatível com o respeito à natureza.

Nesse sentido, você reitera, permita-me citar:

> Tendo em conta as distorções a que foi dada uma leitura apressada e fora do contexto de alguns textos de Marx e Engels, aqueles em que esses autores expressam que apreciam o quão positivo é o grande desenvolvimento das forças produtivas alcançado sob o capitalismo e as perspectivas para o desenvolvimento dessas forças na sociedade socialista. E eu digo uma leitura fora de contexto porque quando ali eles falam sobre o desenvolvimento industrial em larga escala que aconteceria na nova sociedade, eles não estão dizendo que seria um desenvolvimento ilimitado, mas apenas

---

[1] Citado cf. a edição brasileira, Harnecker, 2018, p. 100.

> que produziria 'o suficiente para organizar a distribuição para cobrir as necessidades de todos os seus membros'. [Harnecker, 2013, p. 45][2]

Parece-me muito importante o texto de Engels, *Princípios do comunismo,* que é o que eu cito neste livro porque destaca este tema.

A partir disso, outro ponto que eu tomo de Engels é quando ele diz que o primeiro passo é apoderar-se do Estado, que esta é a condição para construir o socialismo. Daí sai, então, a ideia de que no socialismo a sociedade tem que se apropriar das forças produtivas e colocá-las a seu serviço. Bom, eu combino isso com o tema da ecologia. Considero que a ecologia não se resolve se a sociedade não assumir e planejar o desenvolvimento, utilizando as forças produtivas de tal forma que não prejudique a natureza. Mas isso se pode fazer apenas com uma sociedade organizada.

Claro. É por isso que você afirma que:

> Não se trata, então, de dizer não ao desenvolvimento, mas de 'conceber e concretizar modelos de desenvolvimento autenticamente humanos', ou aquilo que vários autores chamam de 'desenvolvimento sustentável', ou sociedade ecologicamente sustentável, ou seja, uma sociedade que satisfaça de forma equitativa as necessidades de seus habitantes sem colocar em perigo a satisfação das necessidades das gerações futuras, uma sociedade em que seja o povo organizado quem decida o quê e como produzir. [Harnecker, 2013, p. 96][3]

Veja, uma das primeiras coisas que eu aprendi sobre o socialismo – e coloco aqui como exemplo –, é que as pessoas têm necessidade de comer massa, macarrão etc. Mas têm necessidade de comer 50 variedades diferentes de macarrão? Isso é ilógico. Pode-se fazer cinco tipos que fica mais barato. Então, bem, o que eu digo é que o capitalismo cria necessidades. Os Estados Unidos,

---

[2] Citado cf. a edição brasileira, Harnecker, 2018, p. 100-101.
[3] Citado cf. a edição brasileira, Harnecker, 2018, p. 202.

por exemplo, por meio da propaganda, mudam a mentalidade das pessoas, de muito austera a consumista.

Como você relaciona essa questão das necessidades reais e as criadas pelo capitalismo com a discussão da natureza?

Afirmo que, no socialismo, a sociedade assume em suas mãos as forças produtivas e, portanto, o que me pergunto no livro é, como a assume? Porque a sociedade pode ser o mundo, pode ser um país... – sempre pensando a sociedade como as pessoas que vivem nela, não os dirigentes. Então aí eu levanto a questão do planejamento como instrumento fundamental para que a sociedade assuma o controle das forças produtivas. Isso é o que eu denomino de processo de planejamento participativo descentralizado.

O tema em que você está trabalhando agora.

Sim.

Socialismo do século XXI

Você diria que o socialismo do século XXI é o planejamento participativo?

Penso que uma das características fundamentais do socialismo do século XXI é o planejamento participativo. Ou seja, que a sociedade que buscamos construir – seja lá como a chamemos –, eu não posso concebê-la sem planejamento participativo. Para mim, é o método que permite o protagonismo popular.

Isso seria o socialismo, independentemente de como as pessoas o chamem...

Pode ser o socialismo ou pode ser o comunismo ou, como eu chamo no livro, a sociedade comunitária. O planejamento participativo é uma das características. Porque há, também, os espaços locais de discussão, de debate nacional; o planejamento participativo não cobre tudo.

Qual seria então sua abordagem central, sua conclusão e proposta fundamental para o socialismo do século XXI?

Um traço característico do socialismo do século XXI é o planejamento participativo descentralizado. Para mim não existe socialismo do século XXI se não houver planejamento participativo descentralizado.

Você toma o conceito de "socialismo do século XXI" de Chávez e diz assim no livro:

> Foi o presidente Chávez quem teve a coragem de chamar de socialista a essa sociedade alternativa ao capitalismo. Chamou de 'socialismo do século XXI', reivindicando com a palavra 'socialismo' os princípios sempre vigentes 'do amor, da solidariedade, da igualdade entre homens e mulheres, entre todos' e acrescentando o adjetivo 'século XXI' para diferenciar o novo socialismo dos erros e desvios do modelo de socialismo implementado durante o século XX na União Soviética e nos países do leste europeu. [Harnecker, 2013, p. 40][4]

Aceito a ideia de Chávez porque entendo que devemos distinguir entre a linguagem teórica e a linguagem pedagógica e política. Por isso resgato suas palavras:

> na IV Cúpula da Dívida Social, no dia 25 de fevereiro do mesmo ano, ele disse que não havia alternativa ao capitalismo que não fosse o socialismo, mas advertiu que tinha que ser um socialismo diferente dos conhecidos, que havia que 'inventar o socialismo do século XXI'. Esta é a primeira vez que o termo 'socialismo do século XXI' foi usado em público. [Harnecker, 2013, p. 41][5]

---

[4] Citado cf. a edição brasileira, Harnecker, 2018, p. 88.
[5] Citado cf. a edição brasileira, Harnecker, 2018, p. 90.

Bom esclarecimento. Porque você disse que Chávez não é o inventor do conceito, mas já teria sido formulado por Tomás Moulian...

Isso. Tomás publicou o livro *Socialismo do século XXI: a Quinta Via* no ano 2000. Não é muito conhecido. No entanto, não acredito que tenha relação direta com a proposta feita por Chávez.

Alguns dizem que Fidel lhe recomendou não usar a palavra socialismo porque estava muito desgastada, mas Chávez decidiu usá-la, distinguindo-a do socialismo soviético. Então usou o adjetivo "do século XXI", para diferenciá-lo do socialismo do passado. Chávez deu-lhe um nome e começou a fazer a pedagogia do socialismo. Com a prática, ele ia demonstrando às pessoas: "isso é capitalismo", "isso é socialismo"... A mesma coisa que Fidel havia feito, mas ao contrário. Porque eu digo sempre que Fidel tinha uma grande capacidade de falar em uma linguagem que todas as pessoas entendessem e depois dar um nome aos fatos. Isso me parece uma pedagogia extraordinária. Chávez, como era teimoso, começou com o conceito. E de fato, pelo menos na Venezuela, as pesquisas mostram que mais de 50% da população apoia o socialismo. Então, fez bom trabalho pedagógico...
Ou seja, você aceita o termo, embora não entre na discussão teórica.

Tenho que dizer que nós sabíamos mais o que não queríamos do socialismo do que o que queríamos. Na América Latina – porque tivemos práticas indígenas diferentes, porque tivemos governos locais participativos –, tivemos a capacidade de elaborar alguma transição anticapitalista, digamos, porque se trata de um processo. A partir daí é que o socialismo do século XXI tem uma fundamentação.

Como você diz com razão:

> Chávez pensa – como Mariátegui – que o socialismo do século XXI não pode ser 'decalque e cópia', mas que deve ser 'criação heroica', e é por isso que fala de um socialismo bolivariano, cristão, robinsoniano, indo-americano. '[Trata-se de] uma nova existência coletiva, de igualdade, de liberdade, de democracia verdadeira e profunda'. [Harnecker, 2013, p. 41][6]

Claro. A América Latina está à frente de outros países porque levou em conta, de alguma forma, essas práticas para ir construindo ideias.

Falemos dessas ideias.

Desenvolvimento Humano

Nesta parte do livro, você começa recuperando a visão de Marx e Engels:

> Segundo Marx e Engels, a futura sociedade permitiria o pleno desenvolvimento de todas as potencialidades do ser humano, algo que só pode ser pensado em uma 'sociedade cooperativa'. Os seres humanos fragmentados produzidos pelo capitalismo seriam substituídos por seres humanos plenamente desenvolvidos e este desenvolvimento seria conseguido por meio da prática revolucionária (transformando as circunstâncias, a pessoa transforma a si mesma) e, por isso, Marx afirmava também que era por meio da luta revolucionária que os trabalhadores iriam se libertando do esterco do passado, iriam se transformando. [Harnecker, 2013, p. 42-43][7]

Para onde essa jornada a levou?

Comecei a revisar os documentos do Partido Comunista do Chile e encontrei textos sobre o objetivo do desenvolvimento humano. Não é que seja uma originalidade minha tratar disso agora. Mas

---

[6] Citado cf. a edição brasileira, Harnecker, 2018, p. 92.
[7] Citado cf. a edição brasileira, Harnecker, 2018, p. 95.

a questão importante é definir se esse desenvolvimento humano é construído a partir da prática revolucionária ou se é algo "dado" pelo Estado, que resolve para você a saúde, que resolve a educação...

Um Estado benfeitor que outorgue direitos de cima para baixo, sem mediação da participação popular. E sem apropriação popular de tais conquistas, como os fatos nos mostram...

Claro. Eu teria que revisar meu primeiro livrinho, minhas primeiras questões sobre o socialismo. Por que o que eu divulguei? Um socialismo em que o Estado se apropriava dos meios de produção, em que havia um partido único...

Partido único?

Provavelmente não era o tema do partido único, mas do partido de vanguarda, a clareza do partido, a condução única. Parecia lógico então que tudo fosse de cima para baixo...

Mudanças em relação ao partido e à vanguarda

E quando você foi abandonando essa visão?

Bom. Primeiro foi a questão da vanguarda. As entrevistas com os salvadorenhos, particularmente as que fiz a Shafik Handal, me ajudaram muito. Eu gostaria de escrever algo sobre Shafik Handal e meu pensamento, sobre o que influenciou nas coisas que eu fui compreendendo de outro modo e mudando. Por exemplo, sobre o tema da vanguarda. Shafik argumentava que, sozinho, o Partido Comunista não era a vanguarda.

Isso foi explosivo, naquele momento para os Partidos Comunistas da América Latina.

Bem, mas Shafik começou a postular isso uns três anos antes da guerra, não pensava assim desde sempre. Ele o foi compreendendo...

Tenho três entrevistas com Shafik. O Instituto "Shafik Handal", em El Salvador, queria publicá-las e eu comecei a revisá-las. E quando estava revisando uma onde ele fala sobre a opção pela luta armada, que me convenceu na época, vejo que há uma discussão entre Marcial (Cayetano Carpio) e Shafik, mas agora a leio novamente e penso que Marcial estava certo. Porque Marcial dizia: "Se entrarmos para a luta armada, as massas, o povo, serão afetados por isso; temos que procurar outros caminhos". Ou seja, nessa polêmica, hoje eu concordaria mais com Marcial.

Isso não significa que você se arrepende de suas concepções daquela época, mas sim que você ampliou seu ponto de vista sobre as formas de luta...

Claro. E é por isso que eu disse aos companheiros de El Salvador que queriam que eu fizesse o prólogo das entrevistas com Shafik: eu faço o prólogo se publicarem essa também; ou publiquem todas cronologicamente, sem prólogo...

Você fala de vanguarda compartilhada, você diria que esse conceito você tirou da experiência salvadorenha, dos postulados que Shafik apresentou nas entrevistas com você?

Sim, claro.

Construir um instrumento político é melhor que um partido

Depois daquelas entrevistas, você continuou avançando... em relação ao tema do partido, digo. No livro, na terceira parte você se dedica ao tema do instrumento político; já não o intitula "partido"...

A partir das experiências latino-americanas, prefiro falar de instrumento político e não de partido. Lembro que me chamou muita atenção uma ideia que havia no Peru de construir um instrumento em que os movimentos sociais tivessem representação. Então, a ideia de um partido, eu a defendo, mas prefiro a de instrumento político, porque aí cabe tanto a forma de frente política, como a forma político-militar...

No livro, você diz:

> A visão que eu tenho deste instrumento é a de uma organização que abandonou o reducionismo classista assumindo a defesa de todos os setores sociais discriminados e excluídos econômica, política, social e culturalmente. Além dos problemas de classe, essa organização deve se preocupar com os problemas étnico-culturais, de raça, de gênero, de sexo, de meio ambiente. [Harnecker, 2013, p. 108][8]

O instrumento tem que ser adequado a cada realidade, ou seja, o partido não é um dogma. E aí recorro a Lenin, pois ele dizia que o partido para a Rússia não era o mesmo partido para a Alemanha. Lenin foi o artífice de uma estratégia que reconheceu a potencialidade dos levantes de Moscou e Leningrado, assumindo que esse proletariado avançando – que era uma minoria –, podia tomar o poder e resolver os problemas das pessoas.

Então essa ideia se difundiu e assegurou: não importa que sejamos minoria; o importante é que sejamos lúcidos, que sejamos combativos etc. Depois, com as experiências da América Latina e de Allende em diante, começamos a ver que não era assim.

Isso significa que não estás de acordo em construir uma minoria ilustrada, digamos...

Não. Essa foi a concepção que comecei a mudar.

Anteriormente, você havia se referido também à necessidade de construir uma nova hegemonia e destacou que, na sua opinião,

---

[8] Citado cf. a edição brasileira, Harnecker, 2018, p. 224.

em todo o processo de construção se torna indispensável contar com um instrumento político que a torne possível. Quer dizer: construção da hegemonia popular e do instrumento político se entrelaçam.

Claro. O tema do instrumento político está diretamente relacionado com a hegemonia porque sai do círculo das minorias, rompe com a concepção das vanguardas, que era a concepção que tínhamos ao início.

Transição, tomada do poder, via pacífica

Estamos falando da importância do livro. Tocamos em alguns eixos fundamentais, como o tema do socialismo, do instrumento político e da hegemonia... Também há o tema da transição. Você a analisou em vários momentos...

Bom, eu fui defensora de Allende, apesar da formação que tinha. Não consigo te dizer por que, ou seja, me parecia que era um processo popular que tinha um programa progressista e que devia ser apoiado. Isto foi nos anos 1970; em 1985, eu escrevi um livro que se intitulava: *Reflexiones acerca del problema de la transición al socialismo* [*Reflexões sobre o problema da transição ao socialismo*] [Editorial Nova Nicarágua, 1986].

Nesse livro você distingue "três tipos de transição ao socialismo: a transição em países avançados, a transição em países atrasados que conquistaram o poder do Estado e, por último, a transição em países onde apenas se conseguiu chegar ao governo". Quais seriam as mudanças ou contribuições fundamentais que você postula neste novo livro a respeito da transição?

Eu falo hoje de diferentes transições. Começo falando da transição que o marxismo clássico apresenta: que as contradições do capitalismo iriam produzir – automaticamente – a revolução socialista; que a revolução se daria primeiro nos países do capitalismo desenvolvido.

Em geral, a respeito da transição, o que ficou estabelecido foi que – para os fundadores do Marxismo –, entre o modo de produção capitalista e o comunista, era necessário um estado intermediário que denominaram socialismo. Este constituiria um "período de transição", necessário para criar as condições objetivas e subjetivas para a nova sociedade: supressão da propriedade privada dos meios de produção, instauração do controle da produção pelos trabalhadores, eliminação das diferenças entre o trabalho manual e intelectual, entre a cidade e o campo, e das classes sociais etc.

Claro. Mas há outra questão. Quando eu estava me iniciando nas leituras de Marx, não sabia, por exemplo, que havia alguns textos – que, claro, não foram publicados nessa época – em que Marx e Engels veem claramente que a Revolução vai começar pela Rússia.

Me vem à mente o texto de Engels "Acerca da questão social na Rússia" de 1894, em que ele destaca fatores decisivos para o desenvolvimento revolucionário na Rússia, quer dizer, que considera factível a revolução em um país "atrasado"...

Claro. É o que exponho agora no livro. Mas na época que eu estava na França, nós dizíamos que Lenin não assumiu a transição prevista por Marx; tínhamos uma visão estreita acerca da revolução e do marxismo.

O que te fez mudar?

Althusser. Quando Gramsci falava da revolução contra o capital, de alguma maneira, estava pensando que não é o desenvolvimento das forças produtivas o que leva à transformação social, mas a sobredeterminação das contradições em um país. Aí está a análise de Althusser sobre a Revolução Russa, um país atrasado do ponto de vista do campesinato, mas adiantado do ponto de vista industrial, com algumas indústrias com tanta tecnologia como na Europa. Então havia um contraste entre o avanço em pequenos setores capitalistas, o atraso no campo, as contradições da guerra... Ou seja, se cria uma situação política favorável de correlação de forças para a tomada do poder, que não era o que eu pensava que Marx havia dito.

Essa é a segunda transição, uma transição pela via armada.

E a terceira?

A terceira é a que eu creio que estamos vivendo agora, e que definimos como o *socialismo do século XXI*, que para mim é a meta. Isso começou com Allende, no Chile, no século XX, em que a transição ocorre a partir de ganhar o governo pela via eleitoral, pela via institucional, para ir fazendo as transformações.

Em meu livro, na segunda parte, nos capítulos IV e V, como você deve ter visto, explico as dificuldades dessa transição, desde o momento em que você começa com uma pequena correlação de forças favoráveis, que de repente chega à presidência, mas que talvez não tenha maioria na Câmara de Deputados...

Eu falo aí de várias dificuldades e digo que a esquerda, um setor da esquerda, para não colocar qualificativos, não entende essa transição e pensa que se deve destruir o Estado de um dia para o outro.

Creio que João Pedro Stedile tem bastante clareza sobre isto. Ele chamaria a isso de governo em disputa, e essa disputa não se vence de cima para baixo, se vence criando forças sociais.

É a ideia da política...

Claro. Apostar na organização popular, fazer o que tem que ser feito para mudar a correlação de forças em favor das mudanças... Essa é minha visão e a sua também; nós compartilhamos isso.

O exemplo do Chile

No Chile havia uma transição pacífica. Eu a defendi contra aqueles que diziam que isso não era possível, que se deveria seguir o esquema cubano e coisas desse tipo. Mas agora, depois do fracasso, minha análise é que a esquerda era demasiadamente ortodoxa para entender a heterodoxia de Allende, que defendia que a transição pacífica implica ganhar a cabeça e o coração da maioria das pessoas, que é a única forma – isso não sou eu que digo, quem diz é Jorge Arrate –, e eu retomo isso no livro. Esta ideia da hegemonia, como ganhar, como conquistar, como não impor, eu a desenvolvo na terceira e última parte do livro. Isto me parece muito importante e é uma constante luta ideológica que venho tendo com a esquerda, com uma parte da esquerda que eu chamo de radical, mas me disseram, sobretudo você: corrija isso, por que radical é ir à raiz.

Radical é um bom conceito, ou deveria sê-lo. Mas se emprega geralmente como sinônimo de ultraesquerda. Na realidade uma esquerda radical seria uma esquerda coerente. Você se refere à "ultraesquerda".

Ultraesquerda, exatamente. Só que, para suavizar, chamei-a de "esquerda radical".

O tema do poder

Estamos falando da questão do poder, do poder revolucionário, como você o define? Se não se trata de tomar o poder, por onde vai acontecer a transformação segundo o seu ponto de vista?

O poder é um assunto mais complexo que destruir o aparelho do Estado. A questão é que temos que ir construindo as forças para poder fazer as mudanças. Ou seja, eleitoralmente se ganha alguns elementos do poder, mas ainda ficam outros que é preciso ir tratando de ganhar, no campo econômico, no midiático, no tema cultural... Há um enfoque muito importante, que está colocado no livro: o velho Estado herdado, se está habitado por quadros revolucionários, deverá tender a construir um novo Estado de baixo para cima.

Por isso você fala da coexistência de dois tipos de Estado: "durante um longo período existirão dentro do processo dois tipos de Estado: o velho Estado herdado, cujas funções de direção foram ocupadas por quadros da revolução que tratarão de usá-lo para fazer avançar o processo de mudanças; e um Estado que começa a nascer de baixo para cima através do exercício do poder popular, através de diferentes instâncias, entre elas os conselhos comunais". Quais seriam algumas pistas nesse sentido?

Eu as vejo na Venezuela, nos conselhos comunais, nas comunas; no planejamento participativo em Kerala, com todas as limitações que possam ter; nas experiências locais de orçamento participativo, que são muito criticadas pela esquerda mais ortodoxa porque não entende a importância de permitir que as pessoas possam se pronunciar sobre algo e que se sintam incluídas.

A peculiaridade do caso da Venezuela, por exemplo, é que a partir do Estado herdado se propõe e se estimula a formação do Estado que o vai substituir, o Estado comunal. Ou seja, como você diz, se estabelece ali, ou deveria se estabelecer, uma relação de complementaridade, e não de negação de um pelo outro.

É claro. Isso é fundamental, sempre partindo do pressuposto de que o movimento organizado controle e pressione o Estado herdado para avançar. Por um lado, porque o peso inercial desse Estado é enorme e, por outro, porque os quadros que ocupam posições de direção – a partir da nova situação – tendem a cair nas mesmas condutas que os funcionários do passado.

Você se refere concretamente ao peso da cultura herdada.

Claro. Mas sem descartar que nesse novo poder popular que surge de baixo possa se reproduzir também a cultura herdada, que seus dirigentes caiam no burocratismo ou outros desvios. Como disse Gramsci – e Chávez não se cansava de repetir –, em todo esse processo se desenvolve uma luta entre o velho que não termina de morrer e o novo que está nascendo.

Revolução

Então, Marta, sinteticamente, como você concebe a revolução na atualidade?

Revolução é transformar a sociedade existente em outra, alternativa, ou seja, ser capaz de criar uma alternativa à sociedade existente. Portanto, tem que haver transformações profundas, que atualmente estamos tentando fazer pela via pacífica.

Não é uma definição acadêmica...

Não. Eu a vejo como uma mudança social profunda. Porque uma revolução também depende do objetivo proposto. Pode haver revoluções burguesas, revoluções... mas eu estou falando de uma revolução popular.

Estamos falando de uma revolução que faz da participação popular um pilar indispensável para a libertação...

Eu não creio nas revoluções de cima para baixo, digamos; não há revolução se não há participação do povo. Ou seja, eu a relaciono com a ideia do protagonismo popular, com a ideia da transformação gradual. Parece que revolução sempre tem que ser radical... Eu creio que é um processo. E no livro, trato de colocar perguntas aos governantes nesse sentido.

Você o intitula: "Um guia para avaliar como se está avançando". São 13 itens com várias perguntas em cada um deles. Por que desta forma? [2013, p. 102-103][9]

Nossos processos são diferentes uns dos outros. E o que importa não é tanto o ritmo em que se avança, mas sim saber se estão dando passos em direção ao objetivo. Os passos podem ser mais lentos ou mais rápidos, dependendo da correlação de forças. Então, diante dessa questão tão aberta, prefiro – em vez de respondê-la eu mesmo – abordá-la em forma de perguntas: a respeito das relações de produção, da cultura, da mulher, dos indígenas, do protagonismo popular.

Um governante que lê esse livro, bom, tem que pensar nas respostas a essas perguntas. Temos que desenvolver a crítica de tal forma que abram interrogantes.

Creio que temos que ter um estilo a partir do qual as pessoas, ao lerem, digam: "sou eu ou não sou eu?"

Que se (auto)interrogue, digamos.

Claro. Eu fiz aulas de Psicologia no Chile, quando tinha acabado de me formar e também um pouco antes, como assistente. Nós

---

[9] Citado cf. a edição brasileira, Harnecker, 2018, p. 213.

havíamos estudado Psicologia Fenomenológica com um jesuíta, o padre Hernán Larraín, que chegou a ser diretor da Escola de Psicologia da Universidade Católica. Essa disciplina era fascinante porque se descreviam diferentes emoções: a raiva, a depressão, não sei o quê, então as pessoas começavam a se analisar, será que sou depressivo ou será que não sou depressivo? E é muito diferente que cada um se analise em vez de que você diga às pessoas: "olha, você é depressivo".

Então o que eu te digo é um pouco isso, ou seja, escrever de uma forma em que não se faça alusão diretamente. Além disso, porque creio na transformação das pessoas, então é melhor não rotular ninguém.

Interpelação popular aos governantes

Você fala de interpelação popular. Poderia desenvolver essa ideia?

Trata-se de dar o microfone para o povo, que o povo se expresse diretamente. Nossos governos precisam da pressão popular e isso o aprendi com Luiza Erundina (Brasil), quando a entrevistei. Ela dizia: "veja Marta, temos esse aparelho tão pesado para movimentar", precisamos que as pessoas nos torpedeiem, que abram buracos.

Um exemplo disso poderia ser o que ocorreu na Bolívia, com o chamado gasolinaço...

Sim, eu li seu artigo.

As coisas que aprendemos... No livro ponho esse exemplo do governo de Evo, e cito você aí, precisamente, com esse artigo sobre o "gasolinaço", que está muito bom. [Rauber, 2011]

Então vamos colocar a crítica como um elemento fundamental da construção e transformação revolucionária. E não como uma questão dos intelectuais, mas como um tema de todos. É importante

porque os governantes, quando chegam ao governo, costumam aspirar a que o povo seja subordinado a eles.

Pretendem "que não façam ondas", como dizia meu amigo Hugo Cores [dirigente da Frente Ampla uruguaia], que já faleceu.

Mas, como as mudanças são impulsionadas se o povo – e suas organizações – estão subordinados? É uma contradição real e é preciso reconhecê-la e enfrentá-la politicamente, ainda que em alguma medida ela continuará existindo.

Claro. Com as entrevistas que fiz em Porto Alegre sobre o tema dos quadros e do quadro dirigente, aprendi muito. O ideal seria a rotação de quadros: do movimento ao partido, ao Estado, e voltar ao movimento, de tal forma que tenha as três experiências. Porque aquele que tem a experiência da resistência não pensa da mesma forma daquele que tem a experiência executiva. Teoricamente, o partido tem que orientar, mas acontece que os ritmos do Estado são tais que, enquanto se discute, o funcionário tem que executar, não pode ficar esperando que o partido reflita etc. Por isso é que considero que há uma grande contradição entre os tempos democráticos e os tempos políticos.

O ideal é que as pessoas, se estão participando, participem mais, ou seja, prolongar os prazos. Mas, politicamente, este é um argumento que a direita usa para transformar os governos populares no "ogro ditatorial" que não respeita as instituições.

Importância da crítica

Aqui surge também o tema da construção da hegemonia e do desenvolvimento da capacidade crítica do povo em cada país, mais onde você coloca os intelectuais?

Os intelectuais também não entendem essa questão dos tempos políticos. Você sabia que o livro termina com a necessidade da crítica na revolução?

Por isso te peço que reflita sobre o tema...

Deixe-me contar uma anedota a propósito disso que aconteceu no Chile, na época de Allende. Estava acontecendo a greve do cobre. Eu dirigia a revista política *Chile Hoy* e nosso esforço foi fazer com que a voz do povo fosse ouvida. Foram, em realidade, dois esforços: um, que os trabalhos dos intelectuais fossem acessíveis. E outro, dar o microfone para o povo para que a crítica do processo não fosse feita pelos intelectuais, mas pela própria população.

Então, quando foi deflagrada a greve dos mineiros do cobre, fomos ao local da greve e entrevistamos pessoas não apenas da Unidade Popular, mas também da oposição; havia argumentos muito fortes da oposição que permitiam entender melhor o processo. E as entrevistas foram anunciadas na capa da revista [1973, n. 49, 18 a 24 de maio, p. 4-7, 29 e 32]. Mas a revista foi recolhida porque considerou-se que prejudicavam o processo. Por quê? Porque havia pessoas da oposição que tinham argumentos mais fortes do que as pessoas da esquerda. Essa foi minha primeira experiência – negativa – com a crítica.

Nós dávamos o microfone para as pessoas. Isso me pareceu sempre muito importante. Porque há uma tendência dos intelectuais a se defender, mas quando um trabalhador que está vivendo a situação diz o que pensa, é muito difícil rechaçá-lo.

Quando o governo recebe a mensagem diretamente da população, sua reação é diferente, é isso que você está dizendo...

Sim.

Mas não é sempre assim. O próprio exemplo da greve dos mineiros que você contou, mostra o contrário...

Claro. É um tema difícil, controvertido. Os modos, o tom também intervêm.... Não sei se isso acontece com você, mas podem me fazer uma crítica de uma determinada maneira e eu a aceito; se a fazem de outra maneira, eu não a aceito. É uma coisa que Althusser me ensinou. Ele tinha muitas críticas ao texto de Régis Debray, *Revolução na revolução?* [1967]. Mas se você ler a carta que ele escreveu a Debray, é incrível.[10] Não começa dizendo: "Teu livro é uma porcaria"; começa: "Veja, você que tem tanto valor, que fez essas e essas coisas positivas etc., mas..." Ao final ele faz a crítica. Então abre o diálogo.

Que não seja um ataque.

Isso. Por isso que eu creio que também é preciso aprender a como fazer a crítica...

Todo ser humano e todo projeto têm aspectos positivos e negativos. Então não se deve começar pelo negativo, não se deve ser impaciente, eu diria, chegar e mostrar as debilidades; temos que ver o que tem de relevante.

Relevância que é também um reconhecimento. E se não se faz esse reconhecimento, o outro – um indivíduo, uma organização ou o que seja – pode ser que se sinta atacado.

Isso.

---

[10] A carta de Althusser a Debray permaneceu inédita até a publicação do livro *La critique des armes [A crítica das armas]*. Paris, Du Seuil, 1974. Foi traduzida ao castelhano por Marcelo Rodríguez, "Carta de Louis Althusser a propósito de *Revolución en la revolución?* (1967)". *Demarcaciones. [Demarcações]* Revista Lationoamericana de Estudios Althusserianos. n. 3, abril 2015, p. 57-63. Disponível em: https://core.ac.uk/download/pdf/296392149.pdf (p. 37).

Cuba, outra experiência com a crítica

Você me dizia que em Cuba teve outra experiência difícil.

Não sei se você conhece essa história, com certeza eu te contei, mas vou resumi-la aqui. Havia um Congresso dos Jornalistas, da Upec [Unión de Periodistas de Cuba], e então eu disse: temos que ajudar na discussão sobre os limites da imprensa em Cuba. E articulei como fazê-lo com a revista *Bohemia*, onde eu trabalhava na ocasião ao lado de Guerrita.[11] A ideia era que alguns entrevistassem delegados do poder popular, que outros entrevistassem intelectuais, outros os jornalistas... eram quatro grupos de pessoas que seriam entrevistados. Como eu estava grávida naquele momento, fiquei com o grupo de jornalistas que estava em Havana e comecei a entrevistá-los. Esses jornalistas eram críticos e me transmitiram seus pontos de vista. Eu gravei tudo, e em seguida transcrevi.

Nessa ocasião, Orlando Fundora López estava como chefe do Departamento de Orientação Revolucionária, do Comitê Central. Ele tentou cortar parte das entrevistas e colocar outra coisa no texto. Eu lhe disse: não posso mudar o que as pessoas disseram; posso cortar, mas não mudar. Finalmente o convenci e foi apresentado o texto completo, mas eu tive uma intuição de que alguma coisa ia acontecer. O texto era muito longo para a *Bohemia*, ocupava cerca de seis páginas da revista. Quando saiu o exemplar, chego à *Bohemia* para uma reunião e fico sabendo: Guerrita foi destituído. E os comentários eram de que "Marta Harnecker destituiu Guerrita". E me disseram: "Isso que você escreveu não são as opiniões dos jornalistas. Vamos fazer uma mesa redonda em que vamos reunir outras pessoas para falar do tema. Vamos publicar uma segunda parte com seu trabalho". Tive que

---

[11] Angel Guerra, então diretor da *Revista Bohemia* (entre 1971 e 1980). Anteriormente, de 1968 a 1971, foi diretor do periódico *Juventud Rebelde*.

comprimir o texto e apareceu na segunda semana. Nessa segunda parte havia um balanço entre o positivo e o negativo etc.

Os jornalistas entrevistados me disseram: "Marta, eu te disse as coisas abertamente porque você é a esposa de Piñeiro; pensei que você ia revisar e cortar".

Meu grande argumento foi e é Fidel Castro. Você leu a entrevista de Ramonet?

Lembremos. Nessa entrevista, Fidel diz: "aqui houve durante bastante tempo a tendência a supor que os comentários críticos, a denúncia das coisas mal feitas, faziam o jogo do inimigo, ajudavam o inimigo e a contrarrevolução. Existe medo de informar sobre algo porque se pensa que pode ser útil ao inimigo. E nós temos nos dado conta que, na luta contra os fatos negativos, é muito importante o trabalho dos órgãos de imprensa. E temos estimulado o espírito crítico.
Chegamos à convicção de que é necessário desenvolver muito mais o espírito crítico. E tenho estimulado ao máximo esse espírito crítico porque é um fator fundamental para aperfeiçoar nosso sistema. Claro, sabemos que há inconvenientes, mas queremos uma crítica responsável. E apesar das possíveis consequências, tudo é melhor do que ausência de críticas". [Ramonet, 2006, p. 254]

Bem, esse é meu argumento.

É que é verdade.

Claro! Estou convencida. Mas sempre digo: crítica construtiva. Se você quer fazer uma crítica, diga que alternativa propõe. Porque é muito fácil destruir. Então eu creio na crítica pública construtiva; ela pode ser interna por um curto tempo, mas se não houver mudanças, que seja feita publicamente, pois essa é a função da crítica.

Mas aquele fato não encerrou o seu trabalho na revista *Bohemia*...

Não. Eu vinha publicando na *Bohemia* artigos com análise do poder popular que deram origem ao livro *Cuba: ditadura ou democracia?* [1976]. Mas eu só podia publicar coisas que não tratassem de temas críticos. Ou seja, as entrevistas que fiz sobre a América Central... Creio que nem as entrevistas de El Salvador, porque essas saíram em *Juventude Rebelde*.

Por que comecei a fazer livros-testemunhos? Porque havia começado com entrevistas às organizações guerrilheiras, mas eram limitadas, tinham seis páginas, oito páginas, em uma revista. Eram entrevistas longas, mas como o espaço era curto, tinha que selecionar, buscar o exemplar, o positivo e não o negativo. Mas se aprende das duas coisas... Por isso é que passo a fazer livros de testemunhos, para ver o positivo e o negativo.

O papel dos intelectuais

A questão dos intelectuais me parece fundamental. Lembro da época da Unidade Popular, quando os intelectuais chilenos realmente trouxeram uma grande contribuição ao programa de governo do Allende. Nas universidades se gestava o pensamento político e a resposta política. Mas dessa época até a atualidade, pelo que vi na Venezuela e pelo que tenho conversado com algumas pessoas, isso mudou radicalmente. As universidades já não são produtoras de insumos para os governos.

No sistema universitário atual, você é avaliado pelos artigos que publica e depende de quais revistas; as revistas estadunidenses valem mais pontos, e não sei o quê. E isso é priorizado, em lugar de medir o intelectual por sua contribuição concreta à situação na qual vive. Considero, no entanto, que os intelectuais são muito importantes para o processo de mudança. Devido às suas características – que eu entendo que são pessoas que veem com muito mais profundidade os matizes das coisas –, tendem a ser mais críticos. É fundamental não os marginalizar do processo, mas dar-lhes tarefa, fazê-los sentir que são parte da mudança.

Assim como deve haver uma política para incorporar o povo ao governo, deveria haver uma política dos governantes para pensar em uma estratégia e uma tática para ganhar os intelectuais. Eu creio que não se pensa nisso, se atua; e se nos apoiam, ótimo, e se não nos apoiam, que fiquem lá. Não se pensa em como estimular sua participação. Creio que o intelectual sente angústia porque vê as coisas críticas, porque vê as debilidades... Gostariam de contribuir, mas se não lhes dão esse espaço, se convertem então em um crítico destrutivo em lugar de construtivo.

Em geral os governos não gostam de estimular os intelectuais críticos, ao contrário, há uma tendência a se cercar de intelectuais complacentes, que atuam como empregados, ou seja, subordinados. O desafio é abrir espaços em que se possa dialogar, que o governo se interesse realmente em dialogar.

Claro. É por isso que na Venezuela fizemos um evento no Centro Internacional Miranda,[12] buscando reunir intelectuais que estavam à beira da ruptura ou alguns já quase perdidos, para tentar incorporá-los, mas isso não deu em nada.

Já falaremos desse evento...

Bem. Chávez, no início, não entendeu, mas chegou um momento em que se deu conta. Foi então que propôs o Prêmio Libertador

---

[12] O Centro Internacional Miranda (CIM) foi criado em 2006. Está vinculado ao Ministério de Educação Universitária e seus principais objetivos são centralizar a assessoria internacional, coordenar espaços físicos e institucionais para o debate, contribuir com a formação de quadros políticos, sociais e econômicos, assim como manter ativa uma produção editorial vinculada ao "pensamento revolucionário".

ao Pensamento Crítico. Não apenas que se instituísse o prêmio, mas que se chamasse assim: Pensamento Crítico.

De alguma maneira incidiram...

Sim. Já dizia Carlos Matus, que o intelectual às vezes não compreende os tempos políticos; vê mais as contradições, os problemas de meio termo. E por isso não entende determinadas medidas políticas. Por exemplo, nas relações internacionais, quando há que fazer alianças com determinados países porque o inimigo principal é outro, e esse país com o qual você se alia não é perfeito, tem muitas debilidades...

Isso gera muitas críticas em alguns meios intelectuais.

Evidentemente, são esses intelectuais que nutrem a esquerda mais radical, a ultraesquerda que se baseia nesses intelectuais.

Há também a responsabilidade, Marta. Não é apenas fazer a crítica, também é preciso apoiar... mas apoiar com a prática, não apenas com um artigo. E não se dobrar. Porque alguns se deixam mimar, são subsidiados pelas organizações internacionais... têm a crítica como uma forma de vida. Outros terminam sendo submissos para conservar seus postos.

Claro. Com certeza.

É muito difícil que uma língua hipercrítica tenha um posto alto de governo, isso é algo muito raro.

Por isso foi tão interessante que Maduro pusesse Reinaldo Iturriza à frente do Ministério do Poder Popular para as comunas. Tem que tirar o chapéu. Iturriza foi um crítico construtivo, mas crítico dos defeitos do PSUV etc. Era lapidar em sua crítica à burocracia pelo seu não diálogo com a população... Talvez em demasia, ou lhe faltou tempo para criar espaços de complementaridade entre os funcionários do Estado e as pessoas que estão abaixo.

Assessores

Pode-se querer governar com gente de esquerda, mas se os governantes não se esforçam, se não se assessoram... Porque pode ser que você não seja conhecedor de todas as matérias, mas pode ter uma boa equipe de assessores e ir para frente. Aí o papel dos intelectuais é básico.

Pensando agora em voz alta eu te diria, teria que ver o que acontece quando os intelectuais têm tarefas de governo. Eu creio que haveria que revisar... Sabendo o papel do intelectual e sabendo as limitações que o intelectual tem, que normalmente não entende a questão da correlação de forças, que vê o panorama do que está acontecendo com maior objetividade, mas não tem a estratégia, digamos. Falta-lhes ver como se faz o processo, aceitar as debilidades...

É difícil o intelectual compreender o tema dos tempos políticos, porque não compreende a diferença entre a visualização do horizonte histórico e a forma prática de realizá-lo. Essa seria uma das grandes contradições dos intelectuais?

Claro. Chávez nos fez ler, para que você veja como era, *O líder sem Estado-maior*, de Carlos Matus. Imagine você que é uma crítica a quem não tem Estado-maior, e Chávez não tinha Estado-maior. Nos fez ler esse livro para que os assessores de alguma maneira estivessem imbuídos da necessidade de contar com um Estado-maior. Coube a mim o convite para ser assessora do governo, sem ter nenhuma experiência de governo.

Uma abordagem diferente para conseguir a unidade

Na última parte do livro você se ocupa diretamente do tema da hegemonia, do instrumento político, da unidade...

É que me parece muito importante que pensemos o que podemos fazer juntos. Ou seja, não pensemos no passado, mas em como fazer juntos o futuro. Por isso é que no livrinho *A esquerda depois de Seattle* [2002], a estratégia de construção da unidade da esquerda não é a que tínhamos antes, que era a de discutir teoricamente se alguém é reformista, se é revolucionário etc.

E quem tinha a verdade...

Claro. A estratégia que proponho – que a tomo de Carlos Ruiz, um sociólogo chileno e a incorporo ao livro – é que temos que convocar as pessoas para construir espaços como vitrines da sociedade que queremos construir. Então, quando vamos a um município ou vamos a uma comunidade para construir o que essa comunidade quer ser, não importa que você seja de tal ou qual tendência política porque são as pessoas, com seus problemas, que estão vendo a solução. Nessa construção é onde se pode armar a unidade, não no debate teórico, que é absolutamente estéril.

A influência da Frente Ampla uruguaia

Nesse livrinho, como você o chama, você apresenta uma síntese das contribuições de oito processos que você define como de esquerda na América Latina, entre eles, os da Frente Ampla, do Uruguai. Lembro que você fez um livro sistematizando sua experiência e eu colaborei com algumas entrevistas... Que aspectos você destacaria dessa experiência nesse sentido?

Sabe o que acontece, Isabel? Que começamos a olhar para os livros que fizemos e vemos que há tantas lições neles, nós nos angustiamos que as pessoas não os leiam, porque poderiam evitar muitos erros, não?

Sim. Embora você saiba que não se resolve tudo com leituras. Talvez muitos não leiam, mas está aí exposto e à disposição para reflexão e para o debate coletivo.

Sim, mas me angustio às vezes.

Compreendo e compartilho.

No caso da Frente Ampla do Uruguai, considero que essa experiência tem muito a ensinar a todos os partidos, a todo instrumento político novo.

O que, por exemplo?

Que não se deve rejeitar ideias, que é preciso estimular o diálogo, aceitar as diferenças, construir baseado em acordos...

E não se dividir. Porque acordos são feitos com a mesma frequência que são rompidos...

Eles não se dividem porque têm normas para conseguir acordos no essencial e deixam claro que, no restante, podem divergir.

Divergir sem brigar por isso, sem se ofender...

Claro. Eu acredito que isso é se colocar de acordo para poder avançar e aceitar. Lembro sempre de James Petras, que chegava ao Uruguai e logo escrevia em seus artigos: "Em um mês mais a Frente Ampla se divide". Porque ele via as polêmicas e ele é alguém que não está acostumado a aceitar a polêmica. No entanto, a Frente Ampla é uma das organizações políticas mais longevas da América Latina.

Construir com pluralidade e unidade

Temos que trabalhar com as diferenças, temos que respeitar cada setor, cada grupo, mas buscar algo que seja comum a todos eles. A isso se referiu Enrique Rubio ao analisar as possíveis saídas à crise da Frente Ampla uruguaia. Ele dizia: "existem duas chaves básicas na identidade frenteamplista: a unidade e a pluralidade. A unidade está ligada à chave movimento com ou sem comitês funcionando, embora seja muito melhor se estiverem funcionando, e com os outros elementos comuns: a unidade programática, de autoridades e candidaturas comuns etc. A pluralidade se vincula às organizações coligadas com ou sem partidos funcionando, embora seja melhor se estiverem funcionando, mas não tem por que ser sinônimo sempre de pluralidade de organizações. Em uma dessas, no futuro, vamos a uma pluralidade de correntes e não de organizações. A vida dirá. O importante é que se mantenham a pluralidade e a unidade, e seu equilíbrio". [1991, parágrafo 486]

Tenho isso em mente. Isso se articulava claramente com sua análise da relação entre os partidos e as organizações sociais, ainda vigente. Proponho lembrar isto também:

> tem sido questionado o esquema da relação entre partido e organização social. Até há pouco tempo a organização social era considerada uma espécie de correia de transmissão do que se decidia no partido. O partido ou a organização política estavam situados na ponta da pirâmide da sociedade. Não era uma concepção de uma organização política a serviço da sociedade, como elemento que a mobiliza, a estimula, a dinamiza, proponha alternativas, opções e projetos, uma espécie de laboratório nesse sentido, mas que, de alguma maneira, a sociedade estava a serviço da organização política. Não se reconhecia o pluralismo da sociedade e não se reconhecia que a gestão política devia estar a serviço dela. Esse velho conceito, essa velha cultura da esquerda, que condicionou a nós todos, e que atualmente está totalmente ultrapassada, criou uma relação entre a organização política e a organização social que determinou a falta

> de autonomia desta. [...] E isso tem sido e é questionado hoje pela esquerda uruguaia. [1991, posfácio, p. 918-920]

Seria muito bom conhecer sua experiência, aprender com eles.

Os sujeitos, uma mudança medular

Você mencionou quais são para você os três momentos fundamentais de sua obra expressos nos livros *Os conceitos...*, *A esquerda no limiar do século XXI* **e este livro,** *Um mundo a construir*. **Agora proponho que fale dos sujeitos, dos atores, dos protagonistas. Como você aborda este tema no presente?**

Eu creio que nisso eu tive uma importante evolução desde o livro *Os conceitos...* que poucos sabem que eu escrevi na França, com absoluto desconhecimento da América Latina. Ali eu reproduzo a análise de classes da União Soviética realizada por Lenin na qual, é claro, a classe operária é a vanguarda. Depois corrijo este enfoque no livro *Cristianos, indígenas, estudiantes en la revolución* [*Cristãos, indígenas, estudantes na Revolução*], [Siglo XXI, 1987].

A realidade latino-americana fez você mudar...

Claro. O fenômeno da Revolução Nicaraguense e as entrevistas que fiz à guerrilha indígena guatemalteca me fizeram ver a importância desses outros atores. E a Teologia da Libertação, a importância das Comunidades Eclesiais de Base, o trabalho que realizam, parece-me que são elementos muito importantes. E quando estivemos no Equador, lembra?

Fomos apresentar o livro *Rumo ao século XXI a esquerda se renova*, **em 1991...**

Coube-nos estar na época do protagonismo indígena, que apareceu no cenário político, surpreendentemente, como a vanguarda mobilizadora da sociedade naquele momento.

Ainda há muita retórica entre as esquerdas em relação aos povos indígenas e seu protagonismo. Houve avanços, mas quando chega a hora de abrir o espaço de representação e expressão aos indígenas, se torna mais difícil. Como você vê isso?

Acho que está mudando um pouco. No Chile, por exemplo, com o tema dos Mapuches...

Você acha que existe uma tendência a abrir os espaços nos âmbitos da esquerda?

Creio que sim, mas claro, temos que ver que esquerda... O mesmo acontece com o tema da ecologia, está se incorporando.

Você considera que no Foro de São Paulo, por exemplo, há porta-vozes indígenas que falem sobre suas realidades? Você vai às reuniões do Foro?

Faz muito tempo que não vou. Para mim, isso é a burocracia política. O que acontece, Isabel, e aqui vou te dizer uma coisa que considero muito importante: uma das críticas que me fazem – quando apresentam um livro meu ou em alguns artigos que escrevem a respeito – é que não sou suficientemente objetiva...

Com que argumentos?

Porque não apresento em meus livros a média estatística, e digo que não sou socióloga. Os sociólogos estão preocupados com as estatísticas, por saber qual é a média. E se houver nove experiências maravilhosas e cem negativas, o que lhes interessa é a média e, portanto, se perde o positivo. A diferença é que eu busco as experiências exemplares para que as pessoas aprendam.

Não sou socióloga, embora sempre me apresentem como socióloga. Primeiro, eu não gosto das palavras rebuscadas usadas pelos sociólogos: sinergia, não sei o quê... Muitas vezes, não os entendo.

E eles também usam palavras em inglês: *empowerment*, em vez de empoderamento, embora eu não goste dessa palavra; creio que não a uso em todo o livro.

A propósito disso, outra coisa. Estamos usando palavras que não existem em inglês.

Por exemplo?

Por exemplo, protagonismo. Protagonismo não existe em inglês. Há uma companheira que me ajuda com as traduções e me diz: "Marta, isso não se entende, você tem que colocar outra coisa". Então eu lhe digo: olha, dez anos atrás nós também não usávamos protagonismo com esse sentido, se usava no papel principal no teatro, mas vamos usá-la.

Como pensar o sujeito popular hoje?

Na Venezuela o sujeito popular cresceu mais rápido que as medidas de transformação do Estado ou a economia. Porque a maneira como Chávez foi atuando com seu povo foi permitindo às pessoas entenderem o processo, irem amadurecendo. Depois vieram os conselhos comunais; a gente vê como uma pessoa muito humilde se transforma em uma pessoa que pode explicar sua realidade, que analisa problemas. Quando eu observava de um ano para outro, eu ia vendo aquele amadurecimento das pessoas.

E pouco a pouco você foi expandindo o enfoque que tinha originalmente.

Claro, desde que adicionei o latino-americano. Porque pensar o sujeito sem os indígenas na América Latina, ou sem os cristãos...

E os estudantes.
Também. Eles são um ator importante que deve ser levado em consideração.

Não é comum falar dos estudantes como integrantes do sujeito.
No Chile, aqueles que mais se mobilizavam antes de Allende eram os estudantes universitários; agora, no processo atual, a mesma coisa... É um setor social que deve ser levado em consideração.

A militância cristã...
Com os sandinistas, volto minha atenção para a questão dos cristãos na revolução. Tendo sido presidenta diocesana da Ação Católica Universitária, no Chile [1958], tendo ido à missa diariamente; quando morei na França e assumi o marxismo, deixei de lado tudo isso. Embora tenha ficado alguma coisa e eu acredito que isso me ajudou a entender a pobreza.

Claro. E as mulheres?
Quando me perguntam sobre a mulher, eu digo que as mulheres na América Latina estiveram na luta contra as ditaduras, na linha de frente, como dizem. E muitas vezes, nas questões comunitárias, nas reuniões de participação também as mulheres têm papéis mais importantes do que os homens.

O homem talvez pense mais no que vai dizer, a mulher se levanta e fala.
Participam; são mais criativas e estão mais presentes. Temos que pensar que, se a mulher é fundamental, deve-se criar um sistema que permita que a mulher participe, ou seja, ver os horários das reuniões...

O MST do Brasil tem experiências lindíssima. Você vai à sua escola de formação e vê algumas companheiras que cuidam das crianças para que as mães possam estudar. Eu proponho que haja um homem e uma mulher em cada representação, em tudo. É o que tem no MST, no assentamento, no acampamento, em todos os lugares há um homem e uma mulher.

Sempre em duplas.

Sempre em duplas. Eu estou propondo isso em meu último livro sobre planejamento, justamente isso: que haja um homem e uma mulher. E o meu grande argumento é que a coordenação nacional do MST tem um grande número de mulheres, que não se deve às cotas, mas sim porque lhes foi dado espaço de participação e as mulheres demonstraram que eram iguais ou melhores que os homens.

É que se não se abrirem os espaços para o desenvolvimento, nós não nos desenvolvemos.

Exatamente. Eu não conheci o pensamento feminista, não li as feministas, no entanto, se você ler meus textos a partir das entrevistas das guerrilhas de El Salvador você percebe que ali são tratados temas que têm sido reivindicados pelo feminismo, como a democracia, a participação, o respeito às diferenças. Esses temas estão presentes. E eu percebo que estão presentes porque os comandantes guerrilheiros assimilaram o pensamento das comandantas ou... conseguiram que fossem incorporados à sua visão da política os elementos que eram considerados do pensamento feminista. Algumas mulheres não entendem que eu lhes diga que não sou necessariamente feminista, que eu aceito a discriminação positiva como um mal menor, digamos.

No Equador, Correa colocou quase uma paridade de gênero no gabinete. Foi admirável nisso.

Mas ele não parece muito avançado em temas de gênero.

Não. Mas para você ver as contradições. Tem uma composição de gênero favorável, no entanto, seu pensamento sobre a questão do aborto não é muito avançado, digamos. Ou seja, pode haver um homem que valorize o papel da mulher e acredite que não se deve abortar.

Um tema complexo, de fato. Nós vamos abordá-lo mais adiante. Para encerrar este ponto: Você considera que fez a "digestão" do seu percurso teórico, digamos, no livro *Um mundo a construir*?

Claro. É por isso que começo com a teoria... Embora eu não creia que consiga percorrer passo a passo todas as minhas reflexões e mudanças desde os anos 1970 até agora.

O PRÊMIO LIBERTADOR, RAZÕES DE SUA INSCRIÇÃO

Por que você se inscreveu ao Prêmio Libertador com o livro *Um mundo a construir*?

Porque o prêmio não separa entre os gêneros testemunhos/ensaio... E o livro é uma reflexão que parte da prática; toma as experiências mostrando um caminho.

Você participou em outros concursos...

Antes de ganhar o Prêmio Libertador ao Pensamento Crítico, ganhei um prêmio na Venezuela. De repente, me telefonaram e disseram: "Marta você tem que ir na premiação amanhã". "Premiação de quê?", pergunto. "De um livro seu". "Mas eu não estou participando de nenhum concurso". Mas tinha sido apresentado pela editora. Era o livro *Haciendo camino al andar* [*Fazendo o caminho ao andar*]. Seis anos ou mais após tê-lo publicado, a Monte Ávila o havia publicado (2005), que foi a editora que o colocou no concurso.

Você também participou do Prêmio Casa

Do Prêmio Casa participei com o livro *Lenin e a revolução social na América Latina*. Estavam expostas ali as ideias, estratégias, táticas, alianças, tudo sobre Lenin. É uma história interessante...

O que aconteceu?

Quando o inscrevi para o prêmio, me coube como jurado Sánchez Vázquez. E ele era, naquela época, antileninista...

Antileninista?

Claro!

O livro obviamente não passou. E quando perguntei a Sánchez Vázquez o motivo, ele não quis me responder. Agora eu me dou conta de que não era um livro para concurso, porque era um estudo de Lenin.

Mais tarde, me tornei muito amiga de Sánchez Vázquez. Encontrei-o vários anos depois na VIII Semana Galega de Filosofia, em abril de 1991, em Pontevedra. Lá fiz uma apresentação sobre os temas da esquerda que mais tarde fizeram parte do livro que fizemos juntas, que publicamos e apresentamos no Equador.

Rumo ao século XXI, a esquerda se renova...

Sim. E depois que falei, Sánchez Vázquez me disse: "Mas como é possível que você, com um texto tão bem construído, com essa exposição... Que memória você tem". Então ficamos amigos.

Você queria comentar outra coisa também...

Quando apresentei o livro sobre Lenin na Casa de las Américas, Lito Marín o leu – você conhece Lito –, e então me disse: "Marta, você não pode publicar este livro". Por quê?, eu perguntei. "Porque seus livros são muito, muito claros, demasiadamente claros, e as pessoas os decoram. O Lenin que você tem que fazer é um Lenin para cada país da América Latina". E eu disse: Impossível! Não conheço a América Latina. Porque eu, você sabe, bem... eu conheci o marxismo na Europa, eu escrevi o livro *Os conceitos*... na Europa, depois passei três anos no Chile e de lá vim para Cuba. Então, o que eu sabia sobre a América Latina?

Compreendo...

Então eu disse: eu posso falar de Nicarágua e de Cuba, neste momento. Então, com este livro que, em princípio, era um, transformei-o em três pequenos volumes. Um, *A revolução social. Lenin e América Latina* (1986); outro, que era a continuação: *Inimigos e aliados, frente política* (1987); e o outro, *Estudantes, cristãos e indígenas na revolução* (1987). E fui citando exemplos: em estratégia e tática, qual era a tática de Fidel, qual era a tática dos sandinistas... Assim foi a história desses livros.

Importância do Prêmio Libertador do Pensamento Crítico
Alcançar amplos setores
Qual a sua avaliação sobre ter ganhado este prêmio?

Eu vou te dizer uma coisa sobre isso. Quando me perguntam: "Como você se sentiu ao ganhar o prêmio? É importante para você?" Eu digo que foi importante, estou muito feliz. Porque é a forma de alcançar alguns que nunca me teriam lido se eu não ganhasse o prêmio. Porque Marta Harnecker ficou como que calcificada no livro *Os conceitos elementares do materialismo histórico*. Existe algum intelectual que me cita? Não há nenhum, acredito eu, ou muito poucos. Porque eu não sou uma pessoa desse meio. Em contrapartida, o livro tem muitas mensagens para governantes, e o prêmio também abre a possibilidade de eles se sentirem motivados a lê-lo.

Fiquei feliz que o presidente Maduro o leu. Porque dava para perceber isso quando ele falou. Ele sabe muito bem do que trato no livro. Além disso, eu tinha acabado de falar, e ele estava ali, ouvindo... E nem todos aceitam. Porque eu fiz várias sugestões. Gostei muito das palavras dele.

TIPOLOGIA DE SEUS LIVROS

Livros teóricos

Um recorrido por sua ampla produção bibliográfica indica que você elaborou diversos tipos de livros. Eles combinam temáticas, épocas e experiências diferentes, as quais evidentemente influenciaram seu modo de ver o mundo e de comunicar isso que você via. Sua produção bibliográfica descreve então os movimentos de seu pensamento, o impacto que seus descobrimentos e buscas tiveram sobre ele, particularmente a partir de conhecer e reunir as experiências de luta, de organização dos movimentos políticos revolucionários da esquerda no continente.
Em uma tentativa de agrupar seus livros segundo as categorias de análise e elaboração empregadas, poderíamos começar, neste caso, pelo livro *Os conceitos elementares do materialismo histórico*.

Sim. Claro.

Considerando neste grupo a introdução que você fez anteriormente ao texto de Althusser, que não é um livro, mas se inscreve na mesma linha de sua produção teórica.

Claro. A introdução ao livro *A revolução teórica de Marx* [*Pour Marx*] foi meu primeiro escrito. Foi uma experiência desafiadora porque primeiro eu fiz a tradução. Isso me obrigou a conhecer bem o pensamento do autor. Também foi muito positiva, porque Althusser me incentivou, me apoiou e me elogiou muito. Incluiria também neste grupo meu livro *O capital: conceitos fundamentais* [1971].

Este livro é uma variação dentro desta linha porque está vinculado à tradução que você fez do *Manual de Economia Política* de Lapidus e Ostroviatianov, que – como você aponta em seu prefácio –, foi publicado na URSS em 1929, mas não havia sido traduzido para o espanhol.

Como explico ali, esse livro buscava ajudar os leitores a lerem *O capital*, de Karl Marx. Eu esperava contribuir, com isso, para o conhecimento e difusão do marxismo entre os trabalhadores e estudantes.

Também não é a tradução completa do livro...

Não. Por se tratar de um tema tão distante, omiti a parte referente ao estudo da economia soviética da época. Esse não era o objetivo.

Existem outros textos seus que poderiam ser incluídos neste grupo, como *A revolução social. Lenin e a América Latina* [1986], por exemplo. Não se trata de organizar aqui todos os seus livros, mas vejamos quais foram qualitativamente as temáticas e metodologias que você usou e com as quais você recuperou e gerou grande parte do pensamento da esquerda latino-americana e mundial.

Claro.

Livros pedagógicos para divulgação e educação popular

Depois de *Os conceitos...*, estariam os livros pedagógicos populares, aqueles pequeninos do Chile. Como comentei, eu havia me dado conta de que – apesar de minhas intenções – meu livro era, em algumas partes, incompreensível para os trabalhadores. Então decidi tomar outro caminho, dedicado a comunicar ideias de forma simples e acessível.

Você se refere aos *Cadernos de educação popular*.

Sim. Às cartilhas e aos *Cadernos*...

Você incluiria aqui as "entrevistas longas", como você as chama, que foram as antecedentes diretas de seus livros-testemunho?

Sim também. A entrevista com Humberto Ortega, considerado o estrategista da vitória sandinista, que foi publicada no *Punto Final Internacional*, marcou um passo importante nesse sentido. Foi uma conversa longa, muito solta e desordenada. Era necessário estruturar o material, mas sem que se perdesse a espontaneidade do interlocutor. Parece que consegui fazê-lo com acerto, porque meu primeiro propagandista foi o próprio Humberto e essa entrevista percorreu o mundo.

O gênero entrevista foi o mais prolífico em que trabalhei; me capturou. As entrevistas sempre foram um ímã para mim.

Livros de testemunhos

Quando você empreende o caminho dos livros-testemunho?

Depois das longas entrevistas, concentro-me nos testemunhos. Ou seja, vou das longas entrevistas aos livros de testemunhos. O mais importante para mim foi *Cuba: ditadura ou democracia?* [1975 e 1979], pelo que significou naquele momento e porque me marcou um caminho a desenvolver.

Como você diz no texto ao apresentá-lo: "Em Cuba há um povo que discute leis, distribui a Justiça, aprova os planos econômicos

e, de armas em mãos, como povo uniformizado, defende as conquistas da Revolução". E isso é o que você tem mostrado por meio dos testemunhos de seus protagonistas.

> Claro. Após longas entrevistas com comandantes das guerrilhas centro-americanas, os primeiros testemunhos com as entrevistas aos guerrilheiros centro-americanos e suas lutas deram origem a *Pueblos em armas* [*Povos em armas*] [1983].

Com esse texto, você também alcançou grande impacto e reconhecimento do seu trabalho pedagógico. Nesse sentido, sugiro recordar aqui as palavras de Mario Díaz Barrientos, chefe de redação de *Punto Final Internacional*, na apresentação da primeira edição deste livro pela Editora Era (México):

> O que o interrogatório jornalístico consegue é que os entrevistados (dirigentes políticos e chefes guerrilheiros da América Central) relatem de forma complexa e crítica a história de suas próprias lutas. Uma história que só excepcionalmente eles mesmos podem sentar-se para escrever, dadas as múltiplas tarefas na direção de suas organizações, ou por causa das dificuldades determinantes que implica a construção de uma nova sociedade. As perguntas, informadas e certeiras, possibilitam que as respostas surjam como uma reflexão rica e criativa, na qual não estão ausentes elementos autocríticos referentes à história. Suscitar essa reflexão era o propósito fundamental de Marta Harnecker. [1983-1985]

> Uma boa lembrança. Em 1988, com a longa entrevista a Gilberto Vieira, secretário-geral do Partido Comunista da Colômbia, elaboro *Colombia: Combinación de todas las formas de lucha* [*Colômbia: combinação de todas as formas de luta*].

Como você diz no título desse livro – "(ele) descreve as peculiaridades nacionais que explicariam por que um partido que endossa a luta

armada pode, ao mesmo tempo, participar em eleições e ter representantes no parlamento". Mas foi justamente essa peculiaridade, de combinar diferentes modalidades de luta, que mais tarde foi criticada por Jaramillo.

Bernardo Jaramillo era o presidente da "União Patriótica", a frente de massa do Partido Comunista, e era muito crítico da combinação de todas as formas de luta porque os mortos eram sempre os da parte legal, digamos. E ele não estava de acordo com isso. Da primeira entrevista com Jaramillo – porque depois fiz outra – e uma a Nelson Berrío, membro do Comitê Executivo de *A Luchar*, saiu o livro *Entrevista com a nova esquerda* [1989]. Em Cuba, foram publicadas as duas entrevistas em separado, naquele mesmo ano: *Colômbia: rumo a um convergência democrático-popular* (Entrevista com Bernardo Jaramillo) e *Não suplantar as massas* (Entrevista com Nelson Berrío).

Lembro-me claramente como essas reflexões te impactaram.

Jaramillo era brilhante. Ele pressentia que a qualquer momento iriam matá-lo, como de fato aconteceu pouco tempo depois, no aeroporto de Bogotá.

Tenho isso sempre em mente...

Livros que organizam testemunhos

Você tem livros que organizam e reúnem testemunhos, seriam uma variante deste grupo...

Sim. Tenho um ou dois livros que organizam testemunhos, talvez o que fizemos juntas, *Rumo ao século XXI a esquerda se renova* (1991), e *Vanguarda e crise atual* (1990). Este livro, como você disse, organiza testemunhos sobre o tema da vanguarda, da pluralidade, sobre a questão das massas, e assim por diante.

O livro *Fazendo o caminho ao andar* (1994) é uma reorganização temática dos testemunhos, com pequenas notas, que estaria dentro do terceiro tipo de livros que fiz. Depois, o enviaram ao prêmio ensaio e eu não sabia o que era um ensaio, nunca falei sobre ensaios. Há tantas definições de ensaio, como você pode imaginar... E um dia, como te disse, ligaram-me e disseram-me que tinham me atribuído o Prêmio Nacional do Livro (Venezuela, 1995).

Livros com entrevistas coletivas

Lembro que as reflexões de Jaramillo te impactaram profundamente; ele te fez ver que não bastava apenas olhar as experiências guerrilheiras da América Central; que havia que estudar as propostas da esquerda legal...

É que ele havia se exilado no Brasil e no Uruguai e conhecia a proposta da Frente Ampla e do Partido dos Trabalhadores, ambos centrados na luta legal para conquistar espaços institucionais. Foi assim que comecei a estudar aquelas experiências de esquerda.

Você então propôs realizar entrevistas com o PT, no Brasil, e com a Frente Ampla, no Uruguai. Isso marcou uma mudança não apenas na temática que você estava tratando, mas também na sua modalidade de entrevistar, você passou a fazer entrevistas em grupo...

Trabalhamos juntas nisso, principalmente nas entrevistas à Frente Ampla. Você se lembra que primeiro fomos ao Peru para entrevistar deputados de esquerda, mas não conseguimos fazer as entrevistas? Estão por aí os poucos testemunhos que conseguimos [*risos*]. Ninguém queria ser entrevistado ao lado do outro... Como eram dogmáticos!

Bem, certamente, daí para a frente, houve uma mudança em minhas entrevistas, especialmente quando descubro o PT e os governos locais, aí começo a fazer entrevistas coletivas. Foram entrevistas em grupo e, em alguns casos, alguma entrevista individual que posteriormente eu incorporava à reflexão coletiva; sempre tendo o cuidado de expressar todas as correntes, tendências, visões...

Daí saíram os livros: *Frente Ampla: Os desafios de uma esquerda legal* [1991]; *Brasil. São Paulo: uma prefeitura assediada* [1993]; *O sonho era possível (As origens do Partido dos Trabalhadores do Brasil)* [1994].

Com o estudo do PT, você se centrou em sua experiência com os governos locais ou no tipo de partido?

O que mais me chamou a atenção, o que me motivou inicialmente, foi a experiência do PT como um novo tipo de partido.

Após o estudo da prefeitura de São Paulo, há uma pausa... Quando volto às entrevistas com os governos locais já era outra etapa. O próprio Tarso Genro, do PT do Porto Alegre, afirmava que estavam fazendo uma prática que permitia vislumbrar o que era uma nova sociedade.

Você se refere ao orçamento participativo...

Claro. E para mim isso foi ir vendo como se fazia... Fiz oito longas entrevistas sobre governos locais que saíram em pequenos livros independentes e mais tarde se fundiram em um intitulado *Fazendo o caminho ao andar*. Esse é o que eu te disse que eles premiaram na Venezuela (2005), em um concurso feito com livros que as editoras enviam.

A importância dos livros-testemunho

O gênero testemunhal me fascina. Meus últimos livros têm muito pouco de escritório. Fundamentalmente, tenho trabalhado o gênero depoimento, as lutas sociais.

Os depoimentos te estimulam, te dão ideias.

Sim. Considero que a evolução que tive é porque vi coisas, conversei com as pessoas. Quer dizer, meus livros são o produto de um montão de gente e muitas práticas...

Objetividade e o gênero testemunho

Considera que a sua formação em Psicologia influenciou a sua metodologia de trabalho?

Não me arrependo de ter estudado Psicologia, Isabel, porque foi básico para fazer as entrevistas. O método do psicólogo é totalmente distinto ao do sociólogo, e eu agradeço enormemente por ter essa abordagem diferente dos processos mentais.

Ou seja, uma parte do que para você foi uma metodologia de trabalho mais tarde vem de seus estudos em Psicologia...

Pelo menos não da Sociologia. Não sei que relação a Psicologia pode ter com a política, mas pelo menos te inclina ao individual, você vai para a experiência, você vai para a reflexão... não à média estatística.

Está claro que você não gosta da média estatística. Como, então, você entende a objetividade?

Eu não pensei sobre a questão da objetividade em termos de meu trabalho, pensei em geral. Por exemplo, o livro do Equador, são entrevistas. E me disseram que eu não era objetiva porque eu simpatizava com o governo. Claro que tenho simpatias pelo governo.

Mas isso não deveria ser um problema.

Nas minhas entrevistas, sempre procuro que as diferentes visões da questão estejam presentes. De fato, Alberto Acosta não estava no governo do Equador, já estava marginalizado do movimento e é o personagem central para tratar o tema da Constituinte. Ou seja, depende dos temas.

O importante para mim é o que alcançamos no Uruguai. Por exemplo, durante a entrevista, estavam todas as tendências da Frente Ampla sentadas à mesa. Então eles mesmos dialogam, eles se corrigem, digamos. Não há nada melhor do que ter todos juntos.

Lembro daquelas mesas cheias de dirigentes da Frente Ampla, dialogando por horas, respondendo às suas perguntas...

Isso, porém, com o PT, no Brasil, não consegui. A pergunta é, qual método usar para que de alguma maneira isso esteja presente na obra?

A que você se refere especificamente?

À revisão do texto por parte do/as entrevistado/as. Aprendi isso quando entrevistei líderes das guerrilhas da Colômbia, de El Salvador – que foi a que circulou primeiro. É muito importante que os entrevistados revisem as entrevistas, ou seja, não é que a jornalista "se exiba".

Quero que as pessoas se sintam confortáveis com a entrevista feita, essa seria a primeira coisa a destacar. Segundo, então, se a entrevista não é coletiva, é importante ter cuidado de como você fala aos outros o que foi dito por algum deles em outro momento. E fazer circular o texto integral para que todos tomem conhecimento e possam opinar com fundamentos sobre o que está escrito ali. Não estarão juntos na entrevista coletiva, no mesmo momento, mas de alguma maneira eu digo que é uma entrevista coletiva no tempo.

E no resultado. Essa sua metodologia é muito importante porque abre as portas a um trabalho coletivo não simultâneo, ou seja, mais factível de realizar com organizações sociais e políticas. É muito mais complicado do que fazer as entrevistas em grupo no mesmo espaço-tempo, mas com um trabalho sistemático e sério é possível alcançar o objetivo. Isso eu aprendi com você.

Certamente. Meus livros têm, às vezes, integração dos diálogos, ou seja, das coisas novas; ou, pelo menos, uma nota onde se permita ver a diferença ou a posição distinta. Então, isso é o que eu te dizia: não busco a média estatística, mas o exemplar. Claro que se trata de recolher o que existe, com todos seus aspectos positivos e negativos.

Isso seria a objetividade?

Sim, mas quando eu falo de objetividade, não tem nada a ver com Sociologia. As médias estatísticas nunca expressam a verdade; a média dilui a realidade. Então eu diria que não me centro no problema da objetividade; eu tenho buscado aprender com a experiência.

Livros de reflexão teórica ancorada em testemunhos

Você também escreveu livros que – embora estejam articulados com os testemunhos – são textos nos quais você expõe suas reflexões.

Claro. Neste grupo estariam: *Tornando possível o impossível; A esquerda no limiar do século XXI* [1999]; *Reconstruindo a esquerda* [2006]. E meu último livro, *Um mundo a construir,* publicado em

2013, que recebeu o *Prêmio Libertador ao Pensamento Crítico* em 2014. Esses são livros de reflexão teórica sobre os testemunhos de experiências práticas. Por isso não posso fazer os meus livros com citações de outros textos meus porque seriam cerca de 70% ou 80% de autocitação de testemunhos de livros anteriores.

Claro, porque o que você cita provém de suas entrevistas.

Sim. Por isso é que eu não utilizo recuos de texto quando faço citação. Algumas editoras colocam esses parágrafos metidos lá dentro, com recuo. Imagine você, eu teria, então, apenas parágrafos metidos para dentro. [*Risos*]

Neste meu último livro premiado – diferentemente dos outros –, decidi tomar – até quase textualmente – vários dos testemunhos que foram feitos no Equador, na Bolívia, na Venezuela. Imagine o que seria. Assim tratei, por exemplo, o tema de como transformar as Forças Armadas.

Na Venezuela?

Bom, também da Venezuela. Mas as ideias são de Álvaro García Linera, de uma entrevista que fiz com ele e que nunca foi publicada, porque não a terminamos. A entrevista não está no livro, mas as ideias sim.

Acontece o mesmo com a entrevista sobre os "gabinetes itinerantes" que fiz com Patiño e que, bom, no livro está como ideia importante a se levar em conta.

Você já havia publicado um artigo com este tema...

Sim. Em novembro de 2010, tive a oportunidade de estar em cada uma de suas reuniões. Foi uma experiência apaixonante. Dali saiu meu texto "Os gabinetes itinerantes no Equador: uma forma de aproximar o governo do povo" [2010]; é uma reportagem sobre um gabinete itinerante em Cariamanga.

Depois retorno a esse tema em meu livro *Equador: uma nova esquerda em busca da vida em plenitude* [2010: Cap. IV], para o qual você fez o prólogo. E trato o tema novamente no ponto 6, do capítulo V, do livro *Um mundo a construir*. O que quero te dizer com isso é que eu não podia ter realizado este livro sem todos os livros-testemunho e entrevistas que fiz anteriormente.

Por isso você o considera um livro síntese.

Dentre outros motivos.

E porque é um livro que marca um recorrido e um ponto de amadurecimento de seu pensamento.

Claro. É isso. Vou aproveitar que você é minha melhor defensora, para te perguntar: quando me suprimem os subtítulos nos índices, é porque não entendem o sentido dos subtítulos?

Suponho que não o entendem. Em geral as editoras não publicam índices expandidos, detalhados. Mas no seu caso, teriam que considerar que a elaboração (e publicação) do índice é parte de seus recursos de comunicação, no qual os subtítulos têm um sentido pedagógico-político importante.

É o que eu digo...

Comunicar ideias

Creio que para você o *leitmotiv* de tudo tem sido como comunicar as ideias e isso te abriu as portas à metodologia. Porque você não partiu de uma metodologia, você descobriu a metodologia buscando a comunicação.

Certamente.

É por isso que a sua questão sobre os títulos e subtítulos é muito importante. Às vezes, você tem três subtítulos em uma página, porque o problema não é de espaço, mas de ideias. Destacar as ideias, para que os leitores possam descobri-las rapidamente. Seria como um Twitter, mas do pensamento...

Talvez; essa é a ideia.

O título ajuda o leitor de base porque sintetiza o que ele está lendo e lhe permite identificar os núcleos temáticos que busca.

Sim, porque no mundo de hoje se lê pouco, então você vai e encontra um índice longo, escolhe um tema e o lê. Eu recomendo: vá ao que te interessa e depois estou segura de que vai se entusiasmar, começando pelo que mais te interessa.

No Chile, os editores do livro sobre o Equador queriam remover os subtítulos porque diziam que interrompiam a leitura. Eles tiveram a ideia de colocar uma margem maior e colocar os subtítulos ali, ou seja, em uma página pode haver três coisas...

Bem, essa também é uma maneira interessante...

Mas, claro, isso significa usar uma letra grande nela. Porque também já me fizeram livros terríveis. E só me dei conta disso quando os tinha em minhas mãos. Agora vou colocar como condição contratual: que eles coloquem uma letra acessível.

RELACIONAMENTO COM AS EDITORAS

Lembro que cada vez que você terminava um livro, você o publicava imediatamente. Você nunca quis esperar pelos prazos editoriais...

As datas de publicação de meus escritos não têm a ver com compromissos com uma editora: "Vou fazer um livro e vou terminá-lo para tal data". Em geral, eu os planejava para eventos políticos que exigiam ideias, concretizações, conceitos, então eu me apressava para que o livro estivesse pronto naquele momento. Sobretudo no caso dos livros de entrevistas, eu queria que eles estivessem prontos para um determinado acontecimento. Sempre pensei em publicar rápido, para que o livro fosse útil para as conjunturas políticas. Esse sempre foi meu objetivo. E é por isso que eu não tenho paciência para esperar por editoras.

Eu não tinha nenhuma experiência de publicação por ocasião de *Os conceitos...*, então a Siglo XXI foi, para mim, minha casa editora. E Orfila foi meu pai divulgador. [Refere-se a Arnaldo Orfila Reynal, fundador da editora mexicana Siglo XXI].

Depois do auge do marxismo nas universidades, veio a ditadura e eu comecei a ver que meus livros não estavam chegando. E então comecei com a impaciência de publicar onde quer que eu pudesse, sem direitos autorais. Enquanto Orfila estava vivo, consegui um acordo com eles para poder continuar publicando por lá. Mas depois foi muito difícil, porque não tenho paciência para esperar um ano e tanto para que um livro seja publicado. Estou acostumada a que logo depois de terminar um livro, em um mês ou um mês e meio, ele já esteja em circulação. Com a editora El Viejo Topo, por exemplo, a relação é muito ágil: em junho eu entrego os originais e em meados de julho o livro já está sendo lançado.

A outra via é torná-lo disponível para todo o mundo na internet, embora às vezes certas editoras não aceitem isso...

A El Viejo Topo permite que você faça isso?

El Viejo Topo e todos aqueles que me publicam... Eles sabem que eu disponibilizo o livro na internet primeiro, depois quem quiser o aceita e o publica, e se não aceita, então não.

A vida demonstra que se vendem muito mais livros quando estão também na internet.

Claro. Porque são dois públicos distintos.

E porque as pessoas querem ter o livro impresso; não podem imprimir 200, 300 páginas, digamos, a tinta é cara, o papel é caro...

O que demorou muito para ser posto na internet – e eu nem sequer pedi permissão – é o livro *Os conceitos...* Não me disseram nada. Nós o colocamos há dois ou três anos, no quadragésimo aniversário do livro. Acho que foi uma digitalização do livro, de sua última versão.

Todos eles estão em *Rebelión*.

Sim. Na realidade, voltaram a colocar em ordem porque já tinham sido colocados...

Uma contribuição muito importante.

SOCIALISTA E MARXISTA, UMA QUESTÃO DE IDENTIDADE

Se alguém dissesse: "Marta, apesar de tudo o que aconteceu com o socialismo do Leste Europeu, você ainda se considera uma socialista"? Qual seria sua resposta?

Que sim. A questão é que o socialismo tem muitos significados. Eu continuo pensando que é preciso construir uma sociedade alternativa ao capitalismo, que alguns chamam de socialista, outros de comunista....

Também me considero marxista no sentido de que continuo pensando que os elementos da ciência e da história inaugurados por Marx continuam vigentes e que o que temos que fazer é desenvolvê-los.

Sua identidade socialista é a de um socialismo renovado; e você dedicou sua vida a fundamentá-lo.

Eu diria que desde o início, desde que descobri o marxismo. Por que o marxismo me atraiu? Porque eu era católica, com uma visão muito avançada na época, muito ligada aos enfoques do filósofo católico francês Jacques Maritain. Seu livro, *Humanismo integral*, era uma espécie de Bíblia. Para mim, a religião era o amor, mas eu tinha uma concepção muito distante do marxismo em relação à liberdade ou ao que eu entendia por liberdade e materialismo naquela época.

Quando cheguei à Europa, entendi que não bastava querer que as pessoas se amassem umas às outras, mas que havia de criar as condições de uma sociedade em que fosse possível a solidariedade e não o egoísmo. Para mim, construir uma sociedade na qual as pessoas possam se amar umas às outras significava construir uma sociedade socialista. E desde que descobri isso, esse foi o sentido da minha vida.

Ou seja, você encontrou no marxismo uma ferramenta para tornar realidade o que você viu na religião.

Evidente. E foi por isso que decidi abandonar a Psicologia e estudar o marxismo, embora isso não tivesse nenhum futuro acadêmico. É por isso que eu não tenho títulos, porque estava interessada em me dedicar ao que pudesse ser mais útil.

Mas você é formada em Psicologia.

Bem, sim; o único diploma da universidade. Mas eu não tenho doutorado nem nada...

Você optou por outro caminho, o caminho do marxismo. Pois então, qual marxismo?

Lembro-me que uma das primeiras coisas que Althusser me disse foi que havia duas maneiras de abordar o marxismo, digamos assim, porque o marxismo não era um dogma. Uma, que era a grande tendência naquele momento na Europa, baseada nos textos do jovem Marx, que haviam começado a aparecer naquela época. Aí estava o humanismo, estava toda essa temática filosófica, que alguns diziam ser uma forma de abrir o marxismo a outras correntes e que Althusser criticava. Ele dizia que o cristianismo estava séculos à frente do marxismo em relação à temática humanista; que a questão não era a filosofia do homem, mas sim encontrar os instrumentos que permitissem construir uma sociedade diferente e corrigir os erros que a sociedade soviética estava enviando como mensagens, isto é, o socialismo soviético, e que para isso não era suficiente, não fazia sentido, ir às fontes do cristianismo, que nesse caso os cristãos estavam muito mais avançados.

Lembro que uma das viagens que fizemos – um grupo de chilenos que estava na Europa, tanto na Bélgica como em Paris – foi a de conhecer a experiência polonesa. Lá encontramos filósofos poloneses dedicados a estudar Pierre Teilhard de Chardin (um filósofo jesuíta) e Emmanuel Mounier (que preconizava o pensamento personalista comunitário) etc. Então, quando voltamos, conto a Althusser que, para minha surpresa, os filósofos marxistas poloneses estavam empenhados em estudar os mesmos autores que eu, como católica, havia estudado recentemente, todos centrados em reflexões sobre o homem e seu papel no mundo. Ele reagiu indignado; ele me disse que com tais postulados do cristianismo não responderíamos a que fazer para resolver os problemas que estavam ocorrendo no socialismo real. E isso foi muito importante para mim.

O que ele propôs que deveria ser feito?

Ele propunha voltar a Marx, mas não para estudar o que Marx postulava explicitamente, porque há muitas coisas que estão no pensamento de Marx que – pelo seu contexto ideológico – não são explícitas. Ele argumentava que era necessário fazer uma espécie de "psicanálise do marxismo", descobrir os silêncios e construir os conceitos que Marx utilizou em suas análises, mas que não foram construídos. Ou seja, que lendo, estudando o que Marx disse e o que ele não disse, pode-se chegar a construir o que foi – e é realmente – o verdadeiro objeto d'*O capital*.

O capital é uma obra inacabada de Marx; ele estudou a lógica do capitalismo e apontou que existe outra lógica do ponto de vista da classe trabalhadora, sem a presença do capital, que é possível deduzir.

Por exemplo?

Lembro-me sempre da questão da alienação. Althusser não negava a importância da alienação, mas dizia que era preciso saber por que o fenômeno ocorre em cada um dos modos de produção, a fim de encontrar uma maneira de superá-lo. Porque o conceito de alienação pode ser usado para a escravidão, para o feudalismo, para o capitalismo, para o socialismo. É necessário conhecer como se produz a alienação em um determinado regime socioeconômico, para então buscar não apenas o diagnóstico, mas sim a terapia.

E, digamos, você fica com este marxismo.

Claro.

Identidade religiosa e marxismo

E o que aconteceu com sua identidade religiosa e o ateísmo?

Esta foi a outra questão. Althusser falava de um marxismo que não era sinônimo de ateísmo. Isso foi muito importante para mim, porque quando comecei a me interessar pelo marxismo eu era católica, de frequentar diariamente a igreja mais próxima. Althusser me conquistou porque me disse: "Marxismo não é o mesmo que ateísmo. Porque a ciência da história, que é o marxismo, como toda ciência, não se pronuncia sobre a existência ou não de Deus. Porque nenhuma ciência aborda a questão do ateísmo; isso está fora do âmbito científico. Pode-se crer ou não e ter uma visão científica de uma determinada realidade". E isto me permitiu entrar no marxismo sem bloqueio.

Marx tinha aberto um novo continente ao conhecimento científico: o continente da história. A nova ciência fundada por Marx é uma ciência "materialista" como toda ciência, e por isso foi chamada de materialismo histórico. A palavra materialismo indica simplesmente a atitude estrita do sábio frente à realidade de seu objeto, o que lhe permite captar, como diria Engels, "a natureza sem nenhum acréscimo externo". Mas a expressão "materialismo histórico" é, no entanto, um tanto estranha, já que as outras ciências não usam a palavra "materialismo" para se definir como tal. Não se fala, por exemplo, de materialismo químico, ou de materialismo físico. O termo materialismo, usado por Marx para designar a nova ciência da história, visa estabelecer uma linha de demarcação entre as concepções idealistas anteriores e a nova concepção materialista, ou seja, a concepção científica da história.

Essa definição a colocou dentro do marxismo.

Sim, porque antes de conhecer Althusser, li um pequeno livrinho de Georges Politzer [filósofo húngaro] sobre materialismo dialético que me provocou uma grande rejeição e aumentou minhas apreensões, como crente, sobre o materialismo marxista. Isso me impediu por pelo menos um ano de me aproximar do marxismo. Porque, como eu o entendi, o marxismo era materialismo, um materialismo talvez mal compreendido por mim, mas que me afastou naquela época.

A definição de Althusser do materialismo histórico como ciência da história abriu um espaço para você no marxismo, digamos assim?

Claro. Para sintetizar esse tema, prefiro citar aspectos de uma carta que ele me escreveu em agosto de 1966: "o ateísmo é uma ideologia religiosa (ateísmo como sistema teórico) e, devido a isso, o marxismo não é um ateísmo (neste sentido preciso)

[...]; o marxismo não é um ateísmo na mesma medida que a física moderna não é uma física antiaristotélica. Pouco importa a Aristóteles o mundo lunar e sublunar; as categorias da física moderna não se definem contra, ou seja, a partir das categorias da física aristotélica [...]. O marxismo trata a religião e o teísmo e o ateísmo da mesma forma que a física moderna trata a física aristotélica, combatendo-a teoricamente quando ela se constitui em um obstáculo teórico, combatendo-a ideológica e politicamente quando se constitui em um obstáculo ideológico e político. Do ponto de vista teórico, o marxismo se opõe a toda pretensão teórica da religião. Teoricamente, o marxismo não é ateísmo, é uma doutrina que, na medida em que a religião existe como um obstáculo, é obrigada a lutar contra ela. É necessário dizer isto porque é a verdade. Agora, existem leis para a luta teórica, ideológica e política. Lutar não significa matar as pessoas nem forçá-las a renunciar a suas ideias. Lutar também pode significar reconhecer o que certas ideias aberrantes escondem de positivo [...]. Com as ideias existe, portanto, uma luta sem trégua. Com o positivo que as ideias indicam, escondendo-o, há amplas possibilidades de compreensão e esclarecimento". [Harnecker, 1999, p. 20]

Além disso, Althusser me dizia: "Deve-se dizer à Igreja Católica que o grande erro que cometeu foi não ter compreendido a primeira revolução dos pobres do mundo; não a entendeu, a condenou. Mas existem amplas possibilidades de entendimento e esclarecimento". Acredito que por pensar assim Althusser foi tão bem recebido pelos teólogos da libertação em nossa região. E por tudo isso eu digo sempre que não seria quem sou sem o contato, o diálogo que tive com Althusser nesses anos em Paris. Ele foi meu grande mestre e continuo pensando que o que eu aprendi com ele e com suas obras, basicamente uma metodologia de leitura crítica, foi fundamental para a minha formação.

Marx, o que busca...

Também foi importante descobrir em Marx uma busca. E nisso influenciaram muito os postulados do jesuíta francês Jean-Yves Calvez.

Você se refere ao livro *O pensamento de Karl Marx*?

Sim, era muito lido na época. Nele, Calvez dizia que Marx buscava, que ia para lá, para cá... E eu me identifiquei com aquele ser humano que buscava respostas.

De que ano estamos falando?

Estamos falando de 1963, quando eu vou para a Europa; eu li esse livro no primeiro ano, antes de conhecer Althusser. Porque eu já vinha com o interesse de conhecer o marxismo, então durante minhas férias, além de dedicar algum tempo ao turismo, viajando de carona pelo sul da França até a Itália, li esse livro sobre Marx. Foi importante para mim.

II.
DE ALLENDE AOS GOVERNOS POPULARES DE ESQUERDA DO SÉCULO XXI

O GOVERNO DE SALVADOR ALLENDE

Sei que você não tem predileção em falar sobre o período de Allende, talvez porque já o tenha abordado em diversas ocasiões.[1] Mas é importante fazer um breve recorrido sobre o que ele significou e significa para os povos da indo-afro-Latino América e suas buscas por independência, soberania e justiça social. Também é importante, hoje, conhecer suas reflexões, carregadas com suas experiências em Cuba e na Venezuela, entre outras. Então proponho começar: Como você avalia hoje o governo de Allende?

No artigo publicado em 2003, eu me referi a esse tema. E sugiro que comecemos esta reflexão com o que eu disse ali sobre o golpe, pois o considero plenamente vigente. Este golpe militar foi possível graças ao êxito da contraofensiva conservadora. À medida que esta ia se tornando mais forte e as contradições dentro das forças de esquerda que apoiaram a candidatura de Allende se tornavam mais agudas, uma parte importante dos setores médios, que inicialmente haviam apoiado o projeto popular, começou a se distanciar, preparando assim o terreno social e político para o golpe militar.

---

[1] Escreveu um texto que serviu de apoio ao documentário de Patricio Guzmán, *La batalla de Chile* (1975), que mais tarde foi publicado em vários números da revista chilena *Encuentro XXI* (1998) sob o título: *La lucha de un pueblo sin armas. Los tres años de gobierno popular*. Depois escreveu o artigo "Reflexões sobre o governo Allende: estudar o passado para construir o futuro" para a revista inglesa *Historical Materialism: Research in Critical Marxist Theory*, v. 11, n. 3, (2003), recuperando fragmentos do livro *A esquerda no limiar do século XXI. Tornando possível o impossível* (1999).

Concordo com Jorge Arrate, um dirigente socialista chileno, quando afirma que o projeto de Allende era demasiado heterodoxo para o caráter ortodoxo de nossa esquerda, cujos postulados não correspondiam aos novos desafios que o país estava vivendo.

Em contrapartida, embora a direção da Unidade Popular e o próprio presidente Allende tivessem muita clareza que o processo chileno só poderia ser consolidado se tivesse o apoio dos militares – e, coerentemente com isso, foram feitos todos os esforços para conquistá-los para a causa popular –, foi depositada uma confiança excessiva na tradição constitucionalista das Forças Armadas chilenas e não se trabalhou suficientemente para a criação de uma força militar própria.

Mas há algo mais que só vimos mais tarde, a partir das últimas experiências vividas pelo socialismo: que este tipo de transição "pacífica" do capitalismo para o socialismo – usando os recursos e possibilidades de poder dentro de um sistema de democracia representativa – não era um caminho viável para realizar o projeto socialista tal como havia sido aplicado no mundo até então, e que, portanto, era necessário repensar o socialismo que se queria construir elaborando outro projeto mais adequado à realidade chilena. Era isso o que Allende parecia intuir quando utilizou sua metáfora folclórica do socialismo "com vinho tinto e empanadas", que apontava para a construção de uma sociedade socialista democrática enraizada nas tradições nacional-populares [2003, p. 10].

Qual a sua opinião sobre o socialismo proposto por Allende? Evidentemente você o apoiava, mas você via uma perspectiva para ele?

Eu me apaixonei pela experiência de Allende, especialmente por tê-la vivido como jornalista. Porque o jornalismo num período de calma, num período não revolucionário, não tem nada a ver com fazer jornalismo naquele período de ebulição social, especialmente um jornalismo que dava o microfone aos atores sociais, ao povo.

A grande discussão com o MIR então era sobre o que se podia fazer. A questão de limitar as expropriações ou nacionalizações de empresas estratégicas; me parecia evidente, mas eles insistiram em nacionalizar as pequenas empresas...

Penso que o ponto forte de Allende foi entender que ele tinha que transitar respeitando a institucionalidade, que a questão da democracia era fundamental, que havia que avançar com objetivos limitados, mas estratégicos. E para mim Allende estava muito mais à frente do que os partidos da Unidade Popular.

Admiro muito a Frente Ampla do Uruguai porque – diferentemente da Unidade Popular, no Chile, que foi uma frente política que reunia diferentes partidos que apoiavam o governo – ela reunia partidos com um espectro ainda mais amplo do que no Chile e, ao mesmo tempo, incluiu nos comitês de base dois terços de pessoas que não eram militantes de um partido, mas sim militantes do projeto. É aí que eu digo que são somas que multiplicam, em oposição às somas que subtraem – como dizia Kiva Maidanik [1987]. Por exemplo, quando são trazidas pessoas que não estão de acordo com a estratégia, isso pode significar que, em vez de avançar, a unidade seja destruída. E depois havia aqueles partidos "entristas", que entram para destruir. Então eu digo, não se trata de somar todos, trata-se de ter uma articulação comum, uma plataforma de luta, um programa.

No Chile, o que aconteceu foi a soma dos militantes dos partidos. Claro que havia apoio e simpatia por Allende nas ruas, mas esporadicamente... E uma das grandes debilidades foi que os Comitês da Unidade Popular, fundamentais para a vitória de Allende, não receberam tarefa. Os partidos dedicaram todos os seus quadros às novas tarefas de governo, abandonando de forma significativa seu trabalho no movimento popular. Em vez dos Comitês de Unidade Popular se tornarem a grande organização de base de apoio ao processo, imediatamente após o triunfo, foram os políticos que começaram a fazer política e o povo foi deixado de fora. Os Comitês de Unidade Popular nunca foram vitais neste período.

Allende não teve o apoio que precisava da frente política, a frente política estava dividida, havia a estratégia comunista, a estratégia socialista... O MIR estava fora, apoiava Allende, mas estava convencido de que a luta armada estava chegando e, portanto, buscava radicalizar; como inevitavelmente chegaria o confronto, quanto mais radical, melhor, diziam eles. Portanto, esta é outra das reflexões sobre esta questão: se você faz a transição pela via institucional e há um setor da esquerda que não entende estratégia e as táticas, bem, é triste porque no fundo esse setor trabalha objetivamente fortalecendo o inimigo e debilitando o processo revolucionário.

E a direita?

A direita – sem nunca descartar o golpe militar – estabeleceu como objetivo estratégico desarticular por todos os meios possíveis o bloco de forças políticas e sociais que dava maioria parlamentar e poderia permitir que ele governasse de forma transformadora mediante a legislação existente. A principal força política em disputa era o Partido Democrata Cristão e sua base social de apoio, fundamentalmente as classes médias e um setor dos trabalhadores e moradores dos bairros marginais. O assassinato – em 8 de junho de 1971 – de Pérez Zujovic,[2] o ex-ministro do Interior

---

[2] Pérez Zujovic foi assassinado pelo grupo armado de extrema esquerda "Vanguarda Organizada do Povo", argumentando sua responsabilidade no massacre de Puerto Montt, em 1969, no despejo de uma ocupação de terrenos, em que morreram 11 moradores pelas mãos de carabineiros.

do governo democrata-cristão de Frei e homem muito influente dentro da DC, realizado por um grupo com ex-militantes de partidos da Unidade Popular, caiu como uma luva para conquistar esse objetivo. Esse fato permitiu ao setor freísta da DC recuperar a liderança dentro do partido.

Em contrapartida, devo dizer que durante o período de ofensiva das forças revolucionárias aparecem de forma muito clara os limites do Estado burguês chileno e de sua legalidade. O centralismo excessivo impede que iniciativas e decisões sejam tomadas em âmbito regional. Sem recursos econômicos, todas as iniciativas locais permanecem no papel. O aparelho burocrático e os distintos organismos do Estado contam com um corpo de funcionários públicos que, em sua maioria, não participam dos novos objetivos estabelecidos pelo governo. Allende só conta com quadros de confiança nos níveis superiores.

A proposta constituinte

Uma das maiores limitações do governo Allende foi a estrutura institucional herdada. Embora o presidente e a Unidade Popular tivessem clareza sobre a necessidade de elaborar uma nova Constituição para mudar as regras do jogo institucional e facilitar a transição pacífica ao socialismo – de fato, o presidente Allende entregou aos partidos que formavam a Unidade Popular uma proposta para uma nova Constituição em setembro de 1972 –, nunca se fez uma convocatória para realizar este projeto.

Mas fez parte do debate realizar uma Constituinte...

Havia debate, claro, mas a proposta foi descartada devido à correlação de forças. Considerou-se que a Unidade Popular ainda não tinha o apoio eleitoral majoritário indispensável para levar adiante com êxito um processo constituinte.

Olhando em retrospectiva, acredito que este foi, sem dúvida, o momento mais propício para aprovar um referendo que permitisse convocar uma Assembleia Constituinte para redigir uma nova constituição. Se quiséssemos avançar de forma legal e pacífica, era fundamental mudar as regras do jogo institucional.

Você achava isso naquela época?
Naquele momento não via assim, mas agora, pela experiência, vejo que sim. Naquela época eu também compartilhava a opinião de que não tínhamos a correlação de forças para nos lançarmos a uma Constituinte, porque nenhuma das eleições nos havia dado uma maioria absoluta, nem mesmo uma maioria. Na Câmara nunca tivemos mais de 50, portanto, o risco de perdê-la inibiu a decisão de avançar em direção a uma Constituinte.

A grande questão que a história não pode responder é o que teria acontecido se esta coalizão política tivesse decidido tensionar suas forças e fazer um trabalho de casa em casa para conquistar a população para seu projeto.

Talvez tenha faltado audácia, a audácia que o presidente Chávez teve quando a oposição convocou um referendo para derrubá-lo e ele concordou em entrar em combate, embora na época as pesquisas apontassem índices de aprovação muito baixos. Ele aceitou apesar de estar em uma posição inferior na época, mas imediatamente planejou como conseguir as forças para triunfar nessa contenda. Ele disse: "Eu vou para a batalha e crio as condições para vencer." Estávamos muito melhor do que Chávez naquele momento. Se tivéssemos criado as condições, mobilizado as pessoas nos Comitês de Unidade Popular, talvez tivéssemos ganho. Mas nos limitamos a usar os resquícios legais para – em cerca de 10 dias do governo socialista – colocar em funcionamento umas leis para as áreas de propriedade social e coisas do gênero.

O desafio de conquistar o Exército

A outra coisa que nós tínhamos clareza é que havíamos que conquistar o Exército. Algumas pessoas acreditavam que nós éramos ingênuos, mas havia clareza de que tínhamos que trabalhar com o Exército e havia uma política a respeito disso, e tínhamos conquistado quadros. Houve a definição de que as indústrias do Estado produzissem armas, tanques... Mas então veio a direita e os militares reacionários, que viram todo esse processo, decidiram aprovar uma lei, invocando a Constituição, na qual disseram que o único instituto armado que tem o direito de ter armas são as Forças Armadas. E assim, usando a Constituição, eles recolheram as armas que estavam nas indústrias do Estado. E, sem dúvida, o ponto central de sua campanha foi a denúncia da existência de grupos armados em detrimento das únicas forças armadas que deveriam existir no país.

E Pinochet?

Ele estava envolvido na defesa de Allende, ele tinha todas as informações.

ALLENDE, O PRECURSOR DO SOCIALISMO DO SÉCULO XXI

Qual é o significado de Allende para a atual perspectiva socialista na América Latina, tendo em conta sua experiência na Venezuela?

Isabel, você sabe que considero o projeto socialista de Allende como um precursor do socialismo do século XXI, cujo grande promotor foi o presidente Chávez. Eu digo que o socialismo do século XXI começou no século XX, com Allende.

Allende não foi apenas o primeiro presidente socialista eleito democraticamente no mundo, mas foi também o primeiro em pretender avançar ao socialismo pela via institucional e o primeiro a entender que, para fazer isso, deveria distanciar-se do modelo soviético.

Esse socialismo não podia ser imposto de cima para baixo, tinha que contar um apoio muito majoritário da população, e tinha que estar inserido nas tradições nacionais.

Infelizmente, como eu disse, o projeto de Allende foi muito heterodoxo para a esquerda chilena na época, que era demasiadamente ortodoxa, com abordagens que não correspondiam aos novos desafios que o país estava vivendo.

O que você quer dizer com "demasiadamente ortodoxa"?

Deixe dar alguns exemplos desta ortodoxia.

Quando Allende falava da transição democrática para o socialismo, setores da esquerda estavam pichando nas paredes: Viva a ditadura do proletariado!

Quando Allende – tendo em conta que o eleitorado chileno estava dividido, grosso modo, em três partes: os conservadores, os democratas cristãos e a esquerda, com uma leve preponderância da esquerda – postulava a necessidade de ter o apoio dos democratas cristãos para conseguir o apoio majoritário da população ao projeto, nossa esquerda atuava muito sectariamente, confrontando os militantes daquele partido; eles nunca entenderam a necessidade de se aliar a forças que classificavam como burguesas.

Quando Allende falava de ganhar setores da burguesia para seu projeto, uma parte importante da esquerda reafirmava que o inimigo era toda a burguesia.

Quando Allende se empenhava em consolidar o que havia avançado no plano econômico – a estatização das grandes empresas estratégicas, tendo muito claros os limites do poder que tinha –, setores da esquerda tomavam pequenas empresas e pediam sua nacionalização, exigindo mais radicalismo de Allende.

Quando Allende lutava para conseguir uma condução única do processo, os partidos mais fortes – o socialista e o comunista – tornavam públicas suas divergências.

Disso que você diz surge uma agenda de temas a serem esclarecidos no presente... Como você analisa o projeto do "socialismo do século XXI" proposto na Venezuela?

Muitos diziam a Chávez: "Como você vai tentar uma via pacífica quando já se demonstrou que era inviável com o caso de Allende?" E Chávez respondeu: "Esta é uma via pacífica, mas armada". Ou seja, no caso da Venezuela primeiro houve um trabalho com as Forças Armadas, o grupo foi o dos militares do Movimento

Revolucionário 200, o grupo de Chávez, que se preparou para estas circunstâncias. Primeiro eles pensaram em uma insurreição e depois aceitaram seguir pela via institucional.

Com armas nas mãos do Exército para defender o projeto.

É claro, porque nesse caso não se tratava do povo armado, mas da instituição armada.

Isso que Chávez disse me parece fundamental. E é por isso é que em meu livro, *Um mundo a construir,* do qual estávamos falando, um dos pontos que proponho tratar é como transformar as Forças Armadas. Porque com Forças Armadas retrógradas você não pode fazer mudanças sociais avançadas. Bem, aí há toda uma discussão sobre o que as novas Constituições significam para as Forças Armadas. A vocação ou missão, digamos, das Forças Armadas é defender a Constituição, e se você faz transformações constitucionais que agora defendem os interesses do povo, essas forças, que antes defendiam os interesses da direita, hoje – pela Constituição – devem defender interesses populares...

Sim, é assim que deveria ser. Mas é preciso mudar a cabeça deles; eu não acho que seja algo automático.... O caso da Venezuela é uma peculiaridade que haveria que conhecer melhor.

Na Venezuela foi muito importante a formação militar bolivariana que os generais da geração de Chávez tiveram. São várias coisas que precisam ser feitas.

Além das transformações nas Forças Armadas, haveria que construir forças populares armadas? A este respeito, você diz no livro premiado: "Em Cuba tem sido fundamental – para manter a soberania de um país que está apenas a 90 milhas dos Estados Unidos – a constituição de milícias populares preparadas militarmente

para defender a pátria junto ao exército permanente, em caso de ameaça externa".[1]

Isso ajuda, sem dúvida.

Álvaro García Linera, na entrevista que fiz com ele, deu uma série de ideias – que coloquei nesse livro – sobre o conceito de defesa nacional na Bolívia, que resgata as tradições da luta contra a Espanha. Ele diz: "Nossa única opção para viver ou resistir a uma eventual invasão é ter uma forte vinculação entre a estrutura militar e a estrutura social".

É importante porque, com todo o Exército latino-americano treinado na Escola das Américas com o conceito de segurança nacional dos Estados Unidos, que trata o povo como o inimigo, é impossível. Ou seja, é preciso incorporar o debate sobre as Forças Armadas à transformação da América Latina, seria essa uma conclusão, um ponto importante?

Sim. Álvaro fala da simbiose entre o povo organizado e as Forças Armadas porque isso é fundamental; ele explica como o triunfo contra o Exército espanhol foi alcançado por comunidades organizadas com soldados patriotas, lutando juntos.

Sem dúvida um tema para refletir.[2]

---

[1] Citado cf. a edição brasileira, Harnecker, 2018, p. 197.
[2] Quando tivemos essa conversa, ainda não havia acontecido o golpe de Estado na Bolívia; seguramente isso teria modificado a análise. Mas atualizar essas reflexões sobre esse tema é impossível, o exponho tal como foi tratado por Marta Harnecker naquele momento.

LIÇÕES DO GOVERNO ALLENDE PARA OS GOVERNOS POPULARES

Analisando hoje os governos populares, progressistas e revolucionários... a partir de sua experiência com o governo de Allende, quais seriam os aspectos que te parecem mais importantes a se resgatar como lições?

Ganhar a maioria

Penso que, com ou sem o conhecimento da experiência de Allende, muitas lições desse processo têm sido aplicadas. Primeiro, que o avançar institucional é lento, que não se pode tomar o céu de assalto em um momento, como no caso de uma insurreição em que o aparato estatal é destruído; é preciso avançar com essa institucionalidade e para isso é preciso um amplo apoio do maior número possível de setores sociais, tentando incorporar todos os setores ao movimento transformador, exceto o grupo de elite, que sempre se oporá a ele, ou seja, que se excluirá. Não é que vamos excluí-los, mas eles começam a boicotar o projeto. Porém, então, a amplitude da convocatória é importante; não é com um terço do apoio que nós – do governo – vamos fazer as coisas. Significa ter a maioria da população com o projeto, ou seja, temos que fazer uma política para conquistar a maioria da população. Essa é a ideia.

A correlação de forças a favor das mudanças está na força que o governo tem na população.

É isso, digamos. E na conquista de setores que também possam estar interessados. Logicamente, se você ganhar as eleições, provavelmente terá uma maioria parlamentar. Mas não é fazendo acordos parlamentares que você ganhará a maioria, mas sim conquistando amplos setores. Após as eleições, esses acordos serão expressos em cargos, mas o objetivo deve ser o de conquistar os setores sociais. Um dos erros que cometemos foi não entender que na Democracia Cristã – que é um partido pluriclassista e de centro – havia também trabalhadores democratas cristãos, setores que tinham que ser conquistados.

Trabalhar conjuntamente com setores capitalistas

É necessário também assumir que é preciso trabalhar com um setor capitalista – e para mim, às vezes, é muito difícil entender isso. Não se pode abolir o capitalismo, saltar etapas, digamos; é preciso ter quadros gerenciais socialistas e não se pode conseguir isso da noite para o dia, é preciso prepará-los. E nessa preparação é preciso usar o aprendizado daqueles que têm uma prática de produtividade e de produção etc. já feita anteriormente. A questão do pluralismo, a questão do respeito às diferenças, todas essas coisas...

Penso que nossa esquerda e nossos movimentos populares devem ter muito presente o que aconteceu na experiência chilena, para não repetir os mesmos erros.

Temos que entender que, para construir uma sociedade alternativa ao capitalismo, essencialmente democrática, temos que ser capazes de conquistar o coração e a mente da maioria do povo; que a atual crise do capitalismo faz com que cada vez mais setores sejam afetados. Já não há apenas condições objetivas, mas também condições subjetivas para que cada vez mais pessoas entendam que o capitalismo não é a solução para seus problemas cotidianos.

Isso também tem a ver com o tipo de organização política...

Bem. É claro que eu digo que para construir esta sociedade socialista democrática participativa é necessário um instrumento político que seja capaz de fazer isso.

Promover a organização popular na base

Outra lição fundamental do processo chileno é a importância da organização popular na base. Uma de nossas grandes debilidades foi não entender isso. Foi delegar a ação política aos políticos, ou melhor, o fato de os políticos se apropriarem da política, e com isso os Comitês de Unidade Popular – que foram fundamentais para o triunfo eleitoral de Allende – começaram a enfraquecer e desaparecer.

Para Che isso era claríssimo, não? Em relação às instituições. É preciso ter muito claro quem é o inimigo principal e criar uma grande plataforma de luta que una todos os setores que estejam contra esse inimigo principal. Fazer isto – que é básico em todo processo revolucionário – é muito mais básico no caso da via pacífica, porque você começa um caminho, que é muito longo, com muitas debilidades, então quanto mais fraco você for, mais precisa criar um espaço ou espectro de apoio muito amplo.

Não ser sectários. Construir uma ampla base social de apoio

Fomos muito sectários com os trabalhadores. Em vez de convocar todos os trabalhadores, se eles fossem democratas cristãos, por exemplo, já não eram convocados, ou eram marginalizados, ou criticados etc.

Então, esse nosso sectarismo, mais o trabalho feito pela direita, mais a correlação de forças no Congresso – onde a Unidade Popular tinha pouco mais de um terço, a Democracia Cristã outro terço e a direita conservadora outro terço – impediram a intensificação das forças do governo. E isso porque o Partido Democrata Cristão era liderado por Tomic, um quadro muito progressista da Democracia Cristã.

A estratégia do inimigo sempre foi tentar nos separar do setor democrata-cristão. Quando assassinaram o dirigente democrata-cristão Pérez Zujovic, os setores conservadores da Democracia Cristã começaram a ganhar terreno porque diziam: "Vejam, esta é a União Popular; matam nossos dirigentes". Isso foi obra de um grupo ultrainfiltrado e incitado a realizar esse ato, o que significou o começo do fim do bloco político e social que deveria ter levado o processo adiante.

A ultraesquerda pretendia radicalizar e o que eles fizeram foi promover a direitização. Um pouco o de sempre...

Claro. E esse é um dos perigos existentes nesses processos: começam a fabricar documentos que você não escreveu; começam a fazer ações que você não fez, mas você aparece com uma camisa vermelha etc.

Mudar a cultura política da esquerda

É necessária uma mudança na cultura política da esquerda?

Sim. Como eu disse quando recebi o Prêmio Libertador de Pensamento Crítico: hoje precisamos de uma cultura pluralista e tolerante, que coloque acima de tudo o que une e deixe o que divide em segundo plano; uma cultura que promova a unidade em torno de valores como a solidariedade, o humanismo, o respeito às diferenças, a defesa da natureza, rejeitando o afã do lucro e as leis do mercado como princípios que guiam da atividade humana.

Precisamos de uma esquerda que comece a perceber que o radicalismo não reside em levantar as bandeiras mais radicais ou em realizar as ações mais radicais – que só alguns poucos seguem porque assustam a maioria –, mas em ser capaz de criar espaços de encontro e de luta para amplos setores; porque constatar que somos muitos os que estamos na mesma luta é o que nos torna fortes, é o que nos radicaliza.

Uma esquerda que entenda que devemos ganhar a hegemonia, ou seja, que devemos convencer e não impor.

Uma esquerda que entenda que mais importante do que o que tenhamos feito no passado, é o que façamos juntos no futuro para conquistar nossa soberania e construir uma sociedade que permita o pleno desenvolvimento dos ser humano: a sociedade socialista do século XXI. [Ver parágrafos 55 e 56]

Ter uma estratégia única

É por isso que eu digo que outra lição é a importância de ter uma estratégia única para ir avançando.

Quem deve ter uma única estratégia?

A esquerda, ou seja, as forças que apoiam o processo, devem ter uma estratégia única.

O que você quer dizer com uma estratégia única?

Bem, vou te dizer. Você tem a estratégia de avançar por meio da via institucional e não pela via armada, ou seja, aí já existe uma definição estratégica.

No caso do Allende, não a tinham?

Não. Por isso. E está acontecendo na Venezuela e está acontecendo no Equador e não sei se está acontecendo na Bolívia, que há um setor da esquerda que não entende nada dessa transição pacífica. Primeiro, porque nos ensinaram – e de alguma forma participei disso, não é verdade? – que o aparelho do Estado burguês tinha que ser destruído com armas. Mas não há uma reflexão sobre outros caminhos. Justamente por causa de Allende, comecei a procurar nos textos de Lenin, por exemplo, sua avaliação sobre evitar, na medida do possível, o confronto armado. Porque o confronto armado não é algo que queremos, é algo que nos é imposto.

Não é um princípio revolucionário...

Não é.

Claro. Mas naquela época, havia uma grande confusão. Dizia-se que um revolucionário era aquele que tinha armas; aquele que não estava armado era um reformista. O MIR, embora não fosse membro da Unidade Popular, apoiava Allende, mas o criticava, pois sua proposta era a via armada.

Claro. E estava na parte, como se diz, da segurança.

Eram essas as duas únicas estratégias que estavam vigentes ou existiam outras também?

Dentro da Unidade Popular, no último período estava o grupo de Altamirano, do Partido Socialista, que se chocava com a estratégia do Partido Comunista. Um dos grandes problemas que tivemos foi que não houve uma sólida e única condução na Unidade Popular...

Mas discutia-se sobre uma estratégia única?
Discutia-se, discutia-se... Mas não fomos capazes de consolidar uma posição única. Foi um grande obstáculo.

Ter propostas para a esfera universitária

Continuando sua reflexão, como você analisa hoje a relação do governo de Allende com a universidade?

Acredito que cometemos um grande erro na universidade. Quando Allende chegou ao governo, tinha uma correlação de forças muito positiva na universidade, entre os jovens. Mas em vez de trabalhar a questão universitária como tal, de ter propostas universitárias, o que se fez foi politizar a federação estudantil: ou você estava com Allende, ou você estava contra ele. Em vez de abordar temas como o restaurante universitário, a extensão universitária. Em lugar de abordar os temas da reforma universitária, começou a politizar. E isso significou que quem tomou as bandeiras universitárias foi a direita, com esta ideia do apolítico, que é muito conveniente quando alguém se sente politicamente manipulado, então começamos a perder as universidades e os estudantes.

De fato, no final do período Allende, a vanguarda da direita eram os estudantes, onde eles tinham a maioria.

Naquela época, a universidade era pública e gratuita no Chile?
Era pública. Na [Universidade] Católica se pagava alguma coisa, mas muito pouco, era subsidiada pelo Estado. Não me lembro de ter pago as mensalidades.

O atual sistema de pagamento foi imposto por Pinochet?
Claro.

Não distribuir cargos públicos por cotas políticas

Algum outro ensinamento que você gostaria de destacar?

Outro dos grandes problemas que tivemos foi a questão das cotas. Ou seja, cada partido dos seis que compunham a UP tinha que ter cargos. Assim, dependendo de sua força, um partido conseguia um ministro, outro um vice-ministro, a outro, outro cargo... Eram cotas políticas.

Bem, mas esse critério se mantém até hoje...

Mas esse é outro dos grandes problemas. Porque em vez do ministro formar suas equipes de trabalho, elas eram formadas por cotas.

E com isso não conseguem trabalhar...

Não. São convicções diferentes. Imagine na economia, alguns querem que a área social seja consolidada, outros querem avançar com o mercado...

Partidos: fóruns públicos

Ocorre que às vezes, entre os próprios militantes há um medo de se dividir se entrarem em discussão, e assim eles tendem a ficar calados e a sabotar, arrastando as diferenças.

Gostaria de lembrar a crítica de Althusser à forma partido, quando ele critica o Partido Comunista francês. Não sei se você leu aquele texto em que ele diz que na estrutura dos partidos, especialmente dos partidos comunistas ou maoístas, você poderia discutir, mas em sua célula; quem coletava, organizava e sintetizava as ideias era o birô político; não havia intercâmbio entre militantes de diferentes células. Este não era o caso no Partido Socialista naquela época. O Partido Socialista tinha fóruns públicos. Agora, penso ser essencial ter fóruns públicos para debater as principais estratégias e linhas de ação. Fóruns públicos não apenas para debate entre a esquerda, mas também para debater com a intelectualidade, para que se debata com a oposição...

Abrir...

Abrir o debate. E como dizia uma prefeita que entrevistei: temos que partir da premissa de que não temos toda a verdade; os outros também podem ter parte da verdade, nós podemos estar errados. Temos que começar a partir daí.

Bem complicado.

É claro que é complicado, sim.

Todo mundo sente que tem razão, não é mesmo? Temos que mudar isso, mas temos que mudá-lo completamente. Ou seja, a estratégia única não significa que todos pensam da mesma maneira, que se busque um partido único, isso é o que eu queria perguntar a você.

Justamente este tema volta a se colocar no caso da Venezuela. Chávez não empregava a palavra instrumento político, mas ele ensina isso: "um instrumento político que apoie este processo, que não esteja dividido, como no caso de Allende, ou como no caso da Frente Ampla; veja as contradições que Tabaré tem na Frente Ampla, olhe o que Allende sofreu", ele me dizia. "Vamos formar um partido único". Então eu disse: Por que não uma frente política? Ele me disse: "Não; o que eu preciso é de algo único. Não podemos estar aí com visões diferentes perdendo tempo, uns pensando uma coisa, outros pensando outra".

Isso foi quando ele queria formar o PSUV?

Sim, quando ele pensou na ideia do PSUV, mas o que aconteceu na prática? Primeiro, que a unidade não se decreta, a unidade se constrói. E o que ele fez? Ele meteu num mesmo saco tanto as pessoas da Quinta República como pessoas de outras organizações políticas, como Patria para Todos, como os comunistas, não todos eles, porque o partido ficou de fora.

Mas ele exigiu a dissolução de todas as organizações.

É por isso que estou te dizendo. As pessoas que entraram deixaram de ser o que eram antes; não era uma frente, mas um partido único.

Alguns partidos não aceitaram.

O Partido Comunista não aceitou, nem Patria para Todos, então eles se dividiram, ou seja, aqueles que queriam entrar, entraram; mas o partido permaneceu de fora. O que aconteceu então dentro do PSUV? Reproduziram-se as mesmas contradições que existiam fora.

Ou seja, eles levaram os mesmos problemas para dentro.

Claro. Porque não basta colocar um título e dizer: Partido Único. Na verdade, há correntes, há tendências.... Uma corrente que me parece muito interessante é a Corrente Revolucionária Bolívar y Zamora, um grupo de militantes que têm sua estrutura, suas publicações, sua linha de ação; são os que têm mais trabalho orgânico na base camponesa. Lembro que fui com Iturriza, justo ele, a um evento das comunas que eles organizaram; havia muitas comunas. Então eles cantaram o hino nacional, o hino do PSUV e seu hino.

É óbvio que haja tendências em um partido porque é lógico que haja contradições, que haja afinidades etc. Mas ter uma tendência é diferente de ter uma fração, porque a fração tem seu viés de disciplina... Realmente creio que, neste caso, esta corrente da qual estou falando é realmente, diríamos, uma fração.

Uma organização dentro da organização?

Claro. É por isso que eu admiro tanto a Frente Ampla do Uruguai, porque as organizações são mantidas. Primeiro, a maior parte da militância não é militante de um partido, há os da Frente, os da base, os que simpatizam com o projeto; segundo, porque eles foram capazes de dizer: bem, veja, estes são os pontos essenciais sobre os quais todos que estamos nesta frente temos que aceitar e ser disciplinados para cumprir, alguns poucos pontos de acordo geral. Há estes outros pontos em que podemos ter diferenças. E é por isso que existem fortes discussões na Frente Ampla, mas é também por isso que eles não se dividem, porque existe uma cultura de debate, porque há aceitação de que, ao nos juntarmos à Frente, há que se aceitar certas questões fundamentais e em muitas outras questões pode-se ter outras posições, discutir, ganhar ou perder, e assim por diante.

É o único exemplo na América Latina.

O único que tem se conservado, que eu saiba.

Porque a lógica da formação do PT no Brasil foi outra.

Não, é claro. A lógica do PT é a de um partido... Na Frente Ampla, são organizações políticas...

O PT, na realidade, organiza a forma partido, renovada com esta diversidade de tendências dentro dele, mas mantém a forma partido.

Sim. É a forma partido com tendências estruturadas.

E a Frente Ampla está mais para ter uma diversidade articulada em torno de uma estratégia única, em comum, mas isso não seria equivalente a um partido único.

Claro. O que estou dizendo é que se pode ter um partido único que não é muito unido, no qual um puxa o tapete do outro etc...

Ou seja, você não se refere a um partido único, mas a uma estratégia unificada...

De fato, foi o que aconteceu com o Polo Patriótico na Venezuela.

Quando Chávez constatou que pessoas que podiam contribuir estavam ficando de fora, ele chamou a todos, um pouco como a ideia do partido dos patriotas cubanos de Martí.

Então, o problema na América Latina seria, seguindo seu pensamento, construir uma estratégia única, cujo objetivo não seria construir um partido único, mas sim uma condução única do processo. Seria essa a síntese?

Sim, e é por isso que o conceito de um instrumento político e não de um partido. Porque nos permite pensar em como fazê-lo em cada realidade nacional, se é uma frente, se é um movimento de partidos... há que pensar em cada caso.

Ser audazes

Faltaria a questão da audácia...

Sim. É preciso entender que a arte da política é construir forças sociais, isso é fundamental. Porque se você acredita que a arte da política é construir alianças populares, isso é uma coisa, e se você acredita que é preciso construir forças sociais, é outra. Portanto, se há tarefas fundamentais a serem feitas, é preciso ver como criar a força social para poder fazê-las. E não dizer: eu não tenho força, eu me retiro. Não. A questão é: se eu não tenho força, tenho que ver como construir a força necessária para poder fazer isso.

E outra coisa é ter cuidado, porque há atitudes políticas que se prestam mais para subtrair bases sociais do que para somá-las.

Isso é interessante; eu não tinha pensado nisso. Nós duas conhecemos o caso do Equador porque estivemos aí e sabemos que nos anos 1990 havia um potencial social fundamental que impediu a privatização de muitos setores da economia. Quando começo a estudar e a colocar em meu livro o que foi feito em relação às nacionalizações, constato que na Bolívia e na Venezuela eles nacionalizaram ou renacionalizaram empresas que haviam sido privatizadas, mas não no Equador. E eu digo: isso é estranho. E o fato é que eles não foram privatizados ali, fundamentalmente, por causa da resistência indígena.

O governo de Correa não surge no auge do movimento social, mas a memória da luta está presente e a simpatia que ela desperta também. A simpatia por Chávez em todos os setores médios – que viram o fracasso do Estado existente, corrupção etc., e queriam algo novo – foi muito importante. Mas é claro, o grande problema é que, no caso do Equador, o presidente pensa mais em simpatias, ou seja, ganhar a votação, e não em ganhar em termos de organização social.

Talvez ele não tenha considerado a ancoragem social de seu governo como uma força-chave para sustentar e impulsionar o processo...

Ele tentou dar um lugar ao movimento indígena, colocando um indígena como vice-presidente... Recentemente, com a tentativa da nova central sindical, ele parecia ter clareza sobre a necessidade de organizar os trabalhadores. O que fazer quando existe uma organização que tem uma grande tradição de luta em determinados setores, como por exemplo professores, e que tem uma visão completamente inapropriada do que precisa ser feito? Tem que enfrentar isso. Como enfrentar isso?

Há formas e métodos para enfrentar diferenças, o debate político, por exemplo, outra é a desqualificação e a exclusão....
Bom, resolver isso é um desafio.

Não se acomodar ao poder
A esquerda que chega ao governo, em muitos casos, tem representantes que abandonam sua posição de governar para mudar e se acomodam ao que está estabelecido, ao poder burguês...
E às regalias.

Foi mais ou menos isso o que aconteceu no Brasil com o PT?
Bom, sim. Penso que estas possibilidades que os deputados têm de ter apartamentos alugados pelo partido, que lhes dão as passagens, que se rodeiam de assessores... tudo isso é um padrão de vida. Você é um deputado e muda seu padrão de vida. É aí que entra a questão do núcleo de base, como eu digo. Se você não tem uma estrutura na qual sua militância esteja dentro de um grupo que te sirva como uma consciência crítica, você fica tonto e confunde o coletivo com o individual.

Você acredita que isso foi o fundamental no Brasil ou foi uma decisão política de não apostar em uma transformação mais radical?

Quando eu escrevi o livro sobre o PT, esse partido era muito diferente.

Manter um padrão de vida modesto

Eu creio que a mudança de *status* tem um impacto porque uma vez que eles vestem um terno, têm três telefones celulares, uma secretária e um carro, mesmo que tenham o mesmo salário, isso muda sua hierarquia social e isso parece que não, mas tem peso, Marta...

Quando falo das cooptações é nesse sentido.

Uma coisa que me preocupou muitíssimo, por exemplo, foi o padrão de vida que tinham os comandantes salvadorenhos e nicaraguenses. Eles vão para outros países e é tudo de alto nível, hotéis de luxo... nada a ver com sua origem social e o compromisso que têm... Alguém me contava hoje que um vietnamita veio ao Equador e não aceitou o hotel de luxo e foi para a casa de um conhecido. Nós estivemos na Embaixada do Vietnã e era uma sede modesta.

É que é outra cultura, outro compromisso....

Talvez seja por isso.

Estimular a organização popular de baixo para cima: Chile e Venezuela

Chávez compreendeu a importância da construção do poder popular de baixo para cima e pensou assim a organização popular.

Chávez compreendeu a questão da organização popular de baixo para cima, é claro. O que não foi feito na Unidade Popular no Chile? Entender que a força do processo está no povo organizado, de baixo para cima. Isto não estava presente nos partidos; sempre se pensa na ação e organização política centrada na questão da correlação de forças, do número de deputados, das funções, do aparato.

Você diz isto com base na experiência, naquele momento a concepção era outra...

Eu creio que havia uma certa consciência. Porque lembre-se que nós, na revista *Chile Hoy*, promovíamos a organização popular, os cinturões industriais, os conselhos, estas ideias que o MIR lançou. Nós estávamos de acordo com essas ideias; não estávamos de acordo com a ocupação de fábricas, mas sim com a organização do povo.

Sim, mas a concepção de Chávez é mais evoluída, é pensar em uma construção baseada na participação do povo.

Bem. Porque Chávez dizia que o problema da pobreza não pode ser resolvido sem organizar os pobres, sem dar poder ao povo, aos pobres. E isso ele concretiza em instituições, como os conselhos comunais. Isto, é claro, não estava em nenhum de nossos esquemas.

OUTROS TEMAS A SEREM LEVADOS EM CONTA POR GOVERNOS POPULARES E PELA ESQUERDA

Democracia

A importância da luta institucional, ou seja, o tema da democracia – isso é muito importante. Não identificar tudo com democracia burguesa. Porque nós rejeitávamos a democracia por ser burguesa, então restaram apenas os revolucionários e a social-democracia; eles eram os democratas e nós, os revolucionários. Lembro de Shafik, um dos que mais insistia nessa questão: não temos motivo para entregar a bandeira da democracia para a direita.

Paz

E na questão da paz é a mesma coisa. Entender que os revolucionários querem a paz, que o tema da paz é nosso, que a violência é imposta pelo inimigo.

Isso tem muito a ver com Shafik, com a história, com o fato de que eles foram obrigados a ir à guerrilha pelas matanças nas zonas urbanas.

Claro. Não foi uma escolha, diferentemente do que aconteceu na Bolívia, onde jovens entusiasmados com Che se meteram na selva...

Formas de luta

Um dos seus livros tem como título *Combinar todas as formas de luta* (1988). Você mantém isso?

O título do livro, o tomei do que dizia Vieira,[1] que era a posição do Partido Comunista. Ele dizia: "Nós não fazemos muita distinção entre tática e estratégia... Consideramos que a tática conduz à estratégia... Em todo caso essa é nossa política, nossa orientação. O que significou essa política, essa orientação nos anos 1950? Uma vez iniciada a luta armada, uma série de camaradas nos diziam: aqui já não há outro caminho a não ser a luta armada: esse é o único caminho... O partido discutiu muito sobre essa questão e afirmava que a luta armada era válida, que estávamos a favor dela e nela, mas que não se devia abandonar as outras formas de luta, que não podíamos desprezar a luta de massas, que tínhamos que nos envolver na luta sindical, por maior que fosse a perseguição... Então, a combinação de formas de luta consistia em aceitar a inevitabilidade da luta armada, mas, ao mesmo tempo, participar em todas as formas de luta". [1988, p. 32]

Mas você não tirou essa conclusão...

Não. Eu creio que as postulações de Lenin eram mal compreendidas, porque uma coisa é preparar-se para todas as formas de luta, que isso sim eu continuo defendendo, e outra coisa é combinar simultaneamente o legal e o clandestino. Aí havia uma confusão.

Em alguns casos, essas afirmações permitiram acalmar nervosismos de setores internos que se inclinavam à luta armada, mas que não iam muito além disso. Outros partidos postularam e praticaram a combinação simultânea de todas as formas de luta.

---

[1] Gilberto Vieira, então Secretário Geral do Partido Comunista Colombiano.

Nessas experiências, surgiram problemas sérios que não podem ser desconsiderados.

Me lembrava do que você afirmava a respeito das formas de luta em seu livro *Vanguarda e crise atual* (1990). Você dizia então:

"Nos parece muito difícil – salvo condições excepcionais de debilitamento do poder inimigo – que um partido legal realize ao mesmo tempo uma luta eleitoral no terreno eleitoral e outra no terreno militar.

"O exército inimigo cobra do partido ou da frente de massas seus mortos pela guerrilha ou pelo braço armado do partido. Foi o que aconteceu, por exemplo, na Colômbia, onde os militantes do Partido Comunista ou das frentes de massa mais radicalizados pagam com suas vidas os resultados das ações guerrilheiras.

"Na opinião de Bernardo Jaramillo, a tese da combinação de todas as formas de luta 'é correta no sentido macropolítico, mas não no sentido de que um partido esteja em situação para fazê-la, pelo menos na realidade da Colômbia, onde tem se demonstrado que as condições para isso não existem. Estou falando da Colômbia', insiste, 'porque as coisas podem acontecer de forma diferente em outro país. Está demonstrado que um partido político tem que se definir, e ao se definir pela luta armada tem que se transformar imediatamente em um partido em guerra. Eu sei, um partido que está na luta armada não vai se dedicar apenas à luta armada, também tem que fazer ação política; mas tem que fazê-la de outra forma. Não é possível que um partido legal, inscrito no registo eleitoral, declarando publicamente que vai participar nas eleições, sustente, ao mesmo tempo, que tem 500 homens que vão emboscar o exército e a polícia, esse mesmo exército e polícia com os quais tem que trabalhar na legalidade cotidiana. Isso é completamente absurdo. Além disso, esta não é uma análise subjetiva, é o que têm demonstrado os fatos com o Partido Comunista da Colômbia. E continuam demonstrando cotidianamente. Essa política, embora tenha possibilitado manter um partido grande em regiões agrárias, isoladas muitas vezes de eventos nacionais e, em algumas regiões que são importantes, mas que não são decisivas na correlação de forças em âmbito nacional, tem determinado também que nossa influência nas grandes cidades seja mínima'.
"Uma mesma organização não pode combinar todas as formas de luta hoje na Colômbia, deve tender a uma coordenação, mas não a que uma mesma organização assuma todas as formas de

luta. Buscar uma variante não significa renunciar à ação armada, em um momento determinado e em condições concretas, nem renunciar à ação política quando coincide com uma organização armada, nem renunciar a uma frente de massas.

"'É impossível, na minha opinião, e digo isso por nossa própria experiência, que possam andar sob uma mesma perspectiva política e como um todo: um movimento armado, um partido político e uma frente ampla. Eu não acredito nisso'". [1990, p. 36]

Ou seja, as reflexões de Jaramillo mudaram sua visão sobre a combinação de todas as formas de luta, concretamente me refiro a esse paralelismo entre a via clandestina e a via legal.

Jaramillo expressou uma questão que provavelmente eu também via então, mas ele a formulou claramente.

Importância dos setores médios

Um tema que está entre as questões importantes da América Latina é o que se refere aos setores médios, as classes médias.

Isso é fundamental. No livro *A esquerda depois Seattle* (2002) eu postulo a necessidade estratégica de articular a esquerda partidária com a esquerda social para se constituir a partir daí um amplo bloco social de oposição ao neoliberalismo, ou seja, formar uma grande plataforma onde entrem todos, inclusive setores da burguesia, para colaborar no processo produtivo e de serviços em relação com um programa. Ou seja, não se trata de fazer uma coalizão entre um setor e os outros setores. Temos um programa e temos que ver como incluímos os setores médios em nosso programa.

Algumas esquerdas não entendem isso.

Não. E por isso é que para mim a questão do planejamento participativo é tão importante, porque é um método que permite incluir quem quiser ser incluído em um projeto de análise de que coisas vamos fazer e como as vamos fazer.

Não seria estranho então que em uma sociedade que avança ao socialismo se veja um setor burguês que nos primeiros momentos se enriquece – porque se enriquece. Deveria ser transitório, até que no novo modelo sejam criadas as instituições comunitárias e as grandes empresas estratégicas. Mas isso não pode ser conseguido de um dia para o outro.

Depois há a questão da formação, da preparação dos quadros desses processos. Não tem uma varinha mágica, que você chega ao governo e pronto! É necessária uma mudança cultural e uma preparação.

É necessário um processo educativo. Em minhas palavras ao receber o prêmio, eu digo que há alguns técnicos que, justamente porque não se pode conseguir de imediato a participação dos trabalhadores, dizem: "Isto não dá para fazer, não temos gente preparada".

Mas a ideia é: "Não temos gente preparada, mas podemos prepará-la, e uma das formas de preparação mais importante é a prática, ou seja, mostrar-lhe a começar pouco a pouco a assumir a responsabilidade da empresa". É um processo. Por isso é tão importante que quem dirige a empresa, o gerente socialista, o gerente do novo projeto, seja uma pessoa de absoluta confiança dos trabalhadores, que os trabalhadores possam dar sua opinião.

Por isso o fracasso das empresas nas mãos dos trabalhadores na Venezuela. A gerência não respondeu. Os trabalhadores estavam dispostos, mas necessitavam de um quadro que colaborasse, e isso não aconteceu.

Isso se relaciona com a transição. Qual é sua reflexão a respeito? Porque nos anos 1960, 1970... você apostava na tomada do poder.

Antes de Allende... Via a necessidade da destruição do Estado burguês, sim

Bom, então houve uma mudança de sua parte sobre isso...

Sim. Primeiro pela prática de Allende, ou seja, ver que é possível fazer coisas a partir do governo. E em seguida tentar entender como Marx via o assunto do Estado na Comuna de Paris, não é verdade? Aí me deparo com algo que foi fundamental para mim, faz uns dez anos mais ou menos. É que quando se lê a Comuna de Paris e olha essa parte da destruição do aparelho do Estado, mas Marx fala ali de que é preciso destruir o aparelho burocrático cen-tra-li-za-do, e transformá-lo em comunas, ou seja, em algo descentralizado. Mas isso não quer dizer que tenha que destruí-lo pelas armas. Eu penso que é possível ir transformando o Estado, para que acabe desaparecendo, digamos, e se instaure um novo Estado de baixo para cima, eu creio que pode se fazer isso desde que haja quadros revolucionários no governo.

É um cenário com grandes contradições...

Um dos grandes problemas com que se deparam esses governos de esquerda ou progressistas é que a esquerda não entende o tema da transição, a esquerda marxista-leninista, digamos, está pensando que, como ganhou as eleições, já tem a força da maioria.

Já estou passando a outro tema, mas eu creio que a consequência democrática é fundamental nos governantes. Ou seja, quando a transição é pela via pacífica, pela via institucional, é preciso respeitar as regras do jogo institucional e, a partir daí, é preciso criar novas regras.

Respeitar, mas, ao mesmo tempo, tratar de mudá-las.

Certamente, com as novas Constituições.

Eu diria que um passo definidor para demarcar os governos que estão, digamos, pela real construção do socialismo do século XXI, dos progressistas, não é tanto que se elimine o neoliberalismo de um dia para o outro, mas sim que tenham muito claro que precisam criar a correlação de forças favorável para convocar uma Assembleia Constituinte. Para mim, a Assembleia é básica.

Importância de levar em conta a correlação de forças

Por que no Chile não fizemos a Constituinte? Creio que foi porque nas votações nunca chegávamos a ter 50, não tínhamos a maioria suficiente para ganhar. Aí está a diferença entre Chávez e Allende, ou seja, a Unidade Popular. No caso da Venezuela, eu diria que é Chávez; no caso do Chile, havia dirigentes políticos que discutiam como avançar. Creio que não houve audácia no Chile porque nunca se pensou no que tínhamos que fazer para mudar a correlação de forças. Ou seja, havia que estruturar uma estratégia unificada para ter a força necessária para triunfar, mas isso não foi feito.

A Constituinte não foi vista aí como um caminho estratégico para a transformação.

Não, as pessoas sabiam que seria bom fazê-la, mas não estava no centro do debate.

É importante ter claro que não se pode propor uma Constituinte se não se está seguro de que vai ganhá-la. Porque seria muito mais perigoso fazer uma Constituição atrasada. Então no Chile a análise era: queremos, mas não temos a força. Daí o título do meu livro *Tornando possível o impossível* (1999).

"A esquerda, se quer ser esquerda – você diz nesse livro – não pode definir a política como a arte do possível. À *realpolitik* deve se opor uma política que – sem deixar de ser realista, sem negar a realidade – vá criando as condições para transformá-la". E, mais adiante, você afirma: "Para a esquerda, a política deve consistir, então, na arte de descobrir as potencialidades que existem na situação concreta de hoje para tornar possível amanhã o que no presente aparece como impossível. Trata-se então de construir uma correlação de forças favorável ao movimento popular, a partir daquilo que dentro de suas debilidades constitui seus pontos fortes". [1999, p. 242-243]

> O que eu quero enfatizar é que a esquerda deve incorporar à sua visão política que, se hoje não pode fazer certas coisas, poderá fazê-las amanhã – se criar as forças necessárias. E criar as forças necessárias e políticas não significa ter cargos lá em cima, ter muitos parlamentares, ter muitos governadores, prefeitos etc.; significa fundamentalmente construir força na base que permita ao governante ter uma base social que apoie o processo até dissuadir o inimigo.

No caso de Allende, também interveio a presença de setores importantes da esquerda que, em vez de aprofundar a democracia, propunham a tomada do poder e então não acreditavam na Constituinte.

> Esse é outro dos grandes problemas desses governos que transitam pela via institucional ou pacífica: necessitam de uma grande maioria nacional e muitas vezes alguns dos setores da esquerda não entendem a complexidade das transições, então rompem a estratégia, por exemplo, de aliança com setores intermediários e com setores da burguesia que poderiam colaborar produzindo insumos que a população necessita. Quando o MIR tomava as pequenas indústrias estava rompendo a estratégia de Allende e isso debilitou a estratégia da transição pacífica. Ou seja, não é apenas a direita, mas também a esquerda, esses setores que não entendem, e os intelectuais que não são capazes de avaliar... Porque existem debilidades em todos esses processos, enormes debili-

dades, mas é preciso ver quais são os pontos fortes e como apoiar esses pontos fortes para crescer.

Isso que você está dizendo é uma grande debilidade também agora.

Pois sim. E eu digo que deve fazer parte também das estratégias para a unidade das esquerdas. Anteriormente, os problemas das esquerdas era que cada um demonstrasse quem era o "mais revolucionário", que se você era isso ou que você era aquilo. Mas é muito mais fácil se colocar de acordo se, em vez disso, se dedicam a analisar a conjuntura e atuar sobre a conjuntura.

Menos ideológico e mais político.

Claro.

A cultura herdada, uma limitação dos governos populares

Esse é um dos temas. Quando surgem governos populares, o cenário muda e os movimentos populares têm que dialogar com o Estado, mas não sabem como fazê-lo porque sempre viram o Estado como um inimigo. Então também há uma prática a modificar, tanto nos movimentos como nos que assumem o governo...

Claro. Eu falo da cultura herdada como um dos grandes problemas desses governos. No livro *Um mundo a construir*, abordo todas as limitações dos governos, entre elas a cultura herdada, e digo que a cultura herdada não é apenas a cabeça das pessoas, do povo, que sejam consumistas... Os dirigentes também estão afetados pela cultura herdada. Por isso a crítica é muito importante, assim como a pressão popular. Então eu digo: deve-se fazer uma pedagogia dos limites. Ou seja, que os governos entendam que o povo não é uma criança; que ele entende e modera suas demandas se for explicado a ele por que não se pode fazer determinadas coisas. Mas é preciso convencer o povo, explicar-lhe.

Sim, e escutar...

Claro. Por isso insisto que a cultura herdada permeia também os dirigentes.

Escrevi um artigo, "Qual é o papel dos movimentos sociais e dos governos?". No artigo, digo que é preciso entender os papéis de cada um.

Eu o tenho aqui. A seguir, repasso sua sintética proposta:

> Penso que, tendo exposto essas reflexões, pode-se entender melhor os apontamentos que farei em seguida sobre a relação que, na minha opinião, deveria existir entre os governos progressistas e os movimentos sociais.
>
> Considero que entre eles deve se estabelecer uma nova relação. Os governos não devem esquecer que por trás deles há toda uma história de lutas sociais sem as quais não teria sido possível sua vitória. Os movimentos devem entender que estes governos já não são os inimigos de antes, mas que podem ser seus aliados mais efetivos para conquistar seus direitos e concretizar suas aspirações. Por isso, sempre que ambas as partes persigam uma transformação profunda da sociedade atual, a relação que deve se estabelecer entre elas deve ser uma relação de mútua colaboração. Mas, para que esta relação seja frutífera, haveria que considerar várias coisas:
>
> Em primeiro lugar, os dirigentes sociais não devem se esquecer que apenas uma parte do poder político foi conquistada e que, devido a esta correlação de forças, que favorece inicialmente às forças conservadoras, os processos de mudança são muito lentos e as reivindicações populares não poderão ser resolvidas de um dia para outro.
>
> Em segundo lugar, nossos governos devem buscar explicar aos cidadãos e, especialmente, aos dirigentes sociais, os limites dentro dos quais podem atuar, e nossos povos devem se armar de paciência.
>
> Em terceiro lugar, a colaboração que deve se estabelecer entre ambas as partes não pode significar uma perda de autonomia dos movimentos em relação ao governo. Os primeiros não devem

se transformar em apêndices do segundo, mas sim – apoiando o processo de mudança e sentindo-se corresponsáveis por ele – devem ser capazes de criticar os erros que possam ser cometidos no caminho sempre que essa crítica ajude a corrigi-los, propondo medidas para corrigi-los. E somente se as possibilidades de diálogo se esgotam e não são escutados é que deverão buscar outros caminhos para fazer chegar sua voz em defesa do processo de mudança.

Em quarto lugar, os dirigentes sociais devem superar aquela cultura de se opor a tudo que venha do governo vigente e de qualificar de 'adesista ou governista' aqueles dirigentes que apoiam esses governos em seu esforço para transformar a sociedade. Se isso não for superado, se produzirá um crescente distanciamento entre esses dirigentes e suas bases sociais, já que elas começam a perceber em sua vida cotidiana os efeitos positivos das políticas governamentais em favor do povo e não entende essa atitude opositora de seus dirigentes.

Em quinto lugar, nossos governos deveriam levar em conta a cultura herdada e deveriam ser muito flexíveis e ter muita paciência para trabalhar com os dirigentes sociais, distinguindo muito bem entre aqueles que usam premeditadamente sua influência em suas bases para impedir a transformação social e aqueles que estão em posições equivocadas por falta de informação ou pelo peso que exercem neles os hábitos do passado. [Harnecker, 2014b]

Sim. E também digo isso no livro premiado. Você leu a apresentação do livro que fiz na Venezuela quando recebi o prêmio?

Claro. Mas lembremos aqui também dessa parte:

os avanços costumam ser muito lentos e, diante dessa situação, não poucas pessoas de esquerda se desanimam, porque muitos pensavam que a conquista do governo seria a varinha mágica para resolver prontamente os problemas mais sentidos pela população, quando essas soluções não chegam com a rapidez esperada, tendem a ficar desapontadas.

Por isso acho que, da mesma maneira que nossos dirigentes revolucionários devem usar o Estado para alterar a correlação de forças herdada, também devem realizar um trabalho pedagógico diante dos limites ou freios que encontram em seu caminho – o que chamamos de uma pedagogia dos limites. Muitas vezes acredita-se que falar com o povo sobre dificuldades é desencorajá-lo,

> desanimá-lo, quando, ao contrário, se informam e explicam aos setores populares por que as metas desejadas não podem ser alcançadas de imediato, isso os ajuda a entender melhor o processo em que vivem e a moderar suas demandas. E os intelectuais devem ser alimentados com informações para que possam defender o processo e para que possam fazer uma crítica séria e construtiva quando for necessário.
>
> Mas esta pedagogia dos limites deve estar acompanhada simultaneamente de um fomento da mobilização e da criatividade populares, evitando domesticar as iniciativas das pessoas e preparando-se para aceitar possíveis críticas a falhas da gestão governamental. Não apenas se deve tolerar a pressão popular, como também entendê-la como necessária para ajudar os governantes a combater os desvios e erros que possam ir surgindo no caminho.

A questão é que os dirigentes dizem que o povo não tem conhecimento e, portanto, adiam sua participação. Um dirigente político tem que entender essa cultura herdada e tem que entender esses hábitos, porque ocorrem essas resistências, e tem que ser capaz de lidar com as pessoas. Não pode confrontá-las e, se a questão não for perfeita, destruí-la.

Há também medo do povo, de sua sabedoria. E preconceitos...

Bem, você sabe por quê? Quando um povo não está educado, os líderes podem manipulá-lo e fazê-lo votar erroneamente. Educar o povo implica abandonar esse caminho, não?

Sim, acho que faz parte de uma grande mudança cultural. Como você disse naquela ocasião:

> Para que possamos avançar com sucesso neste desafio, é necessária uma nova cultura esquerda: uma cultura pluralista e tolerante, que coloca acima o que une e deixa em segundo plano o que divide; naquela promover a unidade em torno de valores como: a solidariedade, o humanismo, o respeito às diferenças, a defesa da natureza, rejeitando a motivação do lucro e as leis do mercado como princípios orientadores da atividade humana. [Harnecker, 2014a.]

Os meios de comunicação

É preciso também contemplar a ação dos meios hegemônicos do poder.

Nas experiências do PT no Brasil, todos os meios de comunicação de oposição estavam contra ele e o distanciamento crítico produzido pela prática democrática de participação faz com que as pessoas comecem a formar um escudo para se proteger das mensagens da direita. Isso por um lado, a prática, ou seja, a coerência na prática. Aquilo que Che simbolizava entre pensamento e ação, é básico. Não se pode perder a confiança do povo, não se pode mentir para o povo. Uma mentira já enfraquece. Isso me parece fundamental. Outro exemplo é o de Correa no programa *Enlace Ciudadano*, que eu chamo de uma pedagogia crítica dos meios de comunicação. É muito importante; ele tem um espaço semanal de crítica à mídia de oposição: isso é o que a mídia da oposição diz, e essa é a realidade.

Então, quem assiste ao programa tem todos os elementos para distanciar-se criticamente das mensagens distorcidas da oposição.

Isso é muito bom, mas não é porque um presidente fala às pessoas pela televisão que elas vão ouvi-lo. As vezes acontece o contrário...

Claro. Quando viajei pelo Equador, Correa falava aos sábados. E a mensagem que eu trouxe foi: mudem o horário. Porque na hora que ele falava, as famílias iam às compras, saiam do trabalho e não estavam em casa. Então eles puseram a repetição do programa em outros horários.

Também não é preciso se entusiasmar e estender o tempo. Correia começou com duas horas e agora tem três horas e às vezes ultrapassa. Chávez começou com uma hora e terminou com sete, oito horas.

É muito importante que o governante tenha uma mensagem semanal, curtinha. É preciso buscar fórmulas para que possam motivar que as pessoas os ouçam.

Hoje em dia, o poder global do capital colocou em primeiro lugar a disputa pelos meios de comunicação para manipular a cabeça das pessoas. É importante enfrentar esse aspecto, buscar formas eficazes...

Deixe-me contar uma anedota. Sempre que vou a um país, não sei se você faz isso, mas eu falo com os taxistas...

Eu também...

Eu pergunto sobre o governo. Você sabe o que eles me disseram última vez que estive no Equador, agora em junho (2014): "Correa é o melhor dos piores." E por que é o melhor dos piores, não tem feito muitas coisas? lhes pergunto. Aí vem o que você diz sobre a mídia: "Não, porque olha, acaba de reprimir os estudantes, é um ditador, ele os prendeu na cadeia, ele não aceita nenhuma crítica". Ou seja, ele repete o que ouve na mídia...

E então, Marta? A chamada grande imprensa mente, mas atinge grandes setores da população com suas mentiras. Parece que é preciso ser feito algo além do que apontar isso; muito mais, não?

Claro. Este é outro problema, uma fraqueza nossa quando assumimos os meios de comunicação, porque criticamos a mídia opositora, mas nossa mídia não é capaz...

A que debilidades você se refere?

A debilidade política. Eu estava te dizendo que propusemos a Chávez fazer um programa em que esteja a oposição e o governo, de tal forma que ambos enviem a mensagem, um noticiário, algo assim...

Chávez me disse: "Fale com o ministro das Comunicações". O ministro de Comunicações me disse: "Interessante". E ficou nisso.

Para mim, a mídia de esquerda tem que ser a mais objetiva possível, tem que expor o que a direita realmente diz, o que realmente dissemos, as fraquezas, de tal forma que se transforme em uma necessidade informativa.

Uma espécie de guia para o desenvolvimento da vida diária com informação clara.

Pode ser. Digamos que nem tudo é conquista do inimigo midiático, que uma parte importante é a nossa incapacidade de valorizar a questão da mídia. Eu sempre coloco o exemplo da Organização do Povo em Armas (ORPA), de Guatemala, na época das guerrilhas. Os guerrilheiros se empenhavam em buscar dinheiro para obter armas, para combater melhor o exército, mas uma organização, ORPA, entendeu que era essencial comunicar-se com o povo, então sua criatividade estava em interromper as rádios e transmitir suas mensagens, você se lembra disso? Isso me pareceu genial. O que estou dizendo com isso? Quando na análise dão à mídia o papel que lhes cabe, o papel que desempenham no processo de mudança, é preciso investir mais nesses meios, não apenas em sofisticação tecnológica, mas fundamentalmente em ver quem são os comunicadores nessas mídias.

Uma experiência de mídia muito importante foi feita em Kerala,[2] quando foi realizado o processo de planejamento participativo descentralizado, as melhores experiências participativas se

---

[2] Um estado da República da Índia com o maior índice de desenvolvimento humano (IDH) do país. É também o estado mais alfabetizado e com o menor índice de pobreza do país.

transformaram em modelo e foram transmitidas pela televisão. Claro, com dinamismo. Abriu-se um concurso e as melhores experiências que venceram tiveram oportunidade de se apresentar na TV.

Eu pensava, mas não tive tempo, de sugerir à Telesur que fizesse reportagens mais longas, sobretudo, com relação às novidades. Por exemplo, será que o povo da América Latina sabe como são feitos os "gabinetes itinerantes" no Equador? As pessoas saberão, por exemplo, o que aconteceu na questão do "gasolinazo" na Bolívia? Como se resolve um problema desse tipo? Aquilo que você abordou em seu excelente artigo. Ou seja, como ir transformando. Seria bom ter alguma seção da Telesur mostrando as novas experiências, os problemas, as soluções...

Penso na Telesur porque me aparece muito importante essa ideia de comparar experiências; e de contar com intelectuais: Você deveria assumir aí... eu creio.

Sim. A proposta do concurso é boa porque estimula a participação.

Instrumento político alinhado com os objetivos

Como você aborda o tema do instrumento político?

Tem que ser um instrumento alinhado com os objetivos, adequado para ir construindo o socialismo do século XXI. E se o socialismo do século XXI é essencialmente democrático e participativo, o instrumento político deve ter como tarefa fundamental organizar o povo para isso. Parece-me que isso é básico.

Veja, a militância deve receber tarefas porque a construção participativa requer facilitadores, então os militantes devem ser facilitadores da participação popular.

Militantes-educadores

Eu os chamo educadores populares, promotores de saberes coletivos, não donos da verdade. Aí há um problema. Porque muitos não querem escutar, continuam acreditando que são donos da verdade. E o povo que não tem qualificação nem diploma universitário é automaticamente desqualificado.

Por isso digo que os quadros, os militantes, não podem ser quadros de ordeno e mando, mas sim educadores que promovam a participação popular. É necessária uma militância nova, que em sua forma de viver e trabalhar politicamente prefigurem a nova sociedade. Militantes que encarnem em sua vida cotidiana os valores que dizem defender. Devem ser democráticos, solidários, dispostos a cooperar com os demais, a praticar a camaradagem, a honestidade a toda prova, a sobriedade. Devem projetar vitalidade e alegria de viver.

Nossos militantes devem ser capazes de aprender com os novos atores sociais do século XXI. Esses são particularmente sensíveis ao tema da democracia. Suas lutas tiveram, geralmente, como ponto de partida, a luta contra a opressão e a discriminação. Daí que recusem ser manipulados e exijam que seja respeitada sua autonomia e que possam participar democraticamente na tomada de decisões.

A grande tarefa dos instrumentos políticos é criar um espaço que facilite o processo de participação.

Desenvolver o planejamento participativo descentralizado

Por isso é que hoje minha paixão pelo instrumento [político] se conjuga com o planejamento participativo descentralizado. Porque o método se baseia em ter que coletar as ideias que as pessoas produzem, e isso obriga a escutar.

Agora, a questão é que não se formalize e não se pense que se está fazendo uma coisa e se faça outra.

Eu ouço você e penso na Venezuela hoje...

Na Venezuela, por exemplo, se falava de orçamento participativo, e quando o governador fazia umas mesas de trabalho em diferentes lugares de seu estado, nas quais perguntava às pessoas o que queriam, as pessoas opinavam, se fazia uma lista e depois os técnicos resolviam o que fazer. Mas não é disso que se trata; as pessoas têm que sentir que seu projeto é levado em conta, que eles são construtores da resposta também. Eu posso dizer: a participação é fundamental, mas não é suficiente; é preciso criar as condições para a participação, é preciso criar os espaços.

Quais seriam esses espaços?

Qual é o espaço ideal de participação? Aristóbulo Isturiz dizia que não eram assembleias; assembleísmo não é a mesma coisa que democracia, democracia é igual a pessoas igualmente informadas. Vou recordar o que eu proponho no livro [*Um mundo a construir*]:

> A democracia direta é uma forma de democracia, sem dúvida a mais rica e mais protagonista, mas tem limites. Para que todos possam participar plenamente, a dimensão do grupo não pode ser excessivamente grande. Não podemos pensar em democracia direta em âmbito municipal em um município com 200 mil habitantes, e muito menos nas grandes capitais onde vivem milhões de pessoas.
>
> A participação democrática não pode ser limitada a essas experiências em pequena escala, mas deve transcender a comunidade, a seção de fábrica, a sala de aula, deve abranger esferas mais amplas de poder local até atingir o poder em escala nacional; o mesmo deve acontecer nas empresas: além dos conselhos de trabalhadores por oficinas ou seção, deve haver conselhos de trabalhadores por empresa, por ramo de produção; e, da mesma forma, deve acontecer nos centros de estudo (por sala de aula, faculdade, universidade).

> É necessário criar um sistema que permita a participação das cidadãs e dos cidadãos em todos os processos de tomada de decisão, no que se refere a questões comuns e gerais que dizem respeito à vida humana em sociedade e, para isso, deve ser estabelecida alguma forma de delegação de poder que não reproduza as limitações e deformações que são originárias da representação política burguesa clássica. [2013, p. 50][3]

E enfatizo:

> Negar a possibilidade de delegar é negar a possibilidade de participar na tomada de decisões sobre questões que transcendem a nossa realidade local (comunidade, centro de trabalho ou de estudo).
> Os invisíveis não se tornarão visíveis se não se fazem visíveis. Acredito que esse foi o erro dos zapatistas. Embora eles tenham conseguido se tornar visíveis em 1994, por meio da rebelião armada, ao se marginalizar da política do país, de alguma forma se tornaram invisíveis novamente.
> O questionamento correto da democracia burguesa representativa não deve nos levar, portanto, a rejeitar qualquer tipo de representatividade. O que é rejeitado, e com razão, é essa democracia que se limita aos cinco minutos de votação a cada certo número de anos; essa democracia elitista que tornou invisível setores importantes da população, que são aqueles que hoje começaram a aparecer no cenário político em diferentes partes do mundo, expressando uma crítica aberta ou implícita ao sistema político vigente. [2013, p. 51][4]

No caso da Venezuela, era necessário definir o espaço e se começou a ver a experiência que havia ocorrido com os comitês de terra, a experiência com os comitês de saúde; chega-se a uma conclusão similar de alguma maneira ao MST no campo, ou seja, ao espaço dos assentamentos do MST, ou seja, um espaço pequeno.

Um território delimitado onde as pessoas se conhecem e podem dialogar.

Claro. E não tem timidez em participar, porque está participando com seus vizinhos... Mas, como você diz, são espaços diferentes.

---

[3] Citado cf. a edição brasileira, Harnecker, 2018, p. 111-112.
[4] Citado cf. a edição brasileira, Harnecker, 2018, p. 113.

Por exemplo, a indústria, isso é outra questão, pensando em por que não funcionava um processo participativo em tal fábrica, por quê? Porque era feita a assembleia de trabalhadores, mas a discussão não era feita na oficina onde há dez trabalhadores, a discussão era feita com 200, então é preciso buscar um espaço real. E, de fato, quando eu desenvolvo o tema do planejamento, os comitês de vizinhos são importantes. Porque o espaço comunitário que tem um conselho comunal ainda é muito grande.

Um conselho comunal é muito grande?

Claro. Assim, começa a crescer a ideia dos comitês de áreas vicinais; existem alguns experimentos. Eu apresentei ao presidente Chávez a ideia de constituir áreas vicinais que podem ser escadas, podem ser quadras... Isso faz com que necessariamente haja pluralismo. É preciso buscar um local, é preciso buscar uma forma de representação, e isso me parece muito importante: que o *quorum* não seja apenas por presença, mas por representação das áreas. Ou seja, é preciso buscar formas, mas é possível.

As políticas do governo muitas vezes se chocam com as iniciativas das pessoas e surgem contradições. Creio que talvez por ser excessivamente voluntarista. Deve-se aprender com a Bolívia e Equador. Não é possível ampliar as expectativas de compra se a base objetiva que responda a essas expectativas do mercado não for criada. Se não se faz isso, a direita sabe se aproveitar. Aproveitou-se no Chile, gerando a escassez que provocou reações das pessoas, que vêm de uma cultura herdada, não são mártires... Essas são situações complexas.

Ou seja, nem tudo é provocado pela direita.

Eu digo que a guerra econômica é real, mas se instala em uma base objetiva, em debilidades nossas, em erros nossos, de falta de planejamento, falta de eficiência. Creio que o grande déficit é o planejamento. Eu posso te contar sobre os incríveis erros de planejamento que ocorreram. Por exemplo, expropriar o frigorífico – que produz um terço das necessidades do país – sem que houvesse uma política para os dois terços que teriam de ser de produção privada, assim logo faltam produtos. Isso é uma questão do Estado e tem que ser planejado. Mas não foi feito, então os burocratas se aproveitam disso, colando-se por todas as brechas que o sistema permite, para se enriquecer, para contrabandear...

Eu digo que Maduro herda esses erros ou limitações. Há um discurso de Chávez que é preciso ler: "Um golpe de timão", quando começa a pedir eficiência.

Esse discurso foi pronunciado por Chávez em 20 de outubro de 2012, em uma reunião do Conselho de Ministros, em que anunciou que começava "um novo ciclo da transição" socialista na Venezuela. E enfatizou seus aspectos fundamentais. Fez um chamado à crítica e autocrítica, a fortalecer o poder comunal, a multiplicar a eficiência, e a desenvolver o sistema nacional de meios públicos, entre vários temas.

É chave. Recomendo não apenas lê-lo, mas também estudá-lo.

III.
FRANÇA E ALTHUSSER, A PRIMEIRA GRANDE MUDANÇA EM SUA VIDA

POR QUE FRANÇA

De acordo com o que você me disse, no final de seus estudos você fazia parte de um grupo que havia decidido viver de forma comunitária.

Sim. No último ano. Com meu grupo havíamos comprado um terreno e pensávamos em viver ali de uma forma comunitária. Eu já tinha saído da universidade e tinha começado a namorar com Rodrigo Ambrosio.[1] Havia também uma amiga minha e seu namorado. O outro amigo era Tomás Moulian e sua mulher. Éramos três casais que queríamos viver no espírito de pobreza. Tínhamos a ideia de fazer uma comunidade de vida, em que houvesse um espaço para trabalhar em comum, um refeitório comum e casas individuais, é claro, para a vida familiar, mas com coisas que íamos fazer em conjunto.

Quando você decidiu ir para a França?

Terminei Psicologia e tínhamos a ideia de que era importante ir fazer uma formação no exterior. No grupo, decidimos ver se nos davam uma bolsa de estudos para a França. Não sei o que acon-

---

[1] Militante da Democracia Cristã, no Chile, até 1969. Em 1970, foi eleito Secretário Geral do Movimento de Ação Popular Unitária (Mapu), no Primeiro Congresso Nacional. Participou ativamente na campanha presidencial apoiando Salvador Allende e na Unidade Popular. Faleceu em um acidente automobilístico, em 19 de maio de 1972. [http://www.memoriamapu.cl/rodrigoambrosio.html]

teceu com Tomás, que foi para a Bélgica, mas os outros quatro postulamos na Embaixada da França. E nos aceitaram e nos prepararam. Porque quando se ganhava uma bolsa de estudo tinha seis meses de estudo no idioma, com boas técnicas modernas.

Então você foi com uma bolsa para a França em 1963?

Claro. Fomos: Raimundo Becar e sua companheira, Cristina Hurtado, Rodrigo Ambrosio e eu. Rodrigo havia sido meu namorado, havíamos rompido antes da viagem, mas continuamos amigos na França. Depois ele se envolveu com quem seria sua mulher, Michelle Uttard, uma socióloga franco-argentina.

Nessa ocasião nós estávamos motivados, influenciados por um grupo de uma geração anterior à nossa que eram social-cristãos, onde estava Jacques Chonchol, meu amigo cristão-marxista, Julio Silva Solar, da democracia cristã. Seu grupo se chamava socialismo cristão, onde o cristianismo se abria ao marxismo. Foram eles que me recomendaram a entrar em contato com um padre comunista na França, e esse padre foi o que depois me pôs em contato com Althusser.

Você havia ido para estudar e depois mudou de planos?

Havia pensado primeiro em ir a Alemanha. Depois, talvez por influência dos amigos uruguaios, decidimos ir a Paris. Lembro-me que Vekemans[2] – não sei se você o conheceu, um

---

[2] Vekemans se especializou na "promoção popular" ou "desenvolvimento popular", contribuindo para a formação de pessoas analfabetas e, em seu parecer, as pessoas oprimidas. Tornou-se diretor do Centro de Pesquisa e Ação Social (CIAS) entre 1957 e 1964, e diretor da Escola de Sociologia entre 1959 e 1964, dentro da Pontifícia Universidade Católica do Chile, em Santiago. Desenvolveu a "teoria da marginalidade", que incluía a grande maioria das pessoas afetadas pela pobreza, que viviam marginalizadas da sociedade. Do seu ponto de vista, ele poderia libertá-los desenvolvendo uma

jesuíta que esteve no Chile por muito tempo, muito capaz – nos havia dito que os jovens que iam a Alemanha voltavam burgueses e os que iam a França voltavam comunistas. Creio que era porque na Alemanha, se você conseguisse uma bolsa de estudos, tinha condições de vida muito boas: um apartamento, uma bolsa com dinheiro; na França, te colocavam em um hotel pequeno. Eu morei em um hotel que não tinha banheiro no quarto, mas do lado de fora, no corredor; um banheiro para todos.

Além disso, eram banheiros mistos.

Sem dúvida. Então, claro, na França você se acostuma a viver indo aos restaurantes estudantis, que são muito baratos, e à cinemateca, que é muito barata. É um nível de vida muito restrito, então você não se aburguesa.

Eu via que as pessoas que vinham estudar na Europa muitas vezes ficavam para morar na Europa. No segundo ano, decidi renunciar à bolsa de estudos para me obrigar a voltar para o Chile.

Eu planejava originalmente fazer uma pós-graduação ou um doutorado em Psicologia Social. Mas quando chego à França, me dou conta que já havia estudado os programas de Psicologia Social da Sorbonne no curso de Psicologia no Chile. Então decidi não estudar Psicologia, mas marxismo. Consultei o meu grupo, porque eu queria avaliar minha decisão com eles: bom, é necessário para o Chile que eu me especialize nisso? Todos concordaram que eu tomasse o caminho do marxismo.

---

série de iniciativas: construção de moradias baratas, unidades de produção cooperativas, centros de saúde, sessões de capacitação para agricultores, líderes sindicais, trabalhadores comunitários. [Ver: Carrazco López, Graciela (2012). Universum vol. 27 n. 1, Talca]

Isso mudou a sua vida...

Sim. Ainda ia à Igreja, mas já era uma coisa de reflexão sobre minha vida, porque eu entendia a religião como amor. Então ia à igreja para revisar minha vida, se estava sendo egoísta ou se estava me preocupando com as pessoas.

Como um exame de consciência.

Uma coisa assim. Era algo diário, como de renovação espiritual. E minha fé terminou porque me tornei muito amiga de um jesuíta na França, e esse jesuíta adoeceu e morreu de câncer. Eu ia vê-lo pensando em que como éramos tão amigos, o carinho iria levantá-lo. Ao final, faleceu, e aconteceu como em *Hiroshima mon amour*...[3]

Você diz pelas conversas entre vocês?

Sim. Eu comecei essas reflexões com meu amigo que agora estava morto, e com o esquecimento, tudo começou como que a desaparecer. O seja, o esquecimento chegava e eu sentia necessidade de eternidade. Foi muito duro.

Primeiros passos em Paris sob a influência jesuíta

Quando chego à França, começo a fazer uns encontros com amigos argelinos para explicar temas da América Latina. Eu ia com a visão do jesuíta Roger Vekemans, sobre o círculo vicioso da miséria. Ele dizia "Os países pobres são pobres porque não têm isto e não têm aquilo e, portanto, não podem sair da pobreza". Quando uma das minhas amigas chegou a Paris, nos encontramos e ela

---

[3] Filme de 1959 do diretor francês Alan Resnais, inspirado no romance *O amante*, de Marguerite Duras, desenvolve uma trama de encontro-desencontro em Hiroshima e se refere ao inevitável esquecimento.

me acompanhou em um desses encontros; conversamos sobre o tema e ela me disse: "Mas Marta, como pode pensar assim?". Ela tinha formação marxista e tinha muito claro que éramos pobres porque éramos países explorados. Isso me impactou.

Eu era dirigente da Ação Católica no Chile e conhecia pessoas da Ação Católica de outros países e muitas dessas pessoas foram a Paris para estudar porque havia facilidades de bolsa de estudos. Quase todas as pessoas com sensibilidade social foram a Paris naquele momento; havia pessoas de todas as partes.

Ali conheci um grupo católico, não só com chilenos, mas com uruguaios, argentinos, brasileiros. E me encontrei com amigos uruguaios da Ação Católica, que estavam morando em Paris.

Foi então que Jerónimo de Sierra, que é um conhecido sociólogo uruguaio, me pôs em contato com Paul Ricoeur, um filósofo muito conhecido que também era tutor, para que me assessorasse em leituras de interesse.

Ele seguia Kant, entre outros filósofos...

Sim. Ricoeur me deu aulas por aproximadamente dois anos, mas na metade do caminho vimos precisamente que todos os autores que estávamos estudando tinham a ver com Kant, um pensador que eu não havia estudado. Então Ricoeur terminou por me recomendar que lesse a *Crítica da razão pura*. Lembro que lia 16 páginas por dia e ia resumindo suas principais ideias. Meu primeiro trabalho foi comparar o conceito de "imaginação radical" de Kant com o de "fantasia criadora" de Philip Lersch, um psicólogo alemão com um enfoque fenomenológico da Psicologia que se estudava na graduação em Psicologia na Católica.[4] Carente de formação filosófica, me sentia muito insegura intelectualmente

---

[4] Ver seu livro *La Estructura de la Personalidad*, Barcelona, Scientia (1962)

ao estudar esses autores tão complicados para mim. Nunca lhe perguntei o que achava de meus trabalhos.

Nesse primeiro ano e parte do segundo, não tive nenhum contato com Althusser.

Depois do primeiro texto que apresentei, Ricoeur me deu uma segunda tarefa: escrever sobre um texto de Merleau Ponty, não lembro qual. Fiz um resumo e o entreguei, mas também não soube sua opinião sobre este trabalho.

Nessa época, eu havia feito contato com Althusser e isso mudou toda minha vida em Paris.

"OS RETIROS ESPIRITUAIS", UM CAMINHO ATÉ ALTHUSSER

Façamos um breve relato...

Havíamos formado um grupo de estudos com o grupo que chegou comigo e alguns amigos latino-americanos de diversos países, relacionados com minhas atividades na Ação Católica Universitária, fundamentalmente brasileiros. Com muitos deles, fizemos um retiro espiritual com um padre dominicano que era super, superprogressista. Ele nos disse, por exemplo, que o pecado não era nada mais que o egoísmo.

Esse grupo quis entrar em contato com Althusser. E como eu sempre fui uma boa organizadora, me escolheram para fazer o contato. Eu trazia do Chile a referência de um padre comunista francês que, quando disse que queria estudar o marxismo, me disse "Tens que conhecer Louis Althusser, porque ele é uma pessoa que estuda esse tema e, além disso, gosta muito de trabalhar com a juventude". Isso, aliado à tarefa dada pelo grupo, foi o que finalmente concretizou a decisão de entrar em contato com Althusser no outono de 1964, no segundo ano em Paris. Telefonei para ele para marcar uma reunião e imediatamente ele me convidou a ir até sua casa.

A casa de Althusser

Althusser morava na mesma Rue d'Ulm, onde estava a École Normale Supérieure [Escola Normal Superior], onde dava aulas. Sua casa ficava muito perto dali e do hotel onde eu estava alojada naquela ocasião, na Rua Feuillantines.

Quando conheci sua casa fiquei fascinada, pois era muito bem decorada e de um modo simples. Lembro das cabeças de alho penduradas, essas coisas... Logo deixei de lado a timidez e desde esse dia iniciamos uma grande amizade.

Ele morava sozinho e fazia sua própria comida. Lembro sempre que ele colocava a carne, as abobrinhas italianas e as batatas dentro do forno, esperávamos que cozinhassem enquanto conversávamos e depois comíamos. Encontrava-o regularmente uma ou duas vezes por semana, tanto em seu apartamento como em algum restaurante à margem do Sena para o qual ele às vezes me convidava, ou em algum outro lugar por ali, pelo Bairro Latino.

Quando propus a Althusser que viesse ao nosso grupo, que queríamos conversar, ele me disse: "Não, veja, vocês têm que convidar é Régis Debray".

Claro. Porque Debray fazia parte de um grupo de jovens estudantes de Filosofia que se reuniram em torno dos ensinamentos de Althusser.

Sim. E assim, por meio de Althusser, começou minha amizade com Régis, com o qual fomos olhando a realidade da América Latina. Nessa época, Régis já havia publicado seu primeiro livro, *O castrismo: a longa marcha da América Latina*.

Nessa ocasião, Althusser estava preparando seu segundo livro. Já havia aparecido o primeiro livro, *Pour Marx*, que recebera grande repercussão. Para a edição em espanhol, coloquei o título – com a concordância de Althusser – *A revolução teórica de Marx*. Althusser me convidou para participar do grupo que discutia o segundo livro, *Para ler o Capital*, onde estavam os autores dos distintos capítulos [Etienne Balibar, Roger Establet, Jacques Rancière, Pierre

Macherey]. Eu não entendia quando faziam suas exposições, porque liam seus capítulos; era abstrato e complexo o pensamento dos althusserianos; era muito difícil para mim entender o que diziam, não apenas pelo teórico, mas também porque não dominava o idioma. Mas como se abria um debate posterior, no debate eu conseguia deduzir do que tratava a temática. E comecei a me apaixonar.

Como eu estava decidida a estudar marxismo, deixei os cursos com Ricoeur e me concentrei em ler *O capital*, de Marx. E o fiz a meu modo, fazendo resumos que organizassem tudo o que eu aprendia. Creio que isso foi em meados de 1965. No início de 1966, no outono, comecei a participar de um seminário organizado pelo grupo de discípulos de Althusser da Escola Normal e já me sentia melhor, mais segura.

Lembro que eu disse a Althusser: "Eu não sei se sou inteligente ou não; não sei"; me sentia muito insegura depois dos trabalhos apresentados a Ricoeur. Então ele me disse: "Mostre-me seus trabalhos". E depois de lê-los, disse: "Você tem uma grande capacidade pedagógica, não se preocupe em ser filósofa ainda, porque é necessário maior amadurecimento, mais idade, para ser filósofa, mas você tem grandes condições pedagógicas". Isso me deu uma certa segurança, porque eu estava muito insegura.

Insegura?

Sempre fui muito insegura, coisa que ninguém descobre, porque eu aparento outra coisa. Mas eu tenho feito as coisas sempre buscando superar o medo, ou seja, sinto medo de escrever um artigo, de me pronunciar; essas coisas são difíceis para mim.

Você sempre teve essa angústia, esse temor?

Sempre. Talvez porque me coloco metas muito altas, pois sou uma pessoa insegura...

No grupo de Althusser participavam alguns que saíram do PCF e migraram ao maoísmo...

Sim. Politicamente, essas pessoas eram maoístas.

Você também se tornou maoísta?

Eu era muito simpatizante de Mao, claro. Althusser também apreciava muito o pensamento de Mao Zedong, mas ficou no partido porque dizia que ali estavam os trabalhadores franceses. Fui influenciada também pelos vietnamitas. Porque se dizia que a União Soviética não apoiava o Vietnã e os vietnamitas diziam que isso era falso. E eu nunca fui antissoviética...

Mas você não era militante do Partido Comunista.

Não.

RELAÇÃO COM ALTHUSSER

Como foram seus primeiros encontros e conversações com Althusser?

A primeira coisa que falei com Althusser foi sobre minha angústia pelo tempo. Lembro-me que ele me convidou a ir até o Sena para almoçar. Falando de minha vida, disse-lhe que não entendia por que as pessoas se entediavam nesta vida, pois para mim o que faltava era tempo para fazer tudo o que eu gostava. Então ele me recomendou a leitura de seu artigo sobre o teatro materialista em que falava de Bertolt Brecht [publicado na revista *Espirit*, em dezembro de 1962], porque ali abordava esse tema. Esse foi o primeiro trabalho dele que li. E foi assim que começou.

E o que aconteceu com sua angústia do tempo?

A angústia do tempo me permitiu estar na elaboração do livrinho *Marxismo e humanismo*, que depois traduzi. Aí foi quando Althusser me disse: "Veja, o que eu faço é totalmente diferente do que Lefebvre faz", porque Lefebvre buscava abrir o marxismo pelo lado do humanismo, baseando-se nas obras do jovem Marx.

E Althusser ia para o outro lado.

Claro. Os escritos do jovem Marx – que falam do ser humano, sua alienação e sua libertação – tardiamente traduzidos e desde a década de 1930 utilizados no meio acadêmico europeu para lutar contra o marxismo, começam a ser utilizados pelos intelectuais marxistas e pelos próprios partidos comunistas depois do XX Congresso do PCUS (1956), que criticou o culto à personalidade de Stalin. Segundo Althusser, essa concepção humanista da obra de Marx – que foi adotada por vários partidos comunistas e inclusive pelo PCUS –, em lugar de resolver os problemas da esquerda e do socialismo soviético, levavam a um beco sem saída.

Por quê?

Porque, segundo ele, tratava-se de buscar as causas socioeconômicas que explicavam o porquê do surgimento desse fenômeno tão nefasto para o socialismo. Os problemas do homem no socialismo não iam se resolver falando do homem, tema sobre o qual a Igreja Católica tinha séculos de vantagem sobre o marxismo, mas afrontando concreta e corretamente os difíceis problemas que surgem na construção de toda ordem social nova.

E apenas quando um pensamento rompe com diversas problemáticas do passado e produz uma nova problemática se pode falar com propriedade de um pensamento próprio. E isso ocorre com Marx precisamente quando rompe com a herança das problemáticas hegelianas e feuerbachiana com as quais havia se identificado anteriormente e na qual estão imersas suas obras de juventude.

A nova problemática, no caso de Marx, significou novos conceitos: modo de produção, forças produtivas, relações de produção, mais valia etc. Por isso Althusser não compartilhava os pontos de vista do humanismo marxista inspirados no Marx jovem, digamos.

Muitos dos seus críticos interpretaram erradamente sua afirmação do marxismo como anti-humanismo teórico, passando por alto a palavra "teórico" e acusando-o de pretender dizer que Marx era anti-humanista, deformavam completamente o pensamento do autor. Esta é outra das coisas dele que foi menos compreendida.

Está assim em *Marxismo e humanismo*...

Sim. O que Althusser afirmava em seu artigo "Marxismo e humanismo" (1964) – e que eu resumi na introdução que fiz ao livro *Pour Marx*, aprovado pelo próprio Althusser – era que, para servir aos homens reais, Marx não fabrica uma teoria centrada em reflexões sobre o homem, mas busca compreender as leis que determinam a existência real dos homens que vivem nas sociedades. É nesse sentido que o marxismo é um anti-humanismo teórico, ou mais exatamente, um a-humanismo teórico. Isto não é contraditório com o fato de que Marx seja, ao mesmo tempo, um grande humanista. O que ocorre é que, para servir aos homens reais, para tratar de libertar a classe trabalhadora da exploração, Marx não produz uma teoria que fale do homem, da natureza humana, de liberdade, de consciência, mas sim uma teoria que emprega os conceitos de modo de produção, de relações de produção, de forças produtivas, ou seja, uma série de conceitos que não têm nada a ver com os conceitos do humanismo. Para ser consequente com seu humanismo prático era necessário que Marx não fosse teoricamente um humanista.

Muitos dizem que é minha interpretação, que não é o que Althusser pensava. Mas isso é porque não entenderam Althusser.

A dependência do mestre

Minha relação com Althusser rapidamente se tornou muito próxima. Ele me recomendou ler Marx diretamente, começando pelo *O capital*, começando pelo capítulo da mais-valia, já que nos primeiros capítulos, segundo ele, Marx havia flertado com a dialética hegeliana.

Assim, estabeleceu-se entre nós uma rica troca intelectual. Eu lhe consultava sobre as dúvidas à medida que ia lendo seus escritos ou *O capital*, e ele ia me falando sobre suas novas incursões teóricas.

O que eu recebia dele era tanto que criei uma espécie de dependência, um cordão umbilical que só cortei no período que foi do outono de 1967 até meados de 1968, quando ele ficou doente. Aí foi quando decidi voltar ao Chile. Meu pai me convidou a ir ao Chile nas férias europeias e isso também me ajudou a decidir por voltar ao país. Nessa época, Althusser já era famoso na América Latina, e eu começava a ser conhecida pelo prefácio que escrevi para seu livro *Pour Marx* [publicado em espanhol sob o título *A revolução teórica de Marx*].

Não sei o que teria acontecido se Althusser não tivesse ficado doente. Para mim, parecia muito difícil abandonar Paris quando tinha as possibilidades de estar em constante diálogo com ele. Além disso, uma relação muito especial havia sido criada entre nós, algo mais do que uma simples amizade.

Você teve um romance com Althusser?

Nunca. Embora muitas vezes eu me perguntasse se eu estaria me apaixonando por ele ou se era apenas uma enorme atração intelectual.

Ele não se apaixonou por você?

Acho que sim, que houve alguma coisa, porque ele me disse que eu lhe atraía muitíssimo. De fato, a relação intelectual começou por uma atração, porque ele me disse que eu era para ele como uma musa inspiradora.

Lembro-me que fui vê-lo com a meia-calça verde que se usava naquela época e uma saia escocesa que eu tinha. Então para ele eu era uma espécie de camponesa, muito natural, não era nada sofisticada.[1] E isso o atraiu. Mas eu nunca soube se havia algo mais do que uma atração intelectual; embora, sim, tivesse havido alguma conversa sobre o assunto. Ele me disse que, embora sentisse um grande afeto por mim, não queria estabelecer uma relação que me fizesse sofrer. Foi quando ele me contou sobre suas dificuldades e sua incapacidade de se comprometer afetivamente.

Ele me ajudava porque eu estava apaixonada novamente por meu ex-namorado, Rodrigo, que não me dava bola. Então Althusser me dizia que não entendia como um homem podia me rejeitar. Ele me apoiou muito, tanto intelectual quanto humanamente, num período mais ou menos crítico que passei na França, que foi o único período da minha vida – e isso é interessante – no qual me senti um pouco deslocada, porque me dava conta de que se você não tem tarefas objetivas, você se concentra em seus problemas, em sua solidão, em sua insegurança etc.

Eu estava assim quando conheci Althusser, mais tarde com os projetos, com as coisas...

Você colocou sua cabeça em outro lugar...

Claro.

---

[1] No mesmo dia em que conheceu Harnecker, Althusser relatava a Madonia: "Esta manhã encontrei uma chilena que me escrevia 'estimado senhor Althusser' e que quer 'estudar no marxismo' com um grupo de brasileiros e outros sul-americanos. Apresentou-se diante de mim uma espécie de camponesa: rosto anguloso, boca torcida, mas olhos negros, e algo nos dentes e na voz que mexeu com algo em mim: pode ser a nostalgia de não ter a sua idade, ou de não tê-la tido quando tinha a sua, essa liberdade que ela tinha" (Althusser *apud* Starcenbaum, 2016, p. 39).

Pai intelectual

Por isso considero Althusser meu pai espiritual, quanto à metodologia de trabalho.

Quais aspectos você destacaria?

Ele me fez descobrir Marx. Sua abordagem do marxismo como instrumento de transformação social me fascinou. Mas eu digo que o que mais aprendi com ele sobre Marx foi como ler um autor e como ler Marx. Ensinou-me a "ler" não o que uma citação diz textualmente, a lê-la em seu contexto, ler em profundidade, para deduzir o que o autor diz, mas também o que não diz, seu pensamento profundo. Apenas desse modo é possível libertar-se do dogmatismo, libertar-se da repetição de citações textuais retiradas de seu contexto, argumentar com raciocínio e não com recitação de textos. Apenas dessa maneira pode-se desenvolver o marxismo de forma criadora, extraindo das obras dos clássicos um enorme caudal de instrumentos teóricos que serão muito úteis para o estudo das novas realidades que vão surgindo. Isso eu o agradeço enormemente.

Também foi muito importante o estímulo intelectual que significou para mim, que me apoiasse, que ele considerasse que as coisas pedagógicas que eu estava fazendo valiam a pena.

A tradução de *Pour Marx [A revolução teórica de Marx]* e a polêmica a-dominante

Trabalho na tradução de *Pour Marx* desde meados de 1965 ou início de 1966, e termino em agosto de 1966. O livro é publicado no início de 1967. Não me lembro bem, mas provavelmente foi Althusser quem me propôs como tradutora à editora mexicana Siglo XXI Editores. Foi uma tarefa repleta de desafios, mas muito positiva porque me obrigou a adentrar a fundo no pensamento de Althusser.

Você também escreveu a introdução do livro...

Sim. A introdução a esse livro foi meu primeiro escrito. Althusser a leu e ficou encantado, pois achou que era muito clara. Ao revisá-la, me fez sugestões: "Olha, amplia isso, aquilo..."

Também me pediu para incluir alguns esclarecimentos filosóficos que ele mesmo escreveu. Me ajudou muito.

Bem, era o livro dele que você estava apresentando.

Sim. O importante para minha vida foi que essa introdução me tornou conhecida nos meios acadêmicos latino-americanos como uma intelectual marxista althusseriana, em uma época em que havia um verdadeiro esnobismo althusseriano. Essa situação seria revertida alguns anos depois, se transformando em um esnobismo anti-Althusser. Muitos daqueles que haviam sido grandes admiradores de Althusser mais tarde – com a crítica ao seu suposto estruturalismo – se tornaram anti-althusserianos sem realmente conhecê-lo.

A que você se refere especificamente?

Quando traduzo para o espanhol o livro de Althusser, *Pour Marx* [*A revolução teórica de Marx*], mantenho o uso de seus conceitos "estrutura dominante" e "estrutura a-dominante", que se referem a dois fenômenos distintos. Em Althusser o termo "estrutura a--dominante" se refere ao conceito do todo social que é composto por várias estruturas (econômica, ideológica, jurídico-política), uma das quais domina no todo enquanto as outras têm um papel subordinado.

Bem, mas como o editor[2] não achou apropriada a questão do "a", decidiu, sem me consultar, simplesmente eliminar o "a" do conceito de "estrutura a-dominante" porque considerou que a palavra "a-dominante" não existia em espanhol. Deixou apenas "estrutura dominante" e, assim, suprimiu a distinção de um conceito tão chave para Althusser. Com isso, ele deformou completamente o esforço feito pelo autor para diferenciar ambos os tipos de estruturas.

Perdeu o sentido...

Completamente. Então eu reclamei sobre a primeira edição, para que fosse corrigido na segunda. Houve uma grande discussão se existia o "a" em espanhol ou não, me diziam que não existia. Então alguém me disse: "Jaqueta xadrez. É exatamente a mesma coisa, uma jaqueta xadrez e uma estrutura a-dominante". Debatemos usar "com dominância", mas Althusser dizia que não, que isso seria como um acréscimo.

Finalmente aceitaram corrigir, mas eu nunca verifiquei. Depois de 17 anos, apareceu Jorge Insunza, do Birô Político do Partido Comunista, exilado na França, que começou a se entusiasmar com Althusser. E escreveu um artigo em que comentou: "Bem, como diz Althusser: na estrutura dominante ou a-dominante". Assombrada ao ver que o erro se mantinha, disse a mim mesma: vou procurar o livro para ver como foi publicado. E sabe o que aconteceu? Corrigiram em uma edição, mas deixaram as outras edições com o erro. Eu não havia revisado porque nunca reviso meus livros depois de publicados. Mas esse livro foi usado como texto de estudo na universidade por 17 anos e nenhum professor corrigiu o erro. Isso indica claramente para mim que eles não entenderam um dos conceitos-chave para a interpretação althus-

---

[2] Editorial Siglo XXI, México, 1967.

seriana de Marx, ou que não leram o livro. Essas são as minhas duas provas de que não entenderam Althusser. E minha grande discussão com Michael [Lebowitz, esposo de Marta] foi sobre isso. Conheci Michael discutindo sobre Althusser porque ele é muito crítico de Althusser. Ele reivindica Hegel e eu reconheço que não sou estudiosa de Hegel; li um livrinho e não sei se o entendi, mas Althusser também não estimulava a leitura de Hegel.

Da introdução ao livro de Althusser a *Os conceitos*...

A introdução ao livro de Althusser foi meu primeiro escrito antes de *Os conceitos*...

Isso fez com que Althusser — que já havia me dito que eu tinha grande capacidade pedagógica — me convidasse a colaborar com Étienne Balibar e ele em um futuro livro que estavam fazendo, para que eu desse forma pedagógica às suas ideias.

Evidentemente, eu não tinha a formação que eles tinham, mas Althusser valorizava essa minha habilidade.

E conversou com François Maspero, que era muito amigo dele e publicava seus trabalhos sobre este projeto, com a intenção de que me pagasse uma certa quantia por esse trabalho, antecipadamente. Foi assim que Maspero começou a me pagar pelo futuro livro, isso foi no final do ano 1967... No entanto, o projeto não prosperou devido à enfermidade de Althusser. No Maio Francês, Althusser não participou, estava hospitalizado, em depressão profunda.

Nas reuniões vocês não perceberam que ele estava entrando em depressão?

Eu vivi os antecedentes de sua depressão. Fui me dando conta porque quando me reunia pessoalmente com ele, sentia como se ele estivesse se afundando em uma coisa estranha, frente a qual você não pode fazer nada. A fase prévia é terrível, sobretudo se você tem afeição por uma pessoa e sente que apesar de querer ajudá-la, você não pode. Porque quando a pessoa cai em depressão não se consegue ajudar, ela se isola completamente e nada chega até ela; é grave, é realmente uma doença séria. É terrível ver a pessoa se afundar a seu lado; é como ver que alguém está afundando no mar e você não pode salvá-la.

Isso era algo que ele trazia de sua vida familiar?

Claro, de traumas psicológicos profundos em sua personalidade. Lembro-me que Althusser me dizia: "Eu não posso amar; não posso amar profundamente".

Muito doloroso...

Sim.

OS CONCEITOS ELEMENTARES DO MATERIALISMO HISTÓRICO

A conversa com Maspero

Antes do acordo com Maspero, eu trabalhava em uma livraria do Bairro Latino vendendo cartões postais artísticos. Com isso eu ganhava a vida. E assim foi até o último ano, quando Adolfo Orive Bellinger, um economista mexicano que estudava em Paris e era um militante da esquerda mexicana, nos envolveu no projeto de formação política para latino-americanos. Uma escolinha de quadros que se formou ali para cerca de 14 ou 15 militantes do Brasil, México, Chile, Haiti.

Eu estava pensando em voltar para o Chile em 1967, mas Orive – que vinha de uma família mexicana muito rica e tinha bastante dinheiro para pagar os professores do curso – me pediu para que ficasse mais um ano como professora desse curso, e me pagou as aulas, claro.

Você ministrava aulas sobre qual tema?

Materialismo histórico com enfoque althusseriano; outros davam outras matérias, claro.

E que aconteceu com Maspero e o acordo que vocês tinham?

A questão é que, com a doença de Althusser, o livro que ele estava fazendo e do qual eu participava, ficou no ar, suspenso.

Então fui ver Maspero e disse: olhe, você está me pagando, mas eu não estou trabalhando nisso. Eu expus minha decisão de devolver o dinheiro que havia recebido para o projeto do livro de Althusser. Ele ficou muito surpreso, ninguém jamais havia lhe devolvido dinheiro por um trabalho relacionado à editora. Ele não queria aceitá-lo.

Para o curso com latino-americanos, eu tinha preparado algumas notas tentando explicar de uma forma mais simples a interpretação althusseriana do marxismo no que se referia ao materialismo histórico. Então, a alternativa que apresentei a Maspero foi a de transformar essas notas em um pequeno manual sobre materialismo histórico. Eu também lhe ofereci um segundo livro, sobre materialismo dialético, e outro sobre conceitos políticos.

Maspero ficou entusiasmado com a ideia e disse que sim. Então, em vez de devolver o dinheiro, concordamos que seria usado para preparar estes textos.

Desagrado com Althusser

Quando Althusser se recuperou e se inteirou do meu trabalho e do acordo que eu havia feito com Maspero, ele disse a Maspero, sem falar comigo, que este livro sobre materialismo histórico não poderia ser publicado. Porque continha ideias que ele ainda não tinha publicado, que eram materiais para o livro que estávamos preparando com Balibar, ao qual eu tinha tido acesso porque estava trabalhando com ele nesse projeto do livro e que, portanto, na França meu livro só poderia ser publicado depois da publicação destes trabalhos. Foi categórico sobre isso, mas não se opôs a que eu o publicasse na América Latina.

Eu não iria me opor a sua vontade, então a edição francesa com Maspero foi encerrada. Mas fiquei um pouco chateada que Althusser falasse primeiro com Maspero e não comigo.

Quando você deixou a França?

Veja, terminei de escrever *Os conceitos elementares do materialismo histórico* em 1968, e voltei ao Chile. Mas o livro *Os conceitos...* foi escrito na Europa, sem nenhum conhecimento da América Latina, isso é muito importante que se saiba, é por isso que eu sempre deixo claro.

Por quê? Você acha que isso a fez ser vista como dogmática?

Claro, a dogmática Marta Harnecker!

Depois, quando cheguei ao Chile, um de meus amigos, Jorge Insunza Becker, que era do Partido Comunista, me deu várias ideias que incorporei na segunda edição do livro *Os conceitos elementares do materialismo histórico*. Ainda assim, ele não foi capaz de me defender diante do partido, que, ao contrário do partido uruguaio, foi muito crítico em relação ao meu texto...

Primeira edição de *Os conceitos...* pela Siglo XXI

Quando ficou claro que Maspero não iria publicar meu livro, entrei em contato com Arnaldo Orfila, então diretor do Siglo XXI Editores, que já me conhecia como a apresentadora do livro que eles publicaram, *La revolución teórica de Marx*, e fiz a proposta. Ele me disse que este projeto de livro sobre o materialismo histórico lhe interessava. Ele apresentou o material no México para ser discutido no conselho editorial. E você sabe quem recebeu o livro para avaliá-lo? Você não conhece essa história?

Não. Nunca falamos sobre isso...

Deram-no a Gaspar Ilom [Rodrigo Asturias Amado], que mais tarde se transformaria em comandante de uma das organizações guerrilheiras guatemaltecas: a Organização Revolucionária do

Povo em Armas (ORPA). Ele estava trabalhando no México, na Editora Siglo XXI, e sua opinião foi decisiva para que o livro fosse publicado. Eu o entreguei em 1968 e saiu em 1969.

E o que aconteceu depois?

Eu passei a ser conhecida na América Latina pela tradução do livro de Althusser, *La revolución teórica de Marx*, e por minha introdução. E em seguida, com *Os conceitos...*, inesperadamente saltei à fama.

Por que inesperadamente?

Porque nem Orfila nem eu imaginamos que esse esforço pedagógico teria a repercussão que teve. Creio que a publicação de *Os conceitos...* teve boa repercussão porque era a única alternativa aos manuais soviéticos que circulavam naquela época.[1] Eu sempre digo que pude escrevê-lo porque não tinha então, nem tenho ainda, um conhecimento enciclopédico sobre o marxismo. Havia lido apenas *O capital* de Marx e algumas outras obras do que Althusser chamava de "Marx maduro", e os textos de Althusser dos anos 1960. Depois, na edição revisada e ampliada de 1985, incorporei obras posteriores de Althusser, fundamentalmente seu artigo acerca dos aparelhos ideológicos do Estado.

---

[1] F. V. Konstantínov, T A. Stepanián, P. N. Fedoséiev, I. I. Shchipánov, A. N. Leóntiev, S. L. Rubinstein, Iudin... entre muitos outros.

VOLTA AO CHILE

Ao regressar da França, você iniciou uma nova etapa em sua vida, não? Começou na universidade...

Sim. Eu pensava em sobreviver no Chile dando aulas de francês, mas graças à publicação de *Os conceitos...* me convidaram para participar da elaboração dos primeiros programas da cátedra sobre marxismo. Foi assim como, na contramão de qualquer expectativa, pude sobreviver, graças ao marxismo. Fui professora na universidade porque com a reforma universitária tinha mais peso ter um livro do que ter um título. Nessa época, se você tivesse escrito um livro, isso abria as portas da universidade. Por isso te digo que o que eu sou não se deve às pontuações acadêmicas, que fazem que quanto mais títulos acadêmicos você tenha, você seja melhor avaliado.

Meu livro foi aceito porque não era soviético. Então passou a ser material dos cursos e isso fez com que tenha tido tantas edições e tantos exemplares. Porque era leitura obrigatória. Fui dos/as primeiros/as professore/as que ministraram cursos universitários de marxismo. Aí trabalhei na equipe com Clodomiro Almeyda.[1]

---

[1] Membro do Partido Socialista do Chile, diretor da Escola de Sociologia e Ministro das Relações Exteriores durante do governo da Unidade Popular de Salvador Allende.

Você era professora de que matéria?
De materialismo histórico. Lembro agora aqueles tempos e acho engraçado...

O quê?
Que me tenham lido na universidade. Embora isso não me impacte. O que me emociona é que também me tenham lido nas prisões, que os guerrilheiros levavam o livro em sua mochila; isso me parece mais interessante, ou o que eu te contava, que os antifranquistas o estudavam clandestinamente na época de Franco.

Tomás Moulian, companheiro do grupo com o qual você decidiu ir a Europa, referindo-se a sua presença na universidade nessa época e à obra althusseriana, disse: "com Althusser, o marxismo-leninismo penetra nos claustros universitários. Os objetivos cognitivos [para Marta] estão claramente expressados: simplificar a teoria, colocá-la ao alcance das massas" [Moulian, 1989]. Ou seja, ele destaca claramente seu interesse em difundir o marxismo para além do âmbito acadêmico.
Por isso, voltando a Moulian, quero lembrar aqui suas palavras:

> Para Marta Harnecker, a tarefa básica é difundir, pois a releitura althusseriana dos clássicos proporciona a teoria (do conhecimento) e a teoria (da história), além disso limpa o marxismo-leninismo dos entulhos reducionistas e com isso permite a fecundação de 'a ciência da história' com as contribuições parciais da ciência contemporânea (Bachelard, Freud, Lacan etc.). Para Marta Harnecker, o principal não é a 'pesquisa', mas sim a 'pedagogia'. Esta é visualizada como ensinamento das massas, como uma tarefa que transcende as instituições acadêmicas... [Moulian, 1989]

Claro, eu penso assim. Como Althusser me disse em certa ocasião, sei que tenho uma boa capacidade pedagógica. Tenho necessidade de me comunicar e comunico bem as ideias. Isto, aliado ao trabalho nas bases populares, às entrevistas, têm marcado minha forma de ser. São as duas grandes vocações que sinto desde que eu tenho o uso da razão.

O Ceso e as primeiras cartilhas de educação popular

Ao mesmo tempo entrei em contato com o Centro de Estudos Socioeconômicos (Ceso), da Faculdade de Economia da Universidade do Chile, para continuar pesquisando esses temas. Não lembro bem como foi que cheguei ali, creio que foi por minha relação com Theotonio dos Santos e Vania Bambirra, que havia conhecido em Paris. Estavam ali, além de Theotonio e Vânia, Ruy Mauro Marini... Pío García era o diretor. Foi um centro muito interessante. Dali nós dávamos aulas na universidade.

Quando você começou com as cartilhas de educação popular e por quê?

Depois que Allende assumiu, Gabriela Uribe, uma companheira chilena que estava na França, também se integrou ao Ceso. Trabalhamos juntas e nos ocorreu fazer as primeiras cartilhas de educação popular, digamos assim. Foram umas folhinhas, de uma página e meia, nas quais abordávamos os grandes ataques que Allende recebia. Chamavam: *Liberdade para quem*; outra: *Democracia para quem*; outra: *Meios de produção e meios de consumo*. Essas cartilhinhas eram para ajudar a formar pessoas e uns desenhistas nos propuseram fazê-las como uns caderninhos com bonequinhos.

Daí surgiu a ideia de fazer a Editora Nacional Quimantú, a grande editora da Unidade Popular, onde Gabriela começou a trabalhar, e isso nos deu a possibilidade de fazer uma série de caderninhos de educação popular com desenhos. Chamou-se La

Firme [abril 1971-maio 1973], e aí abordávamos diferentes temas: a nacionalização do cobre, a burocracia, tudo com bonequinhos.[2]

O grande problema era que sempre tínhamos discussões com os desenhistas, porque os desenhistas – de fato – eram os que acabavam definindo o texto com os desenhos. Nós lhes passávamos o texto e eles o organizavam e sempre estávamos insatisfeitas. Além do fato de que quando chegávamos para trabalhar com os sindicatos e os companheiros conheciam La Firme, nos diziam: "Companheiras, nós não somos criancinhas para receber esses bonequinhos". Mas, além disso, eu não sei se foi uma reflexão naquele momento ou alguém a fez depois: Que a pequena burguesia, diziam, está acostumada a olhar a si mesma de forma crítica. E quando você coloca um bonequinho com os cabelos desgrenhados pode ser uma coisa natural para a pequena burguesia, mas se você coloca um trabalhador com os cabelos desgrenhados, é uma ofensa porque o trabalhador sempre quer estar bem penteado, coisas assim diziam. Eu nunca havia pensado nisso.

Os *Cadernos de educação popular*

Estas reflexões fizeram com que abandonássemos os bonequinhos. La Firme continuou, mas nós começamos a fazer os *Cadernos de educação popular* sem bonequinhos. Têm fotos e alguns esquemas, mas não tem os bonequinhos com os cabelos desgre-

---

[2] A equipe de desenhistas e roteiristas era constituída por Alberto Vivanco (não usava pseudônimo), Jorge Vivanco (Pepe Huinca) e Hernán Vidal (Hervi). A eles se juntaram os colaboradores: Guillermo Durán (Guidú), Luis Jiménez (Aníbal) e Eduardo de la Barra, que assinava como Jecho na revista *Punto Final*. Hilda López trabalhou como secretária executiva e na elaboração dos textos trabalharam Marta Harnecker (1937-2019) e Gabriela Uribe, além da documentação que Gabriela Videla proporcionava. A publicação, desenhada em formato vertical de 18 por 26 cm., inicialmente foi impressa em duas cores e, ocasionalmente, apenas em tinta preta nas páginas internas.

nhados. Essa foi uma experiência extraordinária, porque eu digo que a arte, no meu caso, é conseguir fazer um texto que as pessoas entendam, que não necessite ter formação para entendê-los. Então é um prazer conseguir isso, que as ideias que você quer transmitir sejam entendidas.

Pois bem, até então eu não havia me dado conta que o meu livro *Os conceitos...* tinha capítulos compreensíveis, mas que outros eram mais complexos e os trabalhadores chilenos não os entenderiam completamente, por isso quisemos fazer outro esforço.

O dos *Cadernos de educação popular*?

Sim. Paradoxalmente, o Partido Comunista, que atacava meu livro *Os conceitos...* considerou que os cadernos eram muito mais dialéticos, foi uma importante mudança de método. Porque no livro, nas primeiras edições, eu colocava primeiro a definição e depois o desenvolvimento. Depois aprendemos a importância de colocar as perguntas em primeiro lugar e as definições depois. E também a ordem: que primeiro iam as relações de produção e não forças produtivas, coisas assim...

Vamos lembrar quais foram os *Cadernos...* Foi uma coleção dividida em duas séries.

Sim. "O que é a sociedade" é uma série de seis: *Explorados e exploradores, Exploração capitalista, Monopólios e miséria, Classes Sociais e Luta de classes, Imperialismo e dependência...* Depois saiu a outra série.

Esta segunda foi dedicada à proposta política.

Sim. *Capitalismo e Socialismo*; *Socialismo e comunismo*; dois textos sobre o partido: *O partido: vanguarda do proletariado*; *O partido:*

sua organização. Em seguida: *Dirigentes e massas*; *Estratégia e tática*; *Alianças e frente política*. Destes, *Estratégia e tática* foi lido por Chávez.

Nas primeiras edições, as duas séries são em coautoria com Gabriela Uribe...

Eu redigia com a colaboração de Gabriela, mas como o projeto do livro era meu, na verdade a autoria era minha. É por isso que quando alguém me diz: "Por que você publicou os primeiros livros com ela e depois, quando saiu na Espanha aparece apenas seu nome?" Bem, é porque a responsabilidade pela reedição do texto, pela eliminação das coisas, foi minha. Por exemplo, eu eliminei todos os casos concretos.

Um caminho pedagógica e politicamente muito importante; seguramente te marcou muito.

Sim. A verdade é que fui a primeira a ser surpreendida pela grande difusão que os meus livros tiveram. Eu nunca pensei que um texto que foi inicialmente destinado a um pequeno grupo de companheiros revolucionários chegasse a ter tal acolhida transformando-se, de fato, em um texto de estudo nas universidades latino-americanas. Também não imaginei que os *Cadernos de educação popular*, elaborados para responder aos anseios de educação política de crescente setores do proletariado e dos estudantes chilenos durante o governo de Allende, seriam reproduzidos e adaptados em numerosos países da América, Europa e até da África. Acredito que isso se deve ao grande vazio pedagógico que existe no terreno do marxismo.

Quanto tempo você lecionou na universidade?

Por pouco tempo, cerca de um ano e meio, até me tornar diretora da revista *Chile Hoy*, e isso ocupou todo o meu tempo.

Foi pouco tempo, mas foi muito importante; abriu brechas e deixou pegadas. Vou evocar novamente – a modo de síntese desta etapa – Tomás Moulian que, referindo-se à sua passagem pela universidade, destacou:

> A importância de Althusser no marxismo chileno (e latino-americano) foi devido especialmente às obras de sistematização pedagógica produzidas por Marta Harnecker. As duas principais são o manual intitulado *Los conceptos elementales del materialismo histórico*, que até 1988 contava com 67 edições em espanhol e a série de 12 folhetos intitulada *Cadernos de educação popular*. A própria autora define sua posição dentro da cadeia de circulação: 'A verdade é que o objetivo fundamental de meus trabalhos foi e é de ordem pedagógica. Primeiro pretendi fazer chegar às amplas massas esse redescobrimento do marxismo realizado por Althusser e um grupo de companheiros que trabalhavam com ele'. [Moulián, 1989]

No mesmo texto, acrescenta:

> creio que estou correto em dizer que existem muito mais pesquisadores e estudiosos do marxismo do que pedagogos, mas acontece que não são os pesquisadores nem os estudiosos que fazem a história, são as massas populares com a classe trabalhadora à frente. Está claramente definida a primazia, dentro do circuito de circulação, da função de difusão, dados dois pressupostos: a) a teoria, para se tornar acessível às massas, deve ser submetida a uma operação de produtora e, b) que a teoria está em condições de 'fazer história' apenas quando tiver ocorrido a 'subjetivação', quando se torna 'consciência das massas'. [Moulian, 1989]

As múltiplas edições de *Os conceitos...*

Quantas edições tem o livro *Os conceitos elementares do materialismo histórico*? Já perdi a conta, mais de 60...?

São 66, mais as edições piratas...

Não é mais seu, mesmo que tenha seu nome, é um livro de todo o continente, pelo menos... E as editoras vão continuar publicando.

Foi assim que aconteceu. A única coisa que me interessa, e eu acho que você também deve ter vivenciado isso, é que o esforço para comunicar pedagogicamente, por compartilhar as paixões dos conhecimentos que temos, alcance mais pessoas.

Para mim isso é a maravilha do amor, ou seja, sentir que as pessoas estão aproveitando seu trabalho, que valeu a pena, que transformou de uma forma ou de outra a vida de muitas pessoas. Então o que eu sinto não é a fama, ser famosa; recebo o agradecimento e me emociona que as pessoas tenham carinho por mim. Porque alguém pode ser muito famoso e ser odiado. Aqui a questão não é tanto ser conhecida, mas sim o que foi semeado, ou seja, como as pessoas agradecem o que meu trabalho significou para suas vidas. Isso me emociona.

E isso você também sente nos seminários, nos eventos públicos...

Claro. Eu o sinto especialmente nos lançamentos de livros. Porque nos seminários a coisa é mais específica, as pessoas vão por um tema, mas quando você vai lançar o livro, elas vão pelo autor. Quando Chávez começou a falar sobre meu livro e da arte da política: "Como diz Marta, tornar possível o impossível..." e o carinho que Chávez manifestava por mim, isto era passado para as pessoas, você podia ver isso nas ruas. Michael me dizia: "Que impressionante como as pessoas a querem bem" [*Chora*].

Desfrute, mulher....

O que necessitamos é que as pessoas nos queiram bem... Isso é maravilhoso.

Chile Hoy[3]

Quando me propuseram ir para a *Chile Hoy*, eu havia publicado alguns pequenos artigos na *Punto Final*, quando ainda estava na França, como comentei com você. Mas eu não era jornalista e isso me fez hesitar.

Que tipo de artigos?

Esses artigos eram fragmentos de *Os conceitos...* como adiantamentos, digamos. Era amiga de Cabieses, seu diretor, e os publicava utilizando diferentes pseudônimos: Daniel Cumplido e Neva. Vários diziam que era Theotonio dos Santos quem fazia os artigos.

Por que Daniel Cumplido?

Usei o pseudônimo de Daniel Cumplido porque era um maoísta muito displicente; para provocá-lo. [*Risos*]

Voltemos à *Chile Hoy*... Você começou como vice-diretora e em pouco tempo se tornou diretora.

Sim. José Manuel Quijano, que era filho do que havia sido diretor da Marcha (Uruguai), se encarregou da revista inicialmente. Mas cometemos um erro no primeiro número porque Costa-Gavras[4]

---

[3] A revista *Chile Hoy* foi publicada de junho de 1972 até setembro de 1973. Era um semanário que, apesar de sua curta duração, colocou em circulação uma grande quantidade de números. O comitê editorial era composto por Jaime Barrios, Theotonio dos Santos, Pío García, Marta Harnecker, Ruy Mauro Marini, Alberto Martínez e Enrique Paris. A diretora era Marta Harnecker e os redatores eram Germán Marín, Jorge Modinguer, Victor Vaccaro e Faride Zerán. [Fonte: Pacarina del Sur – http://www.pacarinadelsur.com/home/oleajes/45-dossiers/dossier-9/812-debates-y-tensiones-en-el-chile-de-la-unidad-popular-la-traicion-de-los-intelectuales]

[4] Costa-Gravas foi um diretor de cinema crítico do stalinismo.

chegou ao país e ele o entrevistou e Costa-Gravas fez declarações contra os comunistas. Nós éramos uma revista da Unidade Popular, mas tínhamos um conselho editorial amplo com o Partido Comunista, o Partido Socialista, a Esquerda Cristã... E, claro, depois dessa entrevista, os comunistas saíram do conselho editorial.

E, bom, isso muda tudo. Havia também certo desconforto com Quijano, por suas opiniões políticas...

Como você se tornou diretora da revista?

Bom. Foi ideia de Pío García. Eu disse que não tinha nenhuma experiência no jornalismo e ele me disse: "Mas você é conhecida por seu livro, politicamente você é importante, você tem que aceitar", de modo que eu aceitei assumir a direção da revista. José Cayuela, chefe de redação e editor nacional, me ajudou muito, assim como Marcela Otero, González Bermejo e Faride Zerán.

Mas foi muito difícil retomar as relações abaladas. Eu era muito amiga de Enrique Paris, o representante dos comunistas na revista, com quem eu tinha relações desde a universidade, porque estávamos no conselho universitário e, apesar disso, foi dificílimo conseguir uma entrevista com Corvalán, o Secretário Geral do Partido Comunista. Levou meses, mas finalmente me deu a entrevista. Também entrevistei o MIR.

Foi então que comecei a praticar as entrevistas longas. Eu as fazia com González Bermejo, um brilhante jornalista uruguaio, que já faleceu. Como eu não gostava de ficar atrás de uma mesa, muitas vezes saía com Faride Zerán para fazer entrevistas nos setores populares, nos cinturões industriais, nos comandos comunais... A ideia era transmitir as opiniões dos trabalhadores diretamente. Foi uma época muito importante para mim pois aí me treinei nas entrevistas, no jornalismo de base e por aí começou minha vocação pelo testemunho.

GOLPE, CLANDESTINIDADE E EXÍLIO

Esperando o golpe

Quando ocorreu o golpe, você estava na *Chile Hoy*. Vocês já percebiam o que estava por vir?

Nós víamos que estava chegando. Ruy Mauro e Theotonio estavam no conselho editorial, mas eles pensavam que o golpe que aconteceria no Chile não seria igual ao do Brasil, que não seria um golpe fascista como acabou sendo, e que íamos poder continuar funcionando. Mas todos nós pensávamos que um golpe estava por vir; meses antes o denunciávamos na revista [n. 56 em diante].[1] Pouco tempo antes do golpe, recebemos – eu recebi como diretora – a visita de César Ruiz Danyau, comandante da Força Aérea, porque tínhamos feito um número [n. 64] em que denunciamos como ocorreram as rebeliões na Força Aérea e a preparação para o golpe.

Estariam preocupados por suas fontes de informação...

Claro. Embora o MIR não estivesse na Unidade Popular, eu era muito amiga de Miguel Enríquez, de Nelson Gutiérrez e, sobretudo, de Alia Faride Zerán Chelech, que era do MIR, muito jovem, excelente jornalista, que trabalhava em setores sociais fazendo entrevistas, como eu te dizia. Bem, com eles nós combinamos

---

[1] Ver: http://socialismo-chileno.org/PS/ChileHoy/chile_hoy/chile_hoy.html

que nos passariam informação de inteligência dos movimentos que havia dentro do Exército e – sobre essa base – anunciávamos que ocorriam esses movimentos. É por isso que apareceu na revista o então comandante da Força Aérea, para nos intimidar... "De onde você tirou essa informação? O que vocês publicaram não é verdade; tudo está normal". Algumas semanas depois, veio o golpe.

O golpe

A ameaça de golpe estava presente diariamente. No começo toda a esquerda tomava medidas para enfrentá-lo, mas aconteceu como na história de Pedro e o lobo: de tanto anunciar que vinha o lobo e não chegava, quando o lobo chegou ninguém estava preparado para enfrentá-lo. Isso ocorreu com os dirigentes da esquerda. Muitos deles, naquele momento, estavam dormindo em suas casas.

O Partido Socialista estava consciente de que vinha o golpe. Mas não estávamos preparados. Falamos com o Partido Socialista, mas eles não estavam em condições de nos assessorar para passar à clandestinidade. Então o próprio partido nos recomendou falar com o MIR. Tive algumas reuniões com Bautista van Schouwen, especialmente pensando em levar a revista para a clandestinidade. No dia 11, o golpe nos pegou de surpresa. Não lembro quem me ligou na madrugada para me avisar. A orientação do MIR, prevendo o golpe, era ir aos quarteis que se rebelariam. Porque eles vinham realizando uma campanha dirigida aos setores não golpistas das Forças Armadas (suboficiais, soldados, carabineiros, oficiais antigolpistas), conclamando-os a desobedecer as ordens dos oficiais golpistas. Não pensaram que ia haver um golpe dentro do golpe e que liquidariam os quadros progressistas do Exército.

Esses quartéis supostamente se rebelariam contra o golpe.

Claro. Mas isso não ocorreu; esse levante nunca aconteceu. Os comandos golpistas deram um golpe dentro das próprias Forças Armadas, prendendo os generais mais próximos ao presidente Allende, entre eles o general Bachelet, pai de Michelle.

Tinham pensado em alternativas?

Cada um de nós tinha casas seguras para irmos em caso de golpe. Havíamos começado a coordenar com o MIR chileno a passagem da revista à clandestinidade. Este era o partido mais preparado para nos dar essa assessoria. A instrução que havíamos recebido do dirigente nacional encarregado dessas atividades era que estivéssemos atentos ao levante que aconteceria nos quartéis contra os militares golpistas.

Mas quando ligam para minha casa e me dizem: "O golpe", em vez de ir a esses lugares – porque para isso havia que se preparar –, todos nós da revista decidimos nos concentrar na casa de um *compa* a cerca de 10 quarteirões de La Moneda. Ali nos inteiramos, pela rádio, do bombardeio a La Moneda e de que o apartamento em que estávamos ficava dentro da área que foi declarada zona de toque de recolher por três dias. Ficamos dentro do cerco que os militares fizeram ao Palácio. Ninguém poderia se mover.

Eu estava lá com vários jornalistas da revista, e lembro que naquele mesmo edifício, embaixo, também havia jornalistas de outros meios. De repente, um dos nossos resolve fuçar em uma claraboia e cai alguma coisa e faz um ruído. Imediatamente os militares vieram ver o que estava acontecendo ali. Um dos jornalistas, que não era do nosso grupo, se saiu muito bem. Mas de qualquer forma os militares começaram a revistar as bolsas. Eu tinha um revólver que Manuel Piñeiro, com quem já tinha uma relação, havia me mandado. Eu tinha esse revólver e as balas, embora nunca fosse usá-lo. Eu o havia escondido na banheira, que tinha uma portinha, mas esqueci as balas na minha bolsa. E quando chegam, os milicos dizem: "Vamos, vire a bolsa", virei minha bolsa, mas as balas não caíram. Porque se elas tivessem caído eu não estava aqui para contar a história.

Então eles não encontraram nada e saíram de lá.
Sim.

Quando você saiu dessa casa?
Quando foi aberta a área onde estava o cerco dos milicos. Minha irmã foi me buscar e nos ocorreu ir ao prédio onde eu morava, mas por precaução eu disse a ela: vá você, eu te espero no carro. Quando chegou ao edifício, não conseguiu entrar. Havia uma junta fascista controlando o edifício e eles disseram à minha irmã: "Quem você procura? Marta Harnecker?" E antes que ela dissesse qualquer coisa, eles lhe dizem: "Sua irmã foi levada pelos militares". Ainda bem que eu estava no carro. Mas ela não pôde entrar, é claro.

Asilo na Embaixada da Venezuela

Para onde você foi naquele momento?
Quando consegui sair do cerco, não fui para minha casa segura, que era no bairro operário; vimos que era mais natural ir a setores médios. Refugiei-me na casa de alguns republicanos espanhóis que colaboravam com a revista. Alguém nos denunciou e tivemos que nos mudar para outra casa, e de lá fomos para a casa de uma prima, que estava desempregada; estávamos sozinhas com Gabriela Uribe. Não podíamos fazer ruído. De lá, entrei em contato com o MIR. Descartou-se a possibilidade de editar a revista clandestinamente. Decidi então deixar o país.

Os cubanos haviam me oferecido de nos juntar em um canto se viesse o golpe, mas eles foram para Cuba e eu fiquei sem contato. Meus amigos conseguiram que eu fosse para a Embaixada do México. Enquanto isso, a mãe de Gabriela Uribe, que era muito amiga de Clara Rosa Otero, a diretora do [periódico] *Nacional*, em Caracas, conseguiu que fôssemos recebidas pelo embaixador da Venezuela, que era muito estrito e só recebia pessoas muito importantes. Por meio desse contato entramos na Embaixada da Venezuela.

Nesse momento, pergunto ao pessoal do MIR com quem eu tinha contato: o que eu faço? E eles me dizem: "Olha, não temos condições de estar aqui neste momento, clandestinamente; saía do país".

Então me refugiei na Embaixada da Venezuela pensando que sairia em uns dez dias, mas me mantiveram lá por quatro meses, porque eu estava na lista de jornalistas procurados.

Minha obsessão na Embaixada, durante os meses que estive lá, era recuperar minhas fichas, meus livros, que estavam no meu apartamento e ninguém podia retirá-los de lá.

Os militares não tiraram?

Alguns, sim. Depois recuperei muitas coisas e no voo em que vim para Cuba trouxe uma mala cheia de coisas que pude resgatar, papéis e certamente as cartas de Piñeiro... Embora muitas de suas cartas tenham sido rasgadas por minha irmã, por medo...

Muito tempo depois, quando já estava em Cuba, recebi a carta de um carabineiro, um tipo da força policial, que me disse que tinha muitas fotos, mas nunca me atrevi a entrar em contato com ele, não sabia se era uma armadilha...

O que aconteceu com seu relacionamento com Piñeiro naquela época?

Nessa época eu já estava apaixonada pelo comandante Piñeiro e esperava que ele me resgatasse da Embaixada, aquela coisa romântica. Claro que não aconteceu nada disso. Acontece que os venezuelanos não queriam receber refugiados na Venezuela e então nos mandaram a Cuba. Gabriela, que não tinha antecedentes como eu, foi para Venezuela, mas eu fui direto para Cuba, o que na realidade era o que eu queria.

O golpe permitiu estreitar minha relação com Piñeiro. Resolveu a situação para mim. Porque antes eu não podia deixar a redação e viajar... Nas cartas eu dizia: "Não posso ir por tanto tempo, tenho as tarefas da revista, são férias, mas estamos fazendo turnos". Não podia sair do Chile, menos ainda por não se tratar de assuntos oficiais, então tinha que inventar pretextos...

A grande tristeza e frustração que o golpe militar provocou em mim foi compensada pelo encontro com quem depois foi meu companheiro e pai de minha única filha, o comandante Manuel Piñeiro, mais conhecido como "Barbarroja". Cuba foi minha segunda pátria. O carinho e a solidariedade de seu povo me fizeram sentir sempre como se estivesse em minha casa.

E como você chegou a Cuba?

Em um voo direto, um charter, que a Embaixada – como não queria levar refugiados a Venezuela – mandou com todo mundo, direto a Cuba. Na embaixada éramos uns 20 e tantos, mas no Consulado havia cerca de 600, e todos vieram para Cuba, em fevereiro de 1974.

IV.
CUBA E PIÑEIRO: A SEGUNDA GRANDE MUDANÇA DE VIDA

PRIMEIRAS VISITAS A CUBA (ANOS 1960 E 1970)

Você já havia visitado Cuba nos anos 1960. Me conte essa experiência: por que veio e o que significou para você...
Eu vim em 1960 pela primeira vez.

Ou seja, antes de ir à França.
Sim. Vim quando os guerrilheiros estavam com o cabelo comprido... Eu era dirigente estudantil da Juventude Universitária Católica... ainda não havia me formado. Cuba me marcou, como cristã preocupada com a pobreza.

Você se lembra de algum episódio interessante nessa ocasião?
Eu estava na Universidade Católica e a visão que nós, católicos, tínhamos dos comunistas era terrível, ou seja, muito ruim, a típica visão que se difunde. Mas também tive uma experiência prática muito negativa. Havia um evento sobre a mulher, em Havana, e havia que eleger as delegadas. Então foi feita uma convocatória, não me lembro quem a fez, onde todas as mulheres do Chile se reuniam para decidir quem estaria na delegação, algo assim, e que temas levantar. Fui a essas reuniões como mulher católica e as comunistas também estavam etc. Lembro que se discutia e se discutia, mas não se chegava a nenhuma conclusão. E o que aconteceu? As católicas tiveram que ir para suas casas para cuidar

de seus afazeres etc. e as comunistas foram ficando na reunião e decidiram o que quiseram. Então fiquei com a ideia de comunistas manipuladores. Eu vim aterrorizada para Cuba, um país cheio de comunistas...

Ou seja, você vinha para ver...

Claro, vinha como uma dirigente estudantil. Os Estados Unidos tinham convidado seis ou sete presidentes de federações de estudantes que havia naquela época no Chile para visitar os Estados Unidos e ver as bondades da democracia estadunidense. E Cuba disse: "Bem, nós os convidamos a vir aqui para que vejam o que estamos fazendo". Nessa delegação que veio a Cuba estavam quatro pessoas, incluindo eu; não éramos presidentes, mas eu tinha sido escolhida pela Católica... Eu não sei até onde foi isso porque alguns dos tipos que estavam ali tinham interesse em que eu viesse, por outras razões. Pois bem, a verdade é que eu vim.

Quais seriam essas outras razões?

Eu acho que havia um cara que estava meio apaixonado por mim, então... tenho a sensação de que não foi por meus próprios méritos que eu vim, mas por causa disso.

Não chegamos todos juntos por causa do grande terremoto que sacudiu Valdívia e outras regiões [22 de maio de 1960]. A federação de estudantes se encarregou de atender às pessoas e nós nos atrasamos um pouco. Então, aqueles que vieram primeiro estiveram com Fidel, com todo mundo. E quando nós chegamos, já não estivemos com mais ninguém do alto escalão da Revolução, mas com quadros subalternos. Fomos atendidos por um tenente com cabelos compridos, viajamos pelo país, fomos a Santiago de Cuba. Lembro que lhe chegou a ordem de cortar os cabelos, então ele saiu uma tarde e momentos depois voltou com o cabelo curto.

A marca de Cuba nos anos 1960

Fomos a Sierra Maestra e nos encontramos com criancinhas em uma escola. E quando nos perguntaram: "de onde vocês vêm?", dissemos: "do Chile". Eles disseram: "Do Chile; nós estamos esperando as crianças do Chile porque sabemos que houve um terremoto, queremos tê-los aqui enquanto reconstroem suas casas". Isso me impressionou, que criancinhas da Sierra Maestra soubessem o que havia acontecido no Chile, quando no Chile ninguém sabe nada do mundo.

Outro exemplo: viemos do México, e comparar o garçom do restaurante dos nossos países – que é muito servil, que coloca o guardanapo e faz reverências – com o companheiro que nos atendeu em Cuba, foi impressionante. Em Cuba, os garçons nos tratavam por "você" e eles nos falavam sobre o processo revolucionário como algo deles. Essa visita a Cuba foi para mim a impressão da dignidade em primeiro lugar, isto é, as pessoas vivendo dignamente. Isso me impressionou muito. Tudo o que vivi naqueles dias me influenciou enormemente e voltei diferente. Cuba me marcou, foi minha primeira marca política.

Desde então, para mim, Fidel foi a encarnação de Cristo, um personagem extraordinário.

O retorno ao Chile e o distanciamento da Igreja

Eu visitei Cuba como dirigente da Ação Católica; no meu retorno, pensava em fazer exposições em defesa de Cuba, mostrando o que era Cuba. Mas quando voltei ao Chile e tentei falar sobre Cuba, na universidade eles me disseram que não, que não falasse sobre isso porque isso colocava em risco a possibilidade de um determinado bispo – ligado à Ação Católica – ser nomeado arcebispo de Santiago. Esse foi o início de minha separação da instituição eclesiástica, pouco a pouco fui perdendo o interesse.

O que me levou a isso foi que eu não pude, por razões de política da Igreja Católica, defender Cuba como queria.

A Igreja te bloqueou.

Claro. Porque naquela época, ser amigo de Cuba prejudicava a carreira de um bispo, aí comecei a me afastar. E continuei com o que eu entendia que era minha fé.

Segunda viagem a Cuba

Depois você viajou novamente para Cuba, antes de ir para a França. Mas as coisas já haviam mudado.

Sim. Em setembro de 1963 fui para a Europa, então devo ter ido em março ou abril de 1963, algo assim.

Uma amiga, uma grande amiga minha, da Ação Católica, tinha se casado com Rodrigo Cabello Voloski, um comunista que era economista e tinha ido a Cuba em 1960 – depois de se formar –, para se somar ao processo revolucionário. Seu trabalho como assessor econômico de produção do Instituto Nacional de Reforma Agrária era tão reconhecido que ele integrou a delegação cubana à VII Conferência da Organização para a Alimentação e Agricultura das Nações Unidas (FAO), realizada no Rio de Janeiro, em novembro de 1962. Ao retornar, em 27 de novembro, o avião sofreu um acidente pouco antes de aterrissar em sua escala em Lima e faleceram todos os que estavam naquele voo.[1]

---

[1] Trata-se do voo da Varig 810, que saiu do aeroporto do Rio de Janeiro com destino a Los Angeles, com escala em Lima e México. Nesse voo regressava a delegação cubana para Havana. Nas proximidades do Aeroporto Internacional Jorge Chávez, de Lima, após tentar uma aterrissagem de emergência, o avião se chocou contra o morro Las Cruces, em 27 de novembro de 1962. Morreram seus 97 ocupantes: 17 tripulantes e 80 passageiros. Um dos passageiros era Rodrigo Cabello Voloski. Tinha 25 anos e era militante das Juventudes Comunistas do Chile.

No início de 1963, viajei a Cuba para acompanhá-la. Minha comunidade – o grupo de companheiros que compartilhávamos a ideia da comunidade – me encarregou de vir e apoiá-la, porque ela era uma grande amiga nossa.

Naquela época houve muitos profissionais que vieram a Cuba para trabalhar, para contribuir.

Digo que a Revolução Cubana se caracterizou, como outras revoluções, por atrair técnicos profissionais. Muitos chilenos vieram, e também profissionais da Cepal...

Como Juan Noyola, por exemplo, que também integrou a delegação cubana à reunião da FAO e morreu nesse acidente aéreo.

Sim. Cuba se abriu e entendeu a importância dos assessores estrangeiros, que era o que dizíamos a Chávez; na Venezuela, não havia um único estrangeiro quando chegamos com Michael.

Quando fui acompanhar minha amiga naquele difícil momento, havia acontecido o episódio da microfração de Aníbal Escalante,[2] saiu a questão do sectarismo... e essa minha amiga se angustiava. Ela era católica e estava rodeada por um ambiente diferente ao de sua chegada.

---

[2] Entre os anos 1961 e 1962, ocorreu em Cuba o processo de integração das Organizações Revolucionárias Integradas (ORI). Nesse contexto, um grupo de integrantes, em sua maioria do já desaparecido Partido Socialista Popular (PSP), batalhou para se posicionar em lugares-chave das ORI, constituindo uma fração que atuava à margem dos acordos gerais. Eles consideravam que que deveriam dirigir o processo revolucionário. A esse fato de sectarismo se chamou "microfração" e se revelou publicamente em 1968. O clima social e político estava convulsionado; a Igreja Católica se rebelava contra algumas medidas revolucionárias e a Ação Católica retirava seu apoio inicial ao processo, distorcendo-o pouco a pouco até a rejeição e a oposição. [Sobre isso, consultar: Pedroza Gallegos (2014)].

Diferente em que sentido?

Meus amigos da Ação Católica de Cuba já haviam começado a conspirar contra a Revolução. Isso não me afetou, mas fiquei preocupada com a questão do sectarismo, embora me sentisse atraída pelo processo.

Você considerou morar em Cuba naquela época?

Pensei. Quando eu estava na França, não sei por qual motivo, talvez porque comecei a escrever sobre Althusser, Fernando Martínez, que na época fazia parte do grupo de intelectuais conhecidos como o "grupo da Rua K", do Departamento de Filosofia e Letras da Universidade de Havana, me havia proposto que viesse a Cuba, mas acabei não vindo. Eles publicavam a revista *Pensamiento Critico* [1967-1971].

Você o conheceu em suas visitas a Cuba?

Não. Foi por carta. Acho que ele esteve na França depois, fazendo algo na Embaixada.

E ele se juntou ao seu grupo?

Sim. Acho que o conheci naquele momento.

Terceira visita a Cuba, em 1971

Depois dessa visita na época do sectarismo, voltei a Cuba em 1971...

Allende foi eleito em setembro de 1970, ou seja, o primeiro 26 de julho depois da vitória de Allende foi em 1971. Cuba convidou uma delegação para os festejos: viajam ministros e jornalistas e nessa delegação eu entro.

E isso mudaria sua vida...

Sim...

ROMANCE COM PIÑEIRO

Quando você conheceu Piñeiro?

Nessa visita conheci Piñeiro. Ele estava no Ministério do Interior naquela época, acho que era vice-ministro, mas como Allende era tão importante, o encarregaram de atender a delegação do Chile.

Foi amor à primeira vista.

Vocês começaram o romance em 1971?

Sim, no mesmo dia em que o conheci, à noite. Isso não é conhecido porque se supunha que ele não tinha um relacionamento comigo desde antes do golpe. Porque naquela época ele estava casado.

Foram meteóricos...

No dia seguinte à minha chegada, à noite, houve uma festa e ele ia a todas essas reuniões. Planejou-se uma festa e, bem, fomos à festa. Havia dança, havia algumas jornalistas muito mais atraentes do que eu, pensei; ele dançava com as outras e eu dançava com Gabriel Molina, o jornalista.

Ele me tirou para dançar, eu me lembro, e dançava bem apertado. Então Piñeiro se aproximou e lhe disse: "Ei, não dance tão apertado com ela". E me tirou para dançar. De lá fomos a Santa María,[1] nessa mesma noite. Foi aí que tudo começou.

Quando voltei, muito tarde da noite, toda picada por mosquitos, me preocupei porque eu estava alojada com outra jornalista, Marcela Otero, uma grande amiga minha, da *Chile Hoy*. Ela me ensinou o estilo jornalístico, foi minha iniciadora na questão dos títulos... Bom, quando cheguei pensei: Que horror, estou cheia de picadas, o que eu vou dizer. Mas na manhã seguinte já não tinha marcas.

Quantos dias você ficou em Cuba nessa ocasião?

Não sei, porque a viagem durou um pouco mais. Quando fomos a um lugar onde pudemos conversar, a primeira coisa que perguntei a Piñeiro foi: "Você vai falar com sua esposa?" E ele me disse: "Claro. Eu falo tudo com minha esposa, vou contar a ela o que aconteceu". Mas nunca disse nada a ela. Ele não enfrentou a situação.

Eu queria entrevistar Fidel. Mas eu entrevistei Carlos Rafael. Porque de tudo isso, era Piñeiro quem ia me conseguir a entrevista...

E nunca conseguiu...

Não. Vim não sei quantas vezes a Cuba para entrevistar Fidel, acho que três vezes...

Piñeiro que agendava...

Claro. Para vir entrevistar Fidel, mas isso não acontecia. [*Risos*]

---

[1] Bairro residencial situado na região das praias do leste de Havana.

E você alguma vez entrevistou Fidel?

Nunca o entrevistei. Eu fiz um questionário, depois um maior, e depois outro ainda maior... Quando Camila já tinha nascido, Fidel me disse: "Olha, Camila me fará a entrevista".

Eu entrevistei Carlos Rafael.

E o que aconteceu quando você voltou para o Chile?

Quando voltei ao Chile, Piñeiro começou a me ligar. Mas um dia, de repente, estávamos conversando e aconteceu uma linha cruzada, eu não sei como, com Carlos Rafael e aparece a voz de Carlos Rafael e a de Piñeiro, e o Carlos era meio assim, bem, atirado...

Então, depois disso, Piñeiro começou a ligar e ligar, e foi genial. Mas de repente ele desapareceu... Eu não soube mais dele.

Quando ele desapareceu – ninguém sabe disso – foi porque ele estava preparando a viagem de Fidel ao Chile. Isso foi em novembro de 1971.

Uma visita impactante...

Você tem que ver os discursos de Fidel na universidade! Ele se prolongou muitíssimo e os políticos no Chile queriam que ele fosse embora porque já falava há bastante tempo.

Nessa viagem, Piñeiro foi ao Chile com Fidel. Lorna, a esposa dele, também foi. E depois ele ficou comigo e sua esposa voltou.

A esposa voltou e Piñeiro ficou com você?

Ele ficou. Ninguém soube, mas ele estava hospedado na minha casa. A verdade é que não tomamos muitas medidas de clandestinidade, saíamos, certamente no meu carro, eu acho, para a casa de minha irmã. Lembro que os políticos chilenos vinham falar comigo como diretora da revista e eu não podia recebê-los. Um deles me contou – Bosco Parra, líder da esquerda cristã – que enquanto esperava lá embaixo viu Piñeiro sair...

No final são segredos que todo mundo conhece.

Sim. Depois que Piñeiro foi embora, passou algum tempo e perdemos o contato. Ele parou de me ligar, então eu escrevi uma carta em que dizia: "bem, acho que isso acabou, mas me diga, não me deixe aqui esperando e esperando".

Eu estava muito apaixonada por ele. Então ele me ligou e me chamou de pequeno-burguesa, como se não confiasse nele. Depois soube que havia estado na Argélia.

Um relacionamento inesperado...

Naquele momento apareceu na minha vida um alto dirigente do MIR.[2] E porque eles não podiam alojar-se em suas casas, ele ficou alguns dias na minha casa. E bem, tivemos um relacionamento, sexual, digamos...

Foram duas ou três noites. Ele dizia que era um cavalo sem rumo. Naquela época ele estava em um relacionamento com uma companheira, mas me disse que se sentia atraído por mim desde o Ensino Médio. E bom, foi assim que as coisas aconteceram, mas não foi além desses encontros. Mas, de fato, essa atração que tínhamos funcionou para a revista, para as entrevistas e para as coisas...

Em que sentido você diz que funcionou? Para poder entrevistá-lo?

Sim. E para o apoio que o MIR deu à revista nas pesquisas de inteligência militar e todas essas coisas.

---

[2] Reserva-se a identidade por solicitação expressa de Marta Harnecker [N. A.]

Relações à distância

E quando Piñeiro reapareceu?

Piñeiro me ligou quando esse compa estava em casa comigo... Eu não me lembro se alguma vez contei isso a ele ou se não lhe contei.

Mas ele, que era muito vivo, intuiu algo e então, para me controlar, decidiu mandar um diagramador. "A revista está muito feia, vou te mandar um diagramador", me disse. Era alguém que foi me controlar. E eu tive que ter um homem de Piñeiro aí, metido na equipe.

Sabia alguma coisa de diagramação?

Sim, sabia. Mas o primeiro número foi horrível porque colocou umas páginas pintadas de preto que pareciam...

Depois se ajeitou.

Piñeiro e você decidiram manter a relação amorosa apesar da distância ou foi acontecendo?

Começou como um relacionamento sem compromisso. Mas à medida que fui conhecendo Piñeiro, meu sonho naqueles anos de Allende era poder ir a Cuba nos fins de semana de avião e voltar, porque ele tinha responsabilidades lá.

Piñeiro me dizia: "Vou para a Argentina e vou estar mais perto". Mas era impossível, por causa das responsabilidades que eu tinha. E eu estava com a revista e me sentia comprometida com o processo. Eu nunca pensei: "Olha, eu vou deixar isso...".

Mas ele começou a me ligar... Aí eu tinha um contato, que era Lobaina, que era como o intermediário, e Timossi. Acho que ambos sabiam do nosso relacionamento, especialmente Lobaina, porque eu lhe entregava semanalmente cartas para Piñeiro...

Ele trabalhava na embaixada?

Sim. E mandava as cartas com o malote e por essa via eu recebia as respostas... Essas cartas foram perdidas porque minha irmã Inés, quando veio a ditadura, começou a rasgar papéis comprometedores e rasgou todas as cartas de Manuel.

Ah, que pena...

Sim. Porque Manuel era muito poético...

Tenho as cartas que lhe escrevi nos anos 1970... Ontem, quando procurava um relatório do Mepla, as encontrei. Mas eu tenho que olhá-las com calma porque escrevo "de você não sei o quê"... Talvez, eu estava pensando, pudesse torná-las públicas, mas eu o trato como...

Você é meu amor...

Sim... [*Risos*]

Para que não digam que havia falta de respeito...

[*Risos*] Antes do golpe, ele me mandou um unicórnio azul, que está ali, no móvel. E este, sim, saiu do Chile e percorreu a América Latina. Entendo que foi parte das coisas que minha irmã pôde guardar, porque quando eu vim pude trazer algumas coisas, fichas e isso...

Todas estas são as cartas que eu escrevi [me mostra um pacote com cartas]. Percebe-se que as fichavam, porque algumas estão com números; foi Vidalina que me entregou essas cartas quando Manuel morreu.

Que foi sua secretária.

Sim. Algumas eu escrevia referindo-me a ele como comandante Manuel Piñeiro, com informações do que acontecia no Chile. Então na carta ao comandante dizia: Rosa está escrevendo a Leonel. Porque eu o chamava de Leonel, esse era o nome que tinha.

O EXÍLIO EM CUBA E O REENCONTRO COM PIÑEIRO

Como você já havia estado em Cuba; quando você chegou exilada foi um reencontro com a Revolução e com Piñeiro.

Claro. Enquanto estava na embaixada, como te disse, eu achava que os cubanos podiam mandar uma equipe de resgate. Então bordava uns lencinhos para mandar mensagens disfarçadas a Piñeiro. Diziam: *I love you*, Te amo, e não sei mais o quê, e os mandava cada vez que podia.

Ao vir a Cuba, eu esperava encontrar-me com Piñeiro no aeroporto, mas não, não estava no aeroporto. Acontece que a mulher de Altamirano estava comigo na embaixada. Ela saiu depois de mim, mas Altamirano queria falar comigo para saber notícias de sua mulher. E Piñeiro lhe disse: "Vai você ao aeroporto, eu vejo Marta depois". Mas Piñeiro acabou dormindo e quando eu chego ao hotel, depois de falar com Altamirano, não soube nada dele até o outro dia às 6 da manhã, quando apareceu. Que desilusão!

E você toda emocionada para vê-lo depois de vários meses fechada na embaixada da Venezuela...

Estive: setembro, outubro, novembro, dezembro, janeiro e fevereiro.

Claro, não somente tinha vontade de vê-lo, mas de dizer: aqui estou, saí viva depois da hecatombe.

A desilusão foi pior quando soube que não havia resolvido nada com sua mulher... Supunha que ele ia resolver os problemas com sua mulher... mas cheguei na clandestinidade.

Ou seja, continuaram com o romance clandestino?

Sim. Ele chegava à noite ao hotel, eu tinha reservado dois quartos, mas ninguém sabia que tinha o segundo... assim se passaram dois anos, de 1974 a 1976. Claro que as ascensoristas se davam conta que o senhor vinha todas as noites, mas enfim.

Dois anos com essas visitas noturnas, em algum momento perceberiam...

Nós formalizamos a relação apenas em 1976.

Você morou dois anos no hotel?

Morei dois anos no hotel.

Em que hotel?

No Riviera, uma maravilha.

Bom, minha interpretação, independentemente de ele não ter falado com sua mulher, é que creio que ele buscou testar minha fidelidade durante todo esse tempo; essa é minha ideia. Porque nós, as chilenas, tínhamos fama de sermos mulheres muito liberadas, e os cubanos, você sabe, não querem que lhe ponham chifres, ou seja, *los tarros*, como dizem.

Mas um dia, percebo que é como se ele estivesse mais livre, chega mais relaxado etc., e soube – não foi ele quem me disse – por uma amiga que me contou que haviam descoberto Lorna com alguém, em uma das viagens que fazia como bailarina. Então foi isso que provocou a ruptura.

Ele não contou a Manolito que tínhamos uma relação. Por isso, eu acredito, que o filho escolheu morar com o pai. Primeiro porque o admirava muito, e segundo porque era o "pobre papai", eu penso isso porque Lorna sempre teve uma boa relação com Manolito. Piñeiro não disse: "Veja, eu estou apaixonado e vou me casar com outra mulher".

Manolito conhece toda essa história?

Não sei... Mas não creio que o preocupe muito.

Ele nunca soube da relação clandestina de vocês, nunca imaginou?

Depois soube. Quando Piñeiro foi morar comigo, claro, mas antes não. Nós íamos muito ao Icaic e uma vez me lembro que de repente ele se dá conta que Manolito está chegando e ele está comigo, então tivemos que nos separar... Eu creio que tinha dificuldade para enfrentar... Há pessoas que têm dificuldade para enfrentar as coisas.

Mas Piñeiro não era precisamente um homem que parecia ter dificuldade...

Não, claro. Refiro-me às coisas íntimas.

Manolito acabou ficando com a casa de Piñeiro e eu, como chilena, tive a possibilidade de ter uma casa. Essa foi nossa casa, a que me entregaram como chilena VIP, digamos; não sua casa.

Você se refere à 36 A...

Sim. A casa de Piñeiro ficava entre a 18 e o Cira García, era uma casa de esquina. Eu não teria morado nessa casa porque era uma casa de burguês...

E minhas casas sempre foram muito rústicas, ou seja, arranjadas muito rusticamente, nada de móveis de estilo ou coisas do gênero. Eu não teria morado nessa casa. E esta outra casa, a que me entregaram, estava meio destruída porque uma família havia ido embora e havia deixado a casa. E as casas que eram incorporadas ao patrimônio da Revolução, por pessoas que foram embora e estavam em uma zona congelada, se deterioraram.

Bom, pude ter acesso a isso por ser do grupo de chilenos considerados amigos da Revolução.

Então, no ano de 1976, Piñeiro foi morar comigo, mas o casamento oficial foi quando eu estava grávida; estava grávida de seis meses. Casamo-nos pelos filhos e não por nós; para ter documentos, para que se saiba quem são os pais. Casamo-nos em minha casa e Célia Sanchez e Fidel foram as testemunhas.

E o que aconteceu entre Lorna e você?

Depois eu me tornei muito amiga de Lorna, a verdade é que é uma mulher muito especial, uma mulher com muita personalidade e criatividade. Eu não entendia como Piñeiro havia se casado com uma bailarina... Quando conheci Lorna, me dei conta que era bailarina e muitas coisas mais.

Conto-lhe isso como exemplo: eu não pensava em ter filhos, até que Tati Allende me disse um dia que Lorna mandou me dizer que Piñeiro queria ter outro filho, porque quando o primeiro nasceu, ele estava na guerrilha e não havia podido desfrutar etc., foi assim que me convenci a ter um filho.

Ela era estadunidense...

Sim. Realmente uma mulher muito especial. De fato, foi a professora de inglês de minha filha. Eram tão boas as relações entre nós que eu mandava Camila e as amiguinhas de Camila à casa dela para aprender inglês. Eram umas aulas cheias de fantasia, de teatro...

A VIDA COM PIÑEIRO

E como foi a relação entre você e Piñeiro? Suponho que foi difícil por causa das atividades dele, combinar os horários...

Veja, eu estava trabalhando no Comitê Chileno e fazendo o livro sobre Cuba [*Cuba, ditadura ou democracia?*, 1976]; tinha bastante trabalho. Além disso, eu gostava de arrumar a casa. Ou seja, como eu tinha atividades, não ficou tão terrível os horários dele.

Eu sei de casais em que a mulher fica esperando que o marido chegue. No meu caso, eu tinha minhas atividades e não lembro se desde o início ele começou a chegar muito tarde.

No início, me convidava a ir com ele à casa de Célia Sánchez, por exemplo, onde se juntavam os mesmos de sempre, cerca de quatro ou cinco. Eu gostava, mas depois, a verdade é que preferia às vezes ficar trabalhando em casa.

Costumávamos aproveitar o fim de semana para ir à praia. Lembro que nós íamos, por exemplo, a lugares onde não houvesse muita gente. Tínhamos um colchão desses flutuantes e então entrávamos na água, também jogávamos *squash*. Ele gostava muito de jogar *squash* e como havia sido tenista em minha juventude, eu lhe ensinava.

Piñeiro me apoiou muito, muito em meu trabalho, ele era meu grande propagandista. Lembro que cada livro que eu publicava, ele o levava ao Departamento América para entregá-lo às pessoas que vinham dos diversos países e o visitavam; era um difusor de meus textos. Além disso, me ajudou informando-me quem vinha parar, assim, eu poder entrevistá-los.

Para mim, Piñeiro foi aquela pessoa com a qual eu podia compartilhar todas as minhas inquietudes, todas as minhas dúvidas, que você sabia que chegaria a noite e poderia compartilhar o que havia acontecido durante o dia. Ele tinha um caráter ideal, eu diria. Bom, todo mundo lembra dele como uma pessoa muito simpática, muito brincalhona, sei lá... Eu não sou assim, eu sou super *fome*,[1] ou seja, tenho dificuldade de entender as piadas.

A namorada de Piñeiro

Ele sempre me apresentava como sua namorada; a todo mundo, quando já estávamos casados e tudo. "Eu sou monógamo", dizia a todo o mundo. Claro, depois muita gente me disse: "você pode garantir que Piñeiro não teve outras relações?" Eu, na verdade, não podia garantir nada. Eu nunca pensei que pudesse ter havido outra relação além da que teve comigo. Tínhamos uma grande confiança um no outro. Porque senão, imagine você... O tipo chegava todos os dias às quatro da manhã. Se eu tivesse sido uma pessoa ciumenta, não poderíamos ter convivido.

E de Vidalina, a secretária, que estava sempre com ele, não tinha ciúmes?

Não, porque eu a conhecia muito. Eu creio que ela o admirava muito. E como eu levava Camila ao escritório quase todo os dias... Então, não. Ela tinha seu esposo. Era muito boa secretária para ele, mas nunca me ocorreu essa ideia.

---

[1] Entediada.

Você teve sorte, porque muitas secretárias que convivem muito tempo com seus chefes terminam... Não é que sejam más pessoas, mas pela convivência.

Sim. Eu lembro de como era desagradável ir a Nicarágua e ver como os dirigentes se gabavam de ter amantes, mesmo na frente das esposas... Eu, na verdade, nunca entendi isso.

De fato, há uma tese de que há muitas mulheres lésbicas entre as comandantas guerrilheiras nicaraguenses e dizem que uma explicação é essa.

Bom...

Depois, diria a você que eu adaptei minha vida a seus horários, por isso eu trabalhei durante muitos anos em minha casa, desde 1976 até 1991. Ou seja, durante 15 anos trabalhei em minha casa. Quando nasceu minha filha, eu me dediquei a ela. Quando ela dormia, trabalhava, mas aí, em casa; quando fazia a sesta, trabalhava e era assim, não? Mas em 1991, quando decidimos fundar o Mepla, embora houvesse a possibilidade de Grete Weinmann – minha assistente fundamental e sem a qual não teria conseguido organizar esse centro – estar ali, de todo modo eu me senti com a responsabilidade de ir pelas manhãs, muitas vezes.

Eu me lembro...

Antes de Camila nascer, nosso ritmo com Manuel era de deitarmos sempre muito tarde, tipo quatro ou cinco da manhã, também nos levantávamos muito tarde. E eu dizia: que vou fazer se tiver uma filha? Porque nos deitávamos às cinco e eu tinha que me levantar às seis e meia ou sete, levar a menina à creche, voltar... Comecei a levar aos seis meses. Depois consegui uma companheira que me ajudou nisso, porque senão, digamos, fisicamente não daria conta. Ela morou na minha casa e foi maravilhoso para Camila porque era muito boa, muito carinhosa e lhe deu muito apoio e afeto.

Hortensia...

Sim. E no fim de semana, no domingo, podíamos dormir; um dia na semana, quando se podia.

O desgaste de não poder planejar a vida familiar
Você se lembra se existiu alguma dificuldade entre vocês?

Sim. Uma das coisas difíceis de suportar foi não poder planejar nossa vida. Eu sou uma mulher de planejamento, mas nunca pude planejar porque Fidel o chamava a todo instante.

Então, podíamos planejar ir dois dias à praia, e se Fidel o chamasse, pronto. Mesmo antes de nos casar isso já era assim, ou seja, eu podia vir do Chile e acontecer que nos três dias que estaríamos juntos, o chamavam e não dava em nada...

Então eu adaptei meu horário para suportar isso e comecei a tomar chá em lugar de mate. Um chá forte para poder me manter acordada até a hora que ele chegava. Mas quando começou o Mepla, sobretudo, quando Grete voltou ao Chile, tinha que estar lá pela manhã e isso mudou tudo.

Eu digo que foi como uma preparação para quando ele não estivesse, porque eu havia mudado minha forma de vida. Algo que também me influenciou foi que os médicos nos disseram que era pouco saudável esse horário noturno, que o corpo não estava habituado a isso, que tínhamos que fazer um esforço. E, bom, decidimos mudar. E isso de ir ao Mepla todas as manhãs, ajudou.

Em contrapartida, eu comecei a sentir que necessitava mais romantismo. Mas ele como que descansava em mim. Eu digo que é o típico cubano, que quando está no período de namoro tem muita iniciativa, mas depois, chega à casa ao repouso do guerreiro, não? E eu sempre pedia mais; escrevia-lhe cartas...

Nesse tempo de casados?

Sim, claro. Às vezes, no seu aniversário, para algumas coisas... Eu dizia que era como n'*O pequeno príncipe*, que é preciso regar a flor todos os dias, fazer gestos para ir mantendo o amor. Isso não foi possível, então foi um amor que mudou, como se fosse apagando. Eu creio que era como um processo de costume.

Cada vez que eu viajava, antes de viajar, era como se tudo passasse e voltava o romantismo. Mas eu creio que era para que eu não me apaixonasse por outro. Porque quando voltava e passava o tempo, estávamos outra vez estancados, até outra viagem...

Quando ele morreu, os contatos entre nós já haviam diminuído, em função de trabalho, em função das coisas...

Mas foi um golpe, claro. Porque era tão em comum o que queríamos e tínhamos a Camila.

Claro, claro...

Foi muito emocionante ver todos os amigos em seu funeral. O mais lindo dele – eu creio, pelo menos para mim talvez pela minha sensibilidade – era como as pessoas simples gostavam dele, o porteiro, a secretária, todas as pessoas do palácio, da infraestrutura do palácio.

Dois momentos de tensão

E tensões específicas entre os dois?

Lembro de dois momentos. Um, quando o evento do Che [1987] foi organizado, e quando Darío e outros três fizeram aquela palestra que eu chamava de "o artigo dos quatro",[2] que gostei muito e me fez decidir a falar publicamente sobre coisas críticas ao processo.

Que aconteceu aí com Piñeiro?

Piñeiro não estava aí, mas quando eu chego em casa e lhe conto, lembro que ele estava superpreocupado. No dia seguinte se sentou na porta, antes que eu saísse, e me disse que eu não podia dizer essas coisas. Foi a primeira vez que eu senti uma censura de sua parte. Porque compartilhávamos muito, mas claro, ele era muito cuidadoso também. Eu nunca soube nada de sua parte, isso quero dizer claramente, ele nunca me passou uma informação; creio que eu fui a pessoa mais desinformada do país.

Não falavam do trabalho do Piñeiro.

Não. Nem do trabalho dele, nem sequer opiniões sobre questões da política. Não se falava sobre isso entre nós.

Mas ele escutava...

Sim. Além disso me dizia: "Escreva a Fidel". E eu escrevia a Fidel. Piñeiro era muito aberto, mas se cuidava nesse sentido. E claro, até esse momento eu havia comentado coisas sempre em casa, mas não fora de casa, então dessa vez me chamou a atenção.

O outro momento foi por minha intervenção no Foro de São Paulo, nos anos 1990... Eu falei ali postulando a necessidade de uma autocrítica da esquerda e me acusaram de revisionista e não sei o quê mais...

---

[2] Palestra: *"Notas para un debate acerca del hombre nuevo"*. Autores: Darío Machado, Fernando González, Juan Luis Martín e Emilio Sánchez.

Sobre o que você falou?

Sobre a crise do socialismo como uma crise estrutural. Eu disse que poderiam existir crises no socialismo, assim como existiam no capitalismo. Não me lembro o que foi que falei de Cuba, e então Piñeiro se preocupou...

Ardeu Troia...

Claro. Mas eu, sem saber, porque nunca soube muito bem que problemas havia detrás dos personagens. Era muito estranho porque com alguns desses personagens estávamos juntos em todas as férias. Então ninguém imagina que pessoas com quem tenha convivido possam ter outras posições...

CUBA: ATIVIDADE E LIVROS

O primeiro livro que fiz foi *Cuba ditadura ou democracia?* [Siglo XXI, 1975], publicado em Cuba com o título de *Cuba: los protagonistas del nuevo poder* [Ciencias Sociales, 1979].

Quando cheguei aqui, comecei a trabalhar no comitê chileno de resistência antifascista. Dirigia o boletim *Chile Informativo* para a resistência. Trabalhei ali desde que cheguei a Cuba até o nascimento de Camila, um pouco antes. Ou seja, em 1978 parei porque me disseram que, como havia perdido a primeira gravidez, tinha riscos de aborto e me recomendaram repouso. Os seis primeiros meses foram de absoluto repouso. Aí o boletim começou a ser dirigido por outra pessoa e eu fiquei em casa. Até que cheguei aos seis meses e comecei a fazer as entrevistas que comentei contigo, aos jornalistas, ou seja, quando fiz o trabalho sobre os jornalistas.

Mas aí já estava trabalhando em *Bohemia*...

Sim. Como deixei o comitê, aos seis meses comecei a trabalhar em *Bohemia*.

Ainda não se dedicava exclusivamente a escrever livros.

Não.

Entrevistas longas na *Punto Final Internacional*

No momento em que Camila nasce, a Revolução Sandinista acontece e eu entrevisto seus dirigentes com a menina muito pequenina. Camila nasce em maio de 1979 e a revolução sandinista triunfou em julho. Fiz uma cesárea, creio que passei dois dias em casa e depois fomos a uma casa que ficava em El Laguito. Eu ficava lá com Camila, Piñeiro e toda a equipe do Departamento América metidos aí, acompanhando dia a dia a situação na Nicarágua. Eu estava muito bem-informada sobre o que estava acontecendo, conhecia os problemas das tendências da FSLN e as soluções que iam construindo, as contradições, as conquistas... e por isso pude fazer uma longa entrevista a Humberto Ortega. E porque ele dedicou tempo para isso.

Eu digo que todas as minhas entrevistas com os guerrilheiros se deveram a duas coisas, penso eu. Primeiro, a que os guerrilheiros chegaram aqui pela relação com Cuba. E segundo, porque todos eles haviam lido meu livro *Os conceitos...* Então, juntava, por um lado, a confiança de Piñeiro de que eu podia fazer o livro, e por outro, a carta de apresentação que significou o livro *Os conceitos...* que me ajudou muitíssimo.

Consegui realmente que os entrevistados tivessem confiança em me dizer as coisas, o que é muito importante. Apenas como jornalista não se consegue a confiança dos entrevistados. Além disso, eu sempre ofereci as entrevistas para que revisassem antes de publicá-las.

Um estilo muito diferente do jornalístico.

Isso é muito importante. A entrevista a Humberto Ortega foi publicada no México, na revista *Punto Final Internacional*...

Sim. Essa entrevista ["La estrategia de la victoria"] foi famosa, percorreu todo o mundo. Foi muito boa, e ele esteve muito natural. Foi muito útil porque falava da estratégia para aglutinar as forças, explicava como se conseguiu a unidade dos sandinistas.

Nesse momento, *Punto Final* – revista da qual eu havia sido colaboradora ativa no Chile, antes de ser diretora da revista *Chile Hoy* – tinha uma edição internacional no México. Cabieses já não era o diretor, mas sim Mario Díaz. Ele estava muito interessado em promover o intercâmbio de experiências entre revolucionários e me ofereceu publicar entrevistas longas, de 32 páginas. Um privilégio que geralmente é permitido apenas aos jornalistas.

Então, comecei a publicar entrevistas com os nicaraguenses, depois com as pessoas da FMLN, de El Salvador, e da guerrilha guatemalteca.

Quantas entrevistas você fez no início?

Sobre a Nicarágua começou com a entrevista a Humberto. Depois entrevistei Jaime Wheelock. Depois fiz uma entrevista muito interessante com Carlos Carrión, quando fazem a autocrítica sobre os métodos, o verticalismo. E também com o outro Carrión, Luis, sobre os cristãos.

Você me dizia que entrevistou também dirigentes de Guatemala e El Salvador.

Sim. Shafick eu entrevistei na Nicarágua e em Cuba, em tempos da virada em direção à luta armada, ao socialismo...

Entrevistei Pablo Monsanto também.

Você os entrevistou antes das negociações de paz.

Sim. Mas deles não publiquei nada.

Início dos livros-testemunho

Eu não estava satisfeita com as longas entrevistas, porque depois tinha que cortá-las para que coubessem nas 32 páginas que a publicação me exigia. Porque então se difundia só o melhor das experiências, os aspectos mais maduros. Por motivo de espaço, tinha de excluir partes muito valiosas do processo, aspectos muito interessantes da história de tais organizações; ficava só no aspecto bom e não fazia o percurso autocrítico.

Foi então que você decidiu fazer os livros de testemunhos.

Isso. Em meados dos anos 1980, já começo a fazer livros de entrevistas. Entrevistas completas com dirigentes guatemaltecos, nicaraguenses e salvadorenhos foram publicadas em um livro que se chamou *Pueblos en armas*, 1985 [Povos em armas], no qual se mostra a ascensão da luta armada que ocorreu na América Central depois da vitória dos sandinistas.

Com as entrevistas aos Carrión e a Wheelock você fez outros livros...

Sim. Com estas entrevistas fiz dois livros, um sobre o conceito de vanguarda – *Nicarágua: el papel de la vanguardia* [*Nicarágua: o papel da vanguarda*] (entrevista ao comandante da revolução Jaime Wheelock sobre a história da Frente Sandinista), 1986 – e outro sobre os cristãos, *Los cristianos en la revolución sandinista. Del verticalismo a la participación de las masas* [*Os cristão na revolução sandinista. Do verticalismo à participação das massas*] (entrevista aos dirigentes sandinistas Luis e Carlos Carrión, 1987).

Essas entrevistas foram publicadas na Argentina, quando o PCA fez a virada.

Sim.

O Projeto de uma biblioteca popular latino-americana

Nessa época, Angélica Fauné, uma militante de esquerda que eu conhecia do Chile e estava na Nicarágua, veio colaborar comigo na questão da Colômbia. E começamos com a ideia da biblioteca popular, que era fazer folhetos, tipo periódicos, com grandes tiragens e muito baratos.

Eu me lembro. Entramos em contato por essa época.

Tivemos o apoio do jornal *Granma*, que imprimiu 5 mil exemplares por 25 ou 20 centavos o exemplar, algo assim.

Então, se vinha gente da Dominicana, levava cem, e de outros países também. Angélica foi à Colômbia a uma reunião de movimentos sociais, apresentou a ideia e foi aprovada. Porque o projeto era fazer uma biblioteca popular latino-americana, que se reproduzisse nos países, para fazer formação a partir desses testemunhos. Pois bem, a ideia ficou no papel; nunca se concretizou.

Aprendizagem das experiências de Nicarágua e El Salvador
Vanguarda, unidade e aliados

Você me dizia inicialmente que o estudo das experiências nicaraguense e salvadorenha te marcaram muito e haviam mudado seu modo de pensar a situação. A que você se refere?

Bom, primeiro, à concepção sobre a vanguarda, ao se postular uma vanguarda compartilhada, não o partido da classe trabalhadora. Segundo, à questão cristã, ou seja, a incorporação dos cristãos à revolução, aos valores supostamente feministas, certo? A reivindicação do respeito às diferenças, o método democrático, a crítica ao verticalismo, todo esse tipo de coisas, e à estratégia. Assim se chamava já a entrevista que fiz a Humberto Ortega: "La estrategia de la victoria", ou seja, a flexibilidade tática. Porque haveria que buscar formas de atrair diferentes setores, entender que havia setores, sobretudo, na parte internacional, que podiam ser aliados. O tema da unidade, o fundamental que é... Bom, eu aprendi muito.

Ou seja, apostar em uma vanguarda compartilhada e na unidade, que não significava um partido único.

Exato. Isto é, estudar o mapa de atores e determinar quais são os setores estratégicos em que se deve trabalhar para concentrar forças, porque neutralizar esses setores permitiria paralisar o país, por exemplo. O conhecimento das leis com que se movimentam os setores sociais, as diversas forças sociais.

Em que sentido você mudou sua visão do sujeito?

Passar da exclusividade da classe operária a incorporar também os cristãos, os indígenas...

Jornalismo crítico e esquerda

Também me impactou a reflexão que fazia Joaquín Villalobos (FMLN) sobre o jornalismo e a esquerda. Um jornalista deve ou não deve ser militante de um partido? Como conseguir que um jornalista dê conta da realidade mesmo que não tenha as posições do partido? Ou seja, buscar como um partido teria que ter a flexibilidade para aceitar que o jornalismo não pode ser conduzido pelo partido. Villalobos postulava isso. [*El Salvador: Construir un nuevo tipo de vanguardia*, 1989].[1]

O problema está na crítica. Esse é um tema importante

---

[1] Publicada também no livro de Marta Harnecker (1991) *Ideas nuevas para tiempos nuevos*.

Como fazer que seja comprometido sem que seja subordinado. E crítico sem que seja destrutivo...

Eu sempre disse: "a companheira Isabel Rauber disse que somos uma esquerda destrutiva e que é preciso constituir uma esquerda construtiva". Isso foi o que nós fazíamos no Chile, com Allende.

Você se refere a sua experiência em *Chile Hoy*.

Isso. Nós poderíamos ter feito algo tradicional e publicar a cada semana entrevistas com altos funcionários do governo de Allende sobre as medidas que tomavam. Mas preferimos dar voz ao povo, repassar tudo que estava acontecendo na base, expor como o povo via o processo da Unidade Popular.

E isto tem a ver com a crítica, porque uma das questões que me parecia mais difícil de resolver é como fazer um jornalismo crítico, como expor posições críticas para contribuir com o processo de mudança e evitar a rejeição que – de imediato – provoca a crítica que vem de fora. Para conseguir isso me pareceu, então, fundamental explorar a visão do próprio povo. Trabalhamos muito nisso com Faride Zerán. Ambas tínhamos claro que não se tratava de sair e entregar o microfone a qualquer um; íamos aos grupos organizados que tinham compromisso e maior consciência política, aos cinturões industriais, ao campo, às minas de cobre, de salitre.

Uma experiência incrível...

Sim. Eu aprendi muito. E sei que não é tarefa fácil, porque quando você está no governo, muda tudo e as pessoas não estão preparadas para isso, não estão preparadas. E muitos ficam no caminho, outros são cooptados pelo sistema...

Você está falando da esquerda?

Sim, sim.

MATERNIDADE

Embora você já tenha se referido à sua maternidade, conte-nos especificamente como você encarou a maternidade. O que mudou para você?

Eu sempre disse que é completamente distinta a vida antes de ter um filho do que a vida depois. E que há algo muito emocionante em ter filhos, que para mim foi, sobretudo, sentir o bebê quando recém-nascido, seu calorzinho, essas coisas, não? Eu agradeço muito haver me decidido. Porque meu projeto de vida não era ter filhos. Eu lia Simone de Beauvoir e, bom, estava influenciada por esse discurso. Fiquei grávida – como te disse – porque quis fazer Manuel feliz, não porque pensasse que eu necessitava, foi apenas quando tive Camila em meus braços que vi como era importante.

Minhas amigas haviam casado e tinham filhos. E sofriam. Ou seja, eu as via sofrer pelos limites que significava ter filhos e estar estudando. Então eu tinha pavor de viver essa vida que eu via em minhas amigas. Não? Quando eu começo a me comprometer politicamente na França, queria ser livre e ir a qualquer país. Tentava de fato ir ao Brasil. Nesse momento no Brasil, uns compas de um grupo maoísta já haviam me conquistado, a Ação Popular, para que fosse para lá. Quando me junto com Piñeiro, eu na verdade queria fazer minhas coisas. Mas quando Lorna mandou me dizer que tivesse um filho, decidi tê-lo. Primeiro tive uma gravidez que se perdeu porque tive um aborto natural aos três meses.

E então?

Então o Dr. Oliva – que foi como segundo pai, hipercuidadoso –, levando em conta que havia perdido a primeira gravidez e podia ter tendência a perder novamente essa, talvez pela idade – 42 anos –, me disse que teria de estar em repouso para que não me acontecesse um aborto.

Agradeço sempre ter tido minha filha tarde. Recomendo ter filhos tarde. Porque eu já estava realizada. Eu podia perfeitamente parar de trabalhar um ano, dois anos e dedicar-me à família. Embora, de fato, não tenha parado tanto. Parei uns meses, a amamentei por seis meses, que nessa época era muito. Agora vejo que Camila amamentou por um ano e tanto a seu filho. Porque agora se recomenda. E naquela época, não.

Tive o problema de que minha filha dormia muito pouco. Então se a deixava na creche na hora do almoço, dormia muito tarde à noite. Portanto, comecei a buscá-la da creche para que dormisse cedo e para que eu pudesse trabalhar depois que ela dormisse.

Ou seja, a maternidade foi toda uma descoberta para você e um conflito ao qual você teve que se adaptar.

Sim. Mas o tomei como algo bom e não como limitação. Ou seja, eu quis fazer o que fiz.

Você estava contente...

Sim. Depois quis ter outra filha para não ter filha única, mas não pude, não fiquei grávida; já era muito tarde, creio.

Quando soube que já não podia ter, minha irmã me trouxe um *coollie*[1] do Chile, para fazer companhia para Camila. Porque

---

[1] O *collie* de pelo longo ou *rough collie* é uma raça de cães de tamanho médio a grande, que originalmente era um tipo de *collie* criado na Escócia para o pastoreio.

eu estava apaixonada pela Lassie, do filme *Lassie. La cadena invisible.*

Eu preferia a Lassie do filme. Mas, bom, chegou esse cãozinho que todas as crianças do bairro diziam que era o leão. E o pobre cachorro era uma maravilha. Trazia o jornal. Se enroscava em minhas pernas. À noite, quando esperava Manuel, ele me acompanhava, mas adoeceu do calor porque como estava... Imagina, com essa pelagem o pobre. E morreu. Mas sempre tivemos cachorro na casa, animais. Isso é muito bom para as crianças. Coelhinhos, papagaios e cachorros. Cachorros de diferentes tipos.

CAMILA

Eu sempre evitei que Camila fosse a filha privilegiada de um dirigente. Primeiro, a psicóloga me disse: "Não se preocupe em ter outro filho, porque em Cuba, com a vida familiar aberta que há, solidária, na comunidade, as crianças não têm os problemas que as crianças das famílias pequenas têm nos países capitalistas".
E a verdade é que havia cerca de quatro menininhas no bairro, da mesma idade. Então tínhamos todo um sistema. O pai de uma das meninas levava todas à escola. Eu as pegava na escola e as ajudava nas tarefas de casa, digamos. Então quando comprava alguma coisa, quando viajava, trazia o mesmo para todas as meninas. Minha filha se rebelava, me dizia: "Mamãe, por que você dá às outras pessoas o mesmo que dá para mim?" Mas eu sempre procurei, embora nunca tenha conseguido, que fosse uma vida o mais normal possível. Mas sempre há coisas que você tem que os outros não, você pode ir a tal piscina e os outros não podem.
Não é verdade? Ou seja, é muito difícil para o filho de um dirigente ter uma vida normal. É muito difícil.
Apesar de minha dedicação, como eu era a pessoa que impunha disciplina a minha filha, quando Manuel chegava, as poucas horas que passava com ela, a mimava... Quando Manuel morreu, foi supercomplicado porque para ela morreu o papai que a amava.
E a mamãe, bom, era a mãe que lhe exigia.

E ainda hoje Camila diz que eu não lhe dediquei o tempo que queria ter tido.

Sente, digamos, que não foi sua prioridade?
Exatamente. Por isso, quando ia nascer meu neto, eu estava em El Salvador e dizia às pessoas: Não posso deixar de estar nesse parto porque se não estiver a interpretação vai ser de que não me importo...

E você estava quando Joaquín nasceu?
Não estive porque finalmente Camila não quis que eu estivesse. Eu pensava em vir, mas ela me disse: "*mami*, prefiro que venha daqui a uns 15 dias porque eu prefiro estar sozinha com Nick nos primeiros dias". Então, cheguei depois.

Dedicação a Camila e viagens

Com certeza você tem registros das coisas de Camila desde a infância...
Sim. De tudo de Camila.

Por quanto tempo você fez o registro de Camila? Dois, três anos?
Sim. Sim. Talvez um pouco mais porque aí começam a aparecer os livros nesse meio tempo. No início não trabalhava, mas depois era Camila, o livro e as viagens.

Viagens e Camila

A primeira vez que me separei de Camila por uma viagem, ela tinha cerca de dois anos, foi terrível. Sofria. Lembro que fui à Nicarágua. Foi a primeira viagem que fiz à Nicarágua e Piñeiro me prometeu levá-la. E quando Piñeiro chegou sem Camila eu quase, quase o mato. Porque já não aguentava estar longe dela.

Ela viajou com você alguma vez?

Levei-a comigo quando ela tinha 11 anos, ao Brasil, ao lançamento de meu livro sobre o PT. A questão é que a levei com o pretexto de que filmasse para que conhecesse a realidade e não estivesse na casa de amigos que tinham outro padrão de vida.

Em geral, não viajava com ela.

Não. Quando era pequenina não. Mas contava com o apoio de Isabel Jaramillo, que era muito amiga minha e que ficava com Camila. Ela tinha um filho com cerca de seis anos mais que Camila, Rodriguito. Eles eram como irmãos. Então, quando viajava, eu a deixava com ela.

Necessidade de comunicação

Eu tenho uma grande necessidade de comunicação, Isabel. Comecei com essas cartas coletivas na França, com a maquininha de escrever na qual colocava não sei quantos papéis carbonos. Eu te contei isso?

Não, não me disse.

Eu escrevia cartas coletivas que minha família odiava. Minha irmã dizia: "eu não quero cartas coletivas. Quero cartas pessoais". Com esta maquininha pequenininha e o papel carbono mais fino, de Paris eu mandava 12 cartas iguais aos 12. Imagine você.

Claro, claro.

Então me acostumei com as cartas. E por isso, além das cartas de Camila, tenho as cartas de viagens. Teria que começar a olhá-las; me ajudam a lembrar, não? Agora o faço por necessidade de memória, porque se não faço isso, esqueço as coisas.

O MEPLA

Primeiros passos

Eu tenho a lembrança de que em sua garagem discutiu-se sobre o Mepla, de porquê esse projeto não havia frutificado no CEA. A ideia original era integrá-lo ali como projeto, como uma área? Como um projeto de resgate da memória latino-americana.

E por que não aconteceu?

Não me lembro porque não pôde ser concretizado. Talvez não o tivessem considerado suficientemente acadêmico...

Ia te dizer isso... Foi em 1991 que você tomou a decisão de fundar o Mepla e eu te apoiei, muito influenciada pelo Centro Martin Luther King Jr. e o Centro de Intercâmbio e Referência sobre Iniciativas Comunitárias (Cieri), lembra? O Cieri foi a continuação do Centro "Guillermo Toriellos". Eu falava muito com o reverendo Raúl Suárez, que me estimulava. Eles nos apoiaram muito. Lembro que o Cieri me emprestou a folha que apresentaram, com a fundamentação...

Creio, realmente, que essa foi uma etapa da minha vida que eu considero muito positiva, muito útil, com muita produção. Esta avaliação positiva que eu tenho do gênero testemunho, se plasmou ali; o Mepla era isso.

Você considera que o Mepla foi um impulso para seu trabalho?

Você foi uma das que mais me incentivou para isso.

Nós nos conhecemos um pouco antes e forjamos a ideia. Talvez nós decidimos começar dado que, com o início do Período Especial, não havia forma de conseguir os recursos para trabalhar e havia que ter uma instituição de referência para isso.

Claro. Porque o fundamos em pleno Período Especial.

Em 1991. A ideia fundamental era dedicar todo esse esforço à recuperação da memória histórica popular da América Latina.

Sim. Mas também havia a ideia de reunir e preparar mais pessoas para trabalhar nisso, não?

Formar equipes...

Sim. Os próprios entrevistados me diziam: "Você tem que ter uma equipe de entrevistadores em cada país". Mas nunca consegui fazer isso. Porque, bom, sua experiência é mais ou menos a mesma; é muito difícil formar entrevistadores com esse perfil. Eu não pude desincumbir-me das entrevistas. Creio que a única pessoa com quem mais ou menos fiz coisas parecidas, com o mesmo horizonte e a mesma metodologia, foi com você.

Seguramente você quis formar pessoas, jovens. Eu tentei isso e, no entanto, não deu certo.

O mais difícil é que captem o espírito do tema. Aí eu creio que está o problema fundamental, que é mais importante do que estar pendente da pergunta que deve ser feita...

Claro. Há uma dinâmica estreita entre o entrevistado e o entrevistador. Porque, serve ou não serve que eu seja psicóloga? Serve ou não serve que eu tenha uma concepção marxista? Serve ou não serve que eu tenha uma grande necessidade de averiguar coisas?

Quando eu entrevisto, penso no livro, estou buscando entender o assunto por meio do entrevistado, não quero colocar minha opinião. E certamente é muito difícil reproduzir estas habilidades em outras pessoas. É que cada um faz a entrevista de seu jeito...

É assim... Creio que há muito de arte também, no sentido de criação por parte da pessoa que faz as entrevistas. Você diz que eu fui quem mais se aproximou de seu método, que o agarrei, o incorporei e o desenvolvi. Eu creio que aprendi muitas coisas, mas também é verdade que eu estava buscando encontrar respostas na história... e então tinha e tenho a motivação. Não é o mesmo quando um profissional se aproxima para trabalhar com você, porque quer trabalhar com Marta Harnecker, mas não sabe exatamente o que está buscando na história. Vasconi me disse isso um dia. Lembra de Vasconi?

Sim.

Um tipo realmente excelente. Eu era jovem, estava começando no mundo das pesquisas sociais, e um dia lhe perguntei: qual é sua recomendação metodológica para pesquisar? E ele me disse: "A melhor recomendação metodológica que te dou é que você se guie pela chama interior que você tem; essa é a melhor metodologia que existe". Eu pensei que não queria me ensinar, mas rapidamente descobri que era assim, que ele tinha razão. Sem sentimento não há pensamento.

Crises do Mepla

Você me falava que o Mepla tem dificuldades atualmente...

Sim. A crise do Mepla é decorrente do fato de que não temos entrevistadores, gente que escreva livros-testemunho, que deveria servir para completar o trabalho dos vídeos, que continuam sendo importantes, mas são insuficientes. Talvez seja porque não tenho paciência para ensinar; isso também pode ter influenciado.

Pode ser. Você teria que fazer um experimento sistemático para saber. E me parece que você não teve tempo para isso. A formação leva tempo, mas também não garante nenhum resultado. Não se angustie.

Os documentários, uma vitória

Outra vitória da minha experiência no Mepla foi ter descoberto a combinação entre documentários e textos, me parece que foi superimportante, especialmente com as experiências comunitárias. Parece-me que um livro se potencializa enormemente com o documentário. Eu era antidocumentário, porque os documentários, para mim, eram as pessoas falando, que você entrevista alguém, que fala, o outro que fala e o outro que fala...

Até que você viu algo diferente, outras possibilidades.

Sim. Até que vi que é possível reconstruir o processo com a participação das pessoas do processo. De alguma maneira, é como uma espécie de teatro.

Documentários como ferramenta de formação coletiva.

Você projeta um documentário ou um filme em uma comunidade, nós o fizemos em um conselho de Caracas, por exemplo, em uma esquina. E você convida as pessoas a assistir um filme, que é diferente de ir a um curso. Nós mostrávamos porque uma comunidade teve êxito, porque os documentários eram de comunidades exitosas. Pobres, mas que progrediram.

Então se colocava uma única pergunta: Por que tiveram êxito? Depois se vê o segundo documentário, o terceiro, o quarto. Fazíamos ciclos de um mês e meio e tínhamos seis ou sete papelógrafos com todos os comentários e sugestões anotados. Você sabe que é importante ter um plano de trabalho, analisar os resultados, que os líderes naturais sejam considerados. Bom, coisas assim... a isso eu chamo de formar-se em participação.

A questão é que com Mepla, exceto para os documentários, não pudemos constituir uma equipe independente de meu trabalho.

Em algum momento você pensou em transferir o Mepla a Venezuela ou abrir uma sede ali...

Sim. Lembro da ideia, mas de alguma maneira quando começamos a trabalhar com o Centro Internacional Miranda (CIM), isso mudou.

Claro. Você se integrou ao projeto do CIM.

Sim.

Dificuldades

Um problema que tínhamos era com os recursos para pagar os salários. Porque havia financiamento em CUC, mas não em pesos cubanos.

Você considera que isso afetou a circulação interna do trabalho do Mepla em Cuba?

A verdade é que por esta razão ou por outras, durante todo tempo em que eu morei em Cuba e isso precisa ser dito –, não tive contato – diferente de você –, com instituições acadêmicas cubanas, nem com o Instituto de Filosofia. Eram muito reduzidas as relações que eu tinha com instituições cubanas.

Por quê?

Porque o Mepla trabalhava com projetos fora de Cuba. Em El Salvador, Brasil, Uruguai. A única instituição com a qual trabalhamos em Cuba foi o Poder Popular. Porque os vídeos que fizemos sobre o tema participativo em Cuba foram considerados úteis para formar os delegados do poder popular.

Mas com as universidades tive muito pouca relação. E isso foi assim, não apenas em Cuba, mas em todos os países. É que minha forma de fazer as coisas não era considerada acadêmica. Por isso foi que o CEA não quis assumir nosso projeto...

Eu poderia ter feito algo com o livro *Os conceitos elementares do materialismo histórico,* porque havia sido professora de marxismo.

E por que você não o fez?

A verdade é que também não me interessou. Quando cheguei a Cuba comecei a trabalhar no *Chile Informativo,* o boletim de solidariedade, e isso ocupou todo o meu tempo.

V.
VENEZUELA, CANADÁ E LEBOWITZ: A TERCEIRA MUDANÇA DE SUA VIDA

MORTE DE PIÑEIRO, SOLIDÃO E NOVOS ROMANCES...

Miguel Urbano

Piñeiro faleceu em março de 1998. E você me dizia que voltou a se apaixonar?

Quando Piñeiro morreu, se aproximou de mim Miguel Urbano, o jornalista português que vivia em Cuba nessa ocasião, que desde antes já havia começado a se fascinar com meus textos. Lembra dele?

Sabia que era seu amigo, mas não sabia que estava fascinado...

Bom, ele escreveu o prólogo do meu livro *A esquerda no limiar do século XXI*, que publicamos no Mepla, assim, rústico. Escreveu também o prólogo de *Floreciendo en invierno* [*Florescendo no inverno*], muito bom; Miguel escrevia muito bem. Ele chegou a ser um grande amigo, um grande apoio nesse momento e chegamos a ter uma relação física, mas não foi uma paixão de minha parte.

Ocorreu pouco tempo depois do falecimento de Piñeiro?

Ele morreu em março e nesse ano eu creio que Miguel veio e ficou em minha casa. Depois foi embora de novo. Estava indo e vindo, veja, não estava vivendo de modo permanente. Ele me dizia que eu tinha um projeto de vida e que jamais ia encontrar um homem para esse projeto.

Ele se apaixonou por você?

Sim. Eu sempre lhe disse: Não estou apaixonada. Mas eu tenho a opinião que o sexual é algo positivo e que não tenho por que renunciar a isso, sei lá, ele soube aceitar. Ou seja, ele sim, deu importância a ter um relacionamento romântico, entende? E para mim isso foi uma grande afirmação como mulher. Eu gostava muito dele, mas sempre o adverti que ele não poderia esperar outra coisa. Embora Miguel sempre tenha esperado que eu me apaixonasse por ele, como eu não estava apaixonada por ele, não tinha nenhum interesse em que publicamente me considerassem sua namorada. Então quando saíamos, íamos ao Comodoro ou ao cinema ou qualquer lugar, eu dizia: "Não me toque".

[*Risos*] Impossível, tratando-se de Miguel Urbano.

"Quando tocarem a campainha, não abra a porta", eu dizia; "que as pessoas não o vejam aqui". Eu estava preocupada porque as pessoas não iam entender que eu tivesse um relacionamento e que, além disso, não fosse meu namorado. Então, em um determinado momento, ele não aguentou mais.

Ele estava escrevendo uma novela [*Alba*], uma questão antropológica com não sei que descobertas, que se desenrolava com uma mulher imaginária, que era antropóloga... Quando ele finaliza a novela, estava na minha casa e como não conseguiu fazer com que eu me apaixonasse por ele, me coloca na última etapa da novela como essa antropóloga imaginária, uma mulher muito oportunista, que brinca com os homens, uma coisa assim.... E termina matando-a.

Então eu lhe disse que esse final da novela era terrível, que se ele estava pensando em mim, eu não era assim. Bom, creio que depois do que falamos mudou um pouco o final. Mas rompemos da mesma forma, porque ele já não aguentava mais, realmente.

Quanto tempo durou essa relação entre vocês?

Uns dois anos...

Um romance intermediário

Depois veio um relacionamento muito curto com outro tipo mais jovem, um chileno como eu, que morava no Canadá. Porque eu ia ao Canadá por Alternatives, e até me colocaram na direção de Alternatives, que é uma ONG interessante. Pierre Beaudet, que era uma espécie de artífice dessa ONG, defendia que houvesse mulheres na direção e, como admirava meu trabalho, me colocou ali. Então eu viajava ao Canadá uma ou duas vezes ao ano. E aí tive uma relação com um chileno, muito jovem, talvez uns dez anos mais jovem.

Um chileno que vivia no Canadá?

Sim. Mas meu projeto era que viesse para cá, para Havana, e que se incorporasse ao Mepla, mas não deu certo. A verdade é que ele sentia a diferença de anos. Esse romance durou muito pouco. E creio que a questão da idade influenciou, porque estava muito atraído por uma garota muito mais jovem e terminou voltando com ela, uma coisa assim. Depois conheci Michael.

MICHAEL LEBOWITZ

Você conheceu Michael, seu atual esposo, quando Piñeiro ainda estava vivo?

Isso. Eu o conheci no Mepla, quando foi buscar o livro *Construyendo casas y transformando al hombre* [*Construindo casas e transformando o homem*] e ele queria conhecer também a pessoa que havia escrito esse livro que, segundo ele, era o tema central da prática revolucionária, em que o homem se transforma a si mesmo ao transformar as circunstâncias.

A questão de que em toda atividade humana há um duplo produto, aquilo que você faz, ou seja, o produto objetivo, e – para mim, não para Michael – o produto subjetivo, a mudança da pessoa ao fazer o produto, que pode se alienar no caso do capitalismo, pelo sistema de produção; ou pode se desenvolver humanamente em um sistema de produção no qual o trabalhador não seja subordinado...

O trabalho, como dizia Marx, eleva o ser humano, o enriquece...

Mike estava com essa linha como centro de todas as suas análises e quando encontra um livro que tem esse título, obviamente quis conhecer a autora. Comenta isso com Jesús García Brigos, que é seu amigo e também meu. E Jesús diz: "É uma grande amiga, vamos vê-la". E assim ocorreu nosso primeiro encontro. Foi mais uma discussão sobre Althusser que outra coisa. Porque como ele era marxista e eu vinha de Althusser, começamos a discutir e claro que não compartilhamos as ideias sobre Althusser, a quem continuo apreciando enormemente e ele não.

Isso foi mais ou menos quando, Marta?

Isso deve ter sido em 1997; Piñeiro ainda estava vivo. Eu creio que veio uma vez mais e então tudo já havia mudado. Piñeiro havia falecido, eu já não estava com Miguel... E como sempre tinha uma agenda muito ocupada, não estava tão entusiasmada em vê-lo. E disse a mim mesmo: Vou vê-lo quando estiver fazendo exercícios. Então o convidava ao Comodoro, ao *malecón*, digamos, e caminhávamos, fazíamos exercícios. E depois, bom, veio aquilo de: "Se você quiser ir lá em casa, eu tenho que trabalhar, mas você pode se sentar, eu te dou coisas para ler e posso te oferecer um batido de manga, porque tenho muita manga em casa".

Quando ia lá em casa, eu lhe entregava um monte de papéis para que lesse e em meia hora me dizia que havia terminado e que queria conversar. Eu tenho a sensação de que ele nunca leu bem um texto meu, tenho a impressão que apenas dava uma olhada.

Mas ele voltava ao Canadá.

Sim, quando ele se foi, não havia nada entre nós. Aí começamos a nos escrever por correio eletrônico. E assim foi mudando a relação.

Não parece muito sedutor...

Não, mas quando escreve...

A relação foi fundamentalmente eletrônica, até que ele veio a um evento e eu já estava – pela troca de correspondência que havíamos tido e pelas mensagens – interessada em vê-lo. E estranhei muito que não tivesse me ligado. Eu dizia: vai chegar e vai me ligar, mas nada. Passaram cerca de quatro dias e ele em seu evento. Depois me liga para me ver, mas em vez de vir sozinho, que era o que eu queria, chega com mais quatro canadenses, porque queria que me conhecessem.

Mas na verdade vocês não tinham uma relação...

Apenas cartas, sem haver começado nada. Mas eu tinha uma espécie de expectativa que alguma coisa podia ocorrer. Mas chega e não me telefona, e quando aparece, vem com quatro tipos mais...

Foi como um balde de água fria...

Sim. A explicação foi que quando souberam que ele veria Marta Harnecker, essas pessoas quiseram me conhecer. E ele não podia lhes dizer que não. Então, no dia seguinte, eu o convidei a ir a Viñales, onde há um laguinho e umas casinhas...

A Las Terrazas?

Lá. Porque me falaram bem sobre Las Terrazas e eu não conhecia. Fomos, almoçamos e depois fomos passear em um bosque que tem lá, um rio... Aí foi que ele timidamente pegou minha mão e começou um relacionamento. Mas ele estava casado; queria se separar, mas a mulher havia tido câncer, então sentiu que não poderia fazê-lo imediatamente. Já estavam prestes a se separar quando foi diagnosticado o câncer. Também porque quando a mãe de Michael ficou doente, a mulher se comportou muito bem com ela.

Então ele sentia pena de se divorciar.

Claro. Mas nosso relacionamento se manteve. Em certa ocasião, me convidaram a Vancouver, para um evento. Eu não sei se ele teve algo a ver com esse convite. Então uma amiga, Carmen Arencibia, me incentivou muito para que eu fosse, e eu fui.

Primeiro fui a Toronto, no final de agosto, onde também fora convidada, e depois fui a Vancouver, onde fui convidada, mas para 18 de setembro. Pagaram-me o hotel para cinco dias, mas até lá era muito tempo, então eu tive que pagar a diferença de dias. Era o Silvia Hotel, que fica ao lado do mar e perto do parque. Lá nos reunimos com Michael. Foi tão importante esse encontro para ele que depois alugou um apartamento a duas quadras do Silvia Hotel, que é onde estamos vivendo agora. Naquela época, ele ainda estava com a mulher, então tinha que ir mais cedo, claro, ele não podia ficar à noite...

A questão é que esse tempo serviu para fortalecer nossa relação e para ele resolver se mudar. Aí realmente separou-se da mulher. No ano seguinte, já fui para o seu apartamento.

Você conheceu a esposa dele?

Encontrei-me com ela uma vez, em um parque, em um festival de música *country*. Eu vi que uma mulher estava olhando para mim, se aproximou e eu não sei o que ela me disse, porque ela interpretou que Michael havia encontrado uma jovenzinha e havia lhe abandonado. Então Michael dizia a seus amigos que eu era muito mais velha que ele; e de fato, sou mais velha que ele, mas dez meses; ele dizia isso para se contrapor ao que dizia sua esposa. A princípio, teve que fazer todo um trabalho com os filhos, porque tem dois filhos biológicos e dois que eram quase como dele, porque sua ex-mulher tinha dois filhos quando se encontraram.

Ou seja, que são quatro rapazes grandes já...

Sim, claro, 30 anos, pelo menos. No primeiro ano, ele estava como professor na Universidade Simon Fraser; foi quando Chávez me convidou para ficar na Venezuela, e como eu estava nessa relação que estava começando, hesitei e Chávez me disse: "Bem, venha quando puder."

Você ainda morava em Cuba?

Naquela época, eu ainda estava em Cuba, mas ia e vinha.

Quando se casaram?

Quando Michael se muda para o novo apartamento, depois de um ano, decidimos nos casar. Ele se divorciou e queria se casar comigo, com papéis, algo que não me interessava realmente. Mas ele é muito romântico e considerava que isso era, não sei, uma coisa muito bonita... bem, nós nos casamos; tivemos alguns amigos como testemunhas. Foi muito simples, em casa, com um notário e quatro pessoas.

A verdade é que Miguel Urbano se enganou quando disse: "Você nunca encontrará um homem que compartilhe seu projeto". Porque acontece que com Michael não pode haver mais semelhança na forma de viver e no projeto... O que acontece é que ele, eu penso, é um teórico que se esforça para descobrir coisas novas na teoria. E eu sou uma pessoa que procuro ter instrumentos para me entender com as coisas da forma mais simples possível.

Compartilham um ritmo de vida dedicado ao estudo, à pesquisa...

Ele estuda muito mais os livros, eu estou viajando e fazendo coisas mais simples, digamos, pedagógicas. Mas nós nos complementamos muito bem. Além disso, somos muito pouco sociáveis, então ficamos muito felizes por estarmos sozinhos.

Mas você não é pouco sociável...

Mas não gosto nem um pouco de estar com um grupo de pessoas. Agora, esta noite que teremos esta reunião, espero que...

realmente se conversem coisas sérias, porque quando há muita gente e cada um fala o que quer...

O grande problema de Michael é que ele não fala espanhol, então isso me restringe muito porque eu penso duas vezes antes de convidar alguém...

Personalidades diferentes

Eu e Mike temos personalidades muito diferentes. Eu diria que a dele é a mais diferente [que encontrei] em minha vida. Eu tive relacionamentos com um intelectual peruano e com este chileno que te disse que eram mais afetivos. Mas eu não tinha grande admiração por eles como intelectuais. O caso de Mike é diferente; é uma personalidade muito tímida, ou seja, ele não é um tipo avassalador.

Agora, pensando em Piñeiro e nele, ambos me diziam que eu trabalhava muito, mas ambos me davam tarefas. Agora Michael disse: "Você tem que escrever um livro sobre os problemas dos governos, ou você tem que ir a Índia, porque eles estão te convidando para que você faça uma introdução...".

Ele foi, por exemplo, quem mais insistiu que eu tinha de ser jurada no Prêmio Casa de las Américas. Eu não queria aceitar. Depois ficam dizendo que você está estressada porque tem muito o que fazer, certo?

Claro.

[*Risos*]

Ritmo de trabalho

A verdade é que eu, nestes dois últimos anos, desde que tive a pneumonia no Canadá, tenho tentado diminuir um pouco o ritmo de trabalho. Mas a verdade é que não tenho conseguido.

Depois tive câncer também, bom, me diziam e eu mesma me dizia: "Para". E não parei. Bem, eu creio que manter a atividade é fundamental, porque a pessoa que se dedica a pensar em si mesma se afunda. O único ano em Paris que eu pensei em mim mesma foi o ano em que tive mais problemas psicológicos.

Mas uma coisa é trabalhar e outra é se estressar. Você continuou com muita autoexigência... Porque se você se propusesse a trabalhar por quatro horas e, terminado esse tempo, encerrasse as atividades, é uma maneira suave de se manter ativa, mas você não trabalha assim, você se coloca datas, metas... e isso te pressiona.
Sim.

Nem tudo é cor de rosa...
Você me disse que tinha dificuldades de comunicação com Michael, como é isso?

Bom, uma contradição é que Mike gosta de ver filmes depois do almoço. Ele assiste três filmes e para mim, basta um... Então me deparo com o dilema que tenho que terminar meu texto e não sei se vou trabalhar no escritório ou trago o computador para a sala para lhe fazer companhia.

Ninguém imagina, com a personalidade forte que eu tenho, a grande dependência que desenvolvi em relação a Michael no Canadá. Eu não assumi nenhuma das tarefas que eu deveria ir assumindo com o tempo, por exemplo, na questão financeira. Eu sempre disse que as mulheres se libertam quando têm seus próprios recursos. Bem, eu tenho meu dinheiro, mas temos uma conta conjunta. Então Mike, que é muito mais *coñete*[1] do que eu para comprar,

---
[1] Sovina. Adjetivo que se usa no Chile e Peru para designar a pessoa que resiste em dar ou compartilhar o que é seu.

sempre pensa em comprar o mais barato, o que está em promoção. E eu, a verdade é que depois de ter dito que não comprava nada em uma época, agora, se algo me agrada, digo: "Bom, por que não o compro?" Então ele me controla nisso e eu não lido com o dinheiro. A verdade é que sequer aprendi a lidar; se acontece algo com ele, que vou fazer?

Você não aprendeu a se movimentar sozinha no Canadá?

Um pouco. Vou comprar coisas perto, mas nem sequer memorizo as ruas. Agora aprendi a pegar o ônibus e vou com um mapinha, mas não me movo muito bem. Então tenho uma dependência muito grande.

Isso é diferente do que acontece quando estamos em Cuba, porque em Cuba é o contrário. Para a gestão da casa tenho o apoio extraordinário de Lorena. Eu tive a sorte de ter equipes de trabalho excelentes, sem as quais não teria conseguido produzir o que eu produzo. Desde transcritora, secretária, pessoas que fazem outras tarefas, de maior responsabilidade, e em casa também. Desde que me casei com Piñeiro tive pessoas que me apoiavam. E eu acho isso muito importante. Eu sempre disse que não só por trás de um grande homem existe uma grande mulher, mas por trás de cada mulher que se desenvolve, que é importante, que tem algum papel de destaque na sociedade, há outras mulheres que se sacrificam por ela, porque a sociedade ainda não chegou a uma relação equitativa homem-mulher. A verdade é que realmente existem tarefas domésticas que ocupam muito tempo.

Eu gosto muito de estar em casa. Acho que isso te equilibra. Eu, por exemplo, depois do almoço lavo a louça. E eu acho que ficar de pé me faz bem para o estômago.

Bom...

Há um problema que está ocorrendo, que eu creio que tem a ver com a audição. Está sendo difícil para mim entender o inglês quando estou muito cansada. Seu inglês – todo mundo me diz – é complexo, ou seja, é mais complicado do que o inglês de outras pessoas, então se junta o problema do ouvido – porque estamos perdendo audição – com o fato de que sei pouco o inglês. Então às vezes vivemos em uma incompreensão tremenda, apenas por não termos nos comunicado bem.... Segundo Mike, eu pulo as palavras. Ou seja, eu acredito que falei uma coisa, mas não a falei. Não sei se você se deu conta disso. E, na minha opinião, ele não ouve. Então temos muitas discussões...

Talvez haja confluência das duas coisas.

Pode ser, pode ser. Porque creio que no Mepla acontecia também, quando eu dava instruções às pessoas, elas não entendiam ou eu dava instruções e depois as mudava e então as pessoas não me acompanhavam. Também esqueço onde estou. E agora muitas vezes, quando dou uma conferência, pergunto às pessoas, onde eu estava? Me ajudem a lembrar o que eu disse... Pois bem, a questão é que por causa disso existem alguns momentos ruins entre nós.

Mas vocês vão superar isso...

Sim. Mas o meu caráter é de explodir e depois disso esquecer; não rumino os problemas. E em um instante eu posso superar o problema; ele, ao contrário, se prende... às vezes passam horas, às vezes passam dias e ele continua magoado por uma coisa que eu nem sequer sei mais o que foi. Como eu estudei psicologia, eu entendo seu caráter e digo: "bom, que seja...". Creio que ele tem que entender o meu.

Mas ele não estudou psicologia...

[*Risos*] Pois bem, a verdade é que eu valorizo muito mais a relação na sua totalidade do que os problemas circunstanciais que possamos ter.

De todos os modos você é uma mulher privilegiada.

Eu concordo e sempre digo isso.

As mulheres heterossexuais inteligentes geralmente não têm marido ou o perdem porque os homens, em geral, não suportam uma mulher inteligente. Não suportam uma mulher que tenha independência. Por isso digo que você é uma mulher privilegiada. Porque você pode se desenvolver em sua inteligência, naquilo que você gosta, sem ter que perder o casamento. O homem comum compete com a mulher, não suporta que a mulher possa ser superior a ele.

Sim. Embora eu creia que sou privilegiada por muitas coisas. Eu me comparo com as situações de algumas das minhas assistentes, que vivem só com seus filhos, que quando os filhos se casam ficam sozinhas, que têm não sei qual doença, enfim... é impressionante como acontecem coisas às pessoas. Então eu digo que sou privilegiadíssima.

SAÍDA À VENEZUELA, 2004

Quando você foi à Venezuela pela primeira vez?

A primeira vez que fui à Venezuela foi em 1976. Havia um congresso de jornalistas e eu fui como ex-diretora da *Chile Hoy*. Lembro das rodovias enormes; no Chile não havia esse tipo de rodovias, assim como em Cuba, essas rodovias, as autopistas... As casas cheias de chaves. Eu agora vivo em uma casa que tem três chaves, igualzinho na Venezuela. Isso não existia no Chile.

Anos depois voltei para fazer estudos de experiências participativas da prefeitura de Caracas, com Aristóbulo Isturriz [*Haciendo el camino al andar, 1995*].

Como havíamos feito o documentário sobre o orçamento participativo de Porto Alegre e o livro *Delegando el poder en la gente* [*Delegando o poder ao povo*, 1999], me convidavam a fazer oficinas sobre isso. Fui a uma prefeitura em 2001 e os jovens que estavam organizando o evento me convidaram a percorrer o país. Isto seria no ano seguinte, mas fiquei sem saber nada deles durante quase um ano. Um dia apareceram em casa, e me disseram: "Vamos à Venezuela", mas isso era impossível, porque não haviam articulado nada comigo e eu tinha compromissos com outras pessoas. Se não fosse por isso, teria sido surpreendida pelo golpe na Venezuela.

Mas depois do golpe de 2002, você foi à Venezuela entrevistar Chávez...

Sim. Fui à Venezuela depois do golpe, não para fazer aquele percurso com os jovens, mas convidada pelo prefeito de Guacara[1] – para dar conferências sobre o orçamento participativo. Então vi isso como uma oportunidade para entrevistar Chávez. Entrevistei ele em 2002, alguns meses depois do golpe.

Nunca havia entrevistado um presidente. Pedir tempo a um presidente para entrevistá-lo era difícil para mim. E como sou insegura, foi difícil, mas o fiz.

E como foi que conseguiu entrevistá-lo?

Eu fiz um questionário e mandei a ele pela embaixada de Cuba na Venezuela, por meio de Germán Sanchez, que era o embaixador e amigo meu da época do Departamento América. Eu estava em Cuba e um dia recebi uma chamada. Quando atendo o telefone me dizem: "Aqui fala o chefe de gabinete do comandante Chávez, para que, por favor, venha amanhã porque o presidente quer que o entreviste". Então digo: "Mas amanhã?", "Bom, tome o primeiro voo que houver", me disse. Eles me mandaram a passagem e dois dias depois fui para a Venezuela. Fiquei na casa de Germán Sanchez.

Entrevista com Chávez

Já estando na casa de Germán, em Caracas, sou avisada de que o presidente me convida a ir em seu avião ao "Alô Presidente" daquele domingo, que era em El Vigía.[2]

---

[1] Cidade venezuelana, capital do município Guacara, no estado de Carabobo, Região Central.
[2] É capital do município Alberto Adriani, no Estado Mérida, Venezuela.

Vou para o aeroporto; me levam ao avião e quando já estava no avião entra Chávez e me diz: "Ah, como vai". Alguém teria lhe dito que eu era Marta. Ele havia lido meu livro *Estratégia e tática*, 1985, quando ficou preso.

Mas eu estava com meu livro *A esquerda no limiar do século XXI*, 1999, que na contracapa tem um parágrafo que fala da política como a arte de tornar possível o impossível; e lhe dei o livro.

Quando chegamos ao lugar, Chávez me convida a ir no jipe com ele. Ele dirigindo e eu ao lado. Eu levava um gravador com o qual Piñeiro havia me presenteado, grande como aquele profissional. Ele começa a falar de história e eu digo: "Posso gravar?" E começo a gravar. Foi um trajeto de cerca de uma hora até que chegamos a um hotel onde estava o coordenador de Mérida. Parei de gravar porque acabou a bateria e não tinha reposição, mas continuamos conversando. Nessa conversa fico sabendo que ele não tinha nem ideia do questionário que eu havia lhe mandado... Não o havia recebido.

E então, como surgiu esse convite?

Foi iniciativa sua convidar-me, porque ele havia pedido a seu assessor que encontrasse todos os livros sobre as eleições no Brasil e aí encontrou meu livro sobre o PT, um livro que tinha uma dedicatória que fiz para ele, onde dizia que gostaria de entrevistá-lo. E então, por essa razão, me chamou. Ele queria que eu lhe fizesse uma entrevista sobre o movimento, sobre a Revolução Bolivariana... Por isso disse: "que Marta venha para me entrevistar". Mas ele não tinha ideia de todas essas perguntas que eu havia preparado. Então, nos espaços que tive, gravamos umas 18 horas de entrevistas em diferentes momentos. Uma parte no helicóptero, outra na casa...

Em uma dessas viagens, fomos à inauguração de uma escola e daí ele iria à Ilha de la Orchila[3] para ver sua família. E me disse: "Entrevista-me na viagem, mas lá eu tenho que ficar com minha filha. Aproveita-me se quiseres". Então fomos, mas o helicóptero com a filha não pôde aterrissar e assim tive a possibilidade de entrevistá-lo por cerca de três hora na noite. Nas conversas, eu lhe transmitia algumas ideias...

Estaria preocupada com o que ocorreu, que não se repetisse...

Sim. Nesse momento, depois do golpe, havia como dois países, o que você lia na imprensa e o que você via quando falava com as pessoas. A imprensa opositora mostrava um panorama muito diferente com relação ao que você via entre a população. Mas os intelectuais estavam influenciados por essa imprensa. Então eu lhe transmiti as coisas críticas que eu via.

Com todas essas entrevistas preparei o livro *Um homem, um povo*, 2003. Chávez me fez essa linda dedicatória que está no livro, este que você tem, na qual expressa que gostou muito do que escrevi.

Assessora de Chávez

Como continuou sua relação com ele? Por que em 2004 você estava morando na Venezuela...

Cerca de dois meses depois, me encontrei com Chávez em Lara, onde morava sua filha menorzinha com sua ex-mulher. Enquanto a menininha tomava leite, falávamos. E ele me perguntou se eu viria trabalhar com ele porque – segundo me disse – queria alguém crítico a seu lado.

---

[3] A ilha La Orchila pertence à República Bolivariana da Venezuela e está incluída nas Dependências Federais Venezuelanas. Ali está radicado um acampamento militar e a Base Aeronaval C/N Antonio Díaz. O Presidente Hugo Chávez Frías foi alojado ali, após ser detido por ocasião do golpe, em abril de 2002.

Nessa época, eu estava começando minha relação com Michael Lebowitz e ele tinha seus compromissos com a universidade no Canadá. Chávez se deu conta que eu não estava preparada e me disse: "Bom, se não pode, então pelo menos que venha e vá". E, assim, comecei a ir para lá a diferentes eventos desde 2003, até que Mike se liberou da questão da universidade no ano seguinte e decidimos ir morar na Venezuela.

Passamos grande parte de 2003 e 2004 em Caracas. Voltamos ao Canadá no verão de 2004; nos casamos em outubro de 2004 e depois voltamos a Caracas. O assistente de Chávez nos apressava porque dizia que o presidente estava nos esperando.

Coordenadora de assessores

Chávez quis nos fazer um contrato como assessores, mas eu disse que bastava que nos desse um lugar para morar e comer.

Quando chegamos a Caracas, fomos morar em um apartamento bem preparado do Hotel Anaúco, que é muito lindo. Aí fico sabendo que a tarefa que Chávez me havia atribuído era ser a coordenadora dos assessores. Eu não havia tido experiência de governo. E, bom, pensei que era um grupo de pessoas que teria um diálogo fluido com o presidente, que iria transmitindo e discutindo ideias. Mas não foi assim, tínhamos um telefoninho direto de comunicação com ele e discutíamos algumas coisas por telefone e se mandavam papéis...

Nunca houve trocas, conversas?

Não. Foi frustrante nesse sentido, porque eu imaginava outra coisa.

Às vezes ele chamava para dizer: "Bom, quero esclarecer esse ponto, ou desenvolve mais esse ponto". Mas não havia construção de pensamento nem discussão de estratégia e tática, nós nos inteirávamos das ideias que ele havia aceitado quando ele falava ou comentava as coisas.

Depois de um ano eu disse: "Eu creio que não estou correspondendo ao que seria necessário de uma assessora. Você precisa ter um pessoal mais técnico". Isso coincidiu com a decisão de reestruturar a equipe, passar para a Secretaria de Governo. Ou seja, havia um ministro e vice-ministros. Nós propusemos que fosse o chefe de gabinete.

Quando eu começo com a tarefa, começa também outro grupo e um dos integrantes desse grupo foi o chefe de gabinete. Éramos uma equipe bem unida. Trabalhávamos também com outra equipe, que já vinha assessorando Chávez anteriormente, que eram os do Centro de Estudos Políticos e Sociais (Ceps), onde estava Monedero, Pablo Iglesias...

Centro Internacional Miranda

Quando se reestrutura o funcionamento e a alocação das equipes é que você vai ao Centro Internacional Miranda?

Eu estava como assessora de Chávez e Michael como assessor do ministro de Economia Social [Nelson Merentes]. Juntos propusemos agregar assessores internacionais e formar um centro que fosse fundamentalmente um centro de acolhida e de reflexão desses assessores internacionais; eles deveriam cobrir áreas nas quais não havia profissionais preparados na Venezuela. Essa ideia demorou a ser implementada. Chávez a aceitou, mas se concretizou apenas no momento em que se fez a reestruturação.

Quando foi criado o Centro Internacional Miranda?

O centro é criado quando nós ainda estávamos no Palácio. Nós ainda estávamos morando no Hotel Anaúco e constatamos que lá havia um espaço acima. Então propusemos que o centro fosse instalado ali. E assim se fez. Chávez me disse: "Sim, vai. Pode usar o Hotel Anaúco para isso".

Mas essa ideia nunca foi bem implementada. No processo legal de institucionalização da proposta ficou definido que os estrangeiros não podiam dirigi-lo. Então, de fato, formalmente nós não fazíamos parte da direção, embora realmente estivéssemos na direção. Héctor Navarro foi seu primeiro presidente, mas Héctor tinha muitos compromissos e nós sentíamos que não assumiu nunca. Tivemos que pensar em outro e aí é que entrou Luís Bonilla Molina.

Quais eram as atividades que seriam assumidas pelo CIM?

Uma das missões do Centro era produzir materiais e insumos para o presidente. O centro deveria estar a serviço do Palácio. A grande discussão era quanta autonomia teria que ter. A nossa ideia – com Michael – era manter muita autonomia, não comprometer...

Com Bonilla, tivemos a possibilidade de ter o que se chamava "orçamento por programa". Ou seja, alguém fazia o programa e a equipe de Orçamento da Nação decidia que orçamento atribuía, conforme seu critério. Não sei se foi por que me conheciam, mas me aprovaram os dois programas com maiores orçamento, maiores do que os dos outros programas. E aí se viu o que significa ter um orçamento e uma equipe responsável.

Graças a isso, fizemos cinco livros em um ano. Conseguimos publicar três, os outros estão feitos, mas ainda não foram publicados porque no ano seguinte mudou tudo e em lugar de ser "orçamento por programa" voltou-se a um orçamento novamente centralizado. Então se destinou orçamento para outros livros, e esses ficaram pendentes.

Além disso, nós fizemos aliança com a editora Monte Ávila e publicamos com eles a coleção *Haciendo el camino al andar: experiencias de ocho gobiernos locales de América Latina* [*Fazendo o caminho ao andar: experiências de oito governos locais da América Latina*], 2005, e outros livros de entrevistas.

Ou seja, você manteve sua linha de livros-testemunho.

Isso. A beleza do tema foi o método que usamos para escrever esses livros. Porque a ideia era fazer livros-testemunho, mas como trazer as pessoas à Venezuela? Aí surgiu a ideia de empregar novamente a entrevista coletiva. Ou seja, se queríamos reconstruir a história do Pachakutik, convidávamos um grupo de pessoas que estiveram no Pachakutik, outro que saiu do Pachakutik, os de uma tendência e os outros de outra tendência, para ter visões diferentes. A ideia era reuni-los e ir perguntando e dando a oportunidade para que falem o que queiram e que os outros complementassem, ou seja, faziam um intercâmbio entre eles e eu gravava.

Para concretizar isso, nós convidávamos as pessoas a participarem do evento mediante uma mensagem eletrônica que enviávamos a diferentes lugares, a personalidades etc.; depois ligávamos e lhes lembrávamos da atividade um dia antes. Mesmo assim, chegavam apenas umas 60 pessoas, às vezes 30 pessoas. Mas não nos importava, porque o que queríamos era escutar o diálogo dos expositores, gravar e produzir o livro.

Claro, o objetivo não era o evento, mas o conhecimento que se produzia ali.

Exatamente. Esse método nos permitia que, se ficassem alguns vazios, meu assistente de então, Federico Fuentes, viajava ao lugar onde eles moravam e completava a entrevista. Assim o fizemos com o livro do MAS da Bolívia, por exemplo.

Para fazer este livro, primeiro você levou um grupo de especialistas a Caracas?

Sim. E depois ele foi a Bolívia e os entrevistou para completar temas que ficaram inconclusos. Para o novo livro do PT também vieram a Caracas, e ele foi depois ao Brasil e entrevistou Dirceu. Mas esse livro nunca o terminamos...

Quais foram os livros publicados com esse projeto?

O do MAS, da Bolívia (*MAS – IPSP de Bolívia. Instrumento político que surge de los movimientos sociales*, [*MAS-IPSP da Bolívia. Instrumento político que surge dos movimentos sociais*], *2008*); o do P-MAS do Paraguai (*El P-MAS del Paraguay, un instrumento político que nace del estudiantado* [O P-MAS do Paraguai, um instrumento político que nasce dos estudantes], *2008*); e agora o do Equador (*Ecuador: una nueva izquierda en busca de la vida en plenitude* [*Equador: uma nova esquerda em busca da vida em plenitude*], *2011*), que também foi feito com esse projeto, mas não com esse sistema, mas indo diretamente ao lugar. Também fizemos dois livros com experiências de prefeituras de participação popular: o do município de Torres, do estado de Lara (*Transferiendo poder a la gente. município Torres, Lara, Venezuela* [*Transferindo o poder ao povo. Município de Torres, Lara, Venezuela*], 2008), e o do município Libertador, estado de Carabobo (*Gobiernos comunitarios. transformando el Estado desde abajo* [*Governos comunitários, transformando o Estado por baixo*], *2007*).

E sobre as comunas?

Nesse momento ainda não existiam as comunas, mas ambas as experiências tinham a ideia de subdividir o território em áreas territoriais, um pouco a ideia dos conselhos comunais antes de que fossem criados. De fato, toda a questão da subdivisão territorial já estava desenhada por eles.

E seu livro, *De los consejos comunales a las comunas. construyendo el socialismo del siglo XXI* [*Dos conselhos comunais às comunas. Construindo o socialismo do século XXI*], de 2009?

Esse é um livro de ensaio porque falo da ideia do conselho comunal, dos problemas e de como resolvê-los e, em seguida, como surge o tema das comunas. Eu estava construindo a ideia de que a comuna podia ser feita juntando conselhos comunais e pronto. Fizemos um esquema de como estávamos pensando e o enviamos a Chávez. Isso nunca foi publicado. Daí me envolvi diretamente no tema do planejamento.

Por isso você não vai poder se dedicar à formação... sempre está começando alguma coisa nova.

[*Risos*]

Encontro de intelectuais; fim de sua estada na Venezuela e transferência ao Canadá

Até quando você trabalhou na Venezuela?

Na eleição de Chávez (2012) já havia saído. Mas eu entrava em contato com ele e lhe mandava materiais do Canadá.

O que foi que te motivou a ir embora?

Fui embora porque havia começado a elaborar o livro do Equador, a viajar ao Equador e à Bolívia também. Então passava muito tempo fora da Venezuela. Isso, ao lado da frustração de que as ideias e propostas ficavam no papel, foi o que me fez pensar, "bom, melhor ir morar no Canadá".

O polêmico encontro organizado pelo CIM

O mal-entendido que aconteceu em razão do encontro de intelectuais organizado pelo CIM influenciou?

Sim, claro. Depois do encontro de intelectuais convocado pelo Centro Internacional Miranda, com a polêmica que se levantou em razão das críticas que foram feitas ali à gestão do governo, alguns setores do governo e do partido (PSUV) realizaram uma grande campanha contra nós, concretamente dirigida a mim, com Mike não havia problemas.

Criou-se um ambiente muito crítico a mim no âmbito da equipe de governo, das pessoas que estavam ao redor de Chávez. Todas essas razões fizeram que pensássemos que podíamos trabalhar em outros lugares e voltar à Venezuela quando fosse necessário. Você está interessada em que te conte isso?

Sim, claro. Falemos desse encontro.

O encontro não foi organizado por mim, mas sim pelo diretor do CIM, que nessa ocasião era Luis Bonilla, ao lado de Juan Carlos Monedero e outro grupo de intelectuais preocupados com o processo, que o viam com muitas debilidades. Eles queriam contribuir, fazer uma reflexão crítica, ou seja, alertar. Isso foi em 2010.

Eu também tinha uma grande preocupação. Via que Chávez não escutava as pessoas e que dali de dentro não surgiria a solução. Eu havia começado a falar com alguns companheiros para reunirmos: Samir Amin, Ignacio Ramonet, alguns conhecidos, para escrever a Chávez.

E nisso sai esse evento do CIM. Na ocasião, eu estava em San Salvador, na posse de Funes. Quando volto, vou à sessão da tarde do primeiro dia, e os companheiros estavam felizes: "Veja, saiu na televisão a intervenção de Monedero e a intervenção de Vladimir

Acosta, muito críticas. E saíram ao vivo". Eu perguntei: "mas esse não era um evento interno?". Então me disseram: "Estamos cansados de mandar papéis a Chávez, era preciso fazer algo mais forte". Eu de fato falei, com cuidado, mas falei. Foram intervenções muito interessantes. Mas também pensei: a oposição vai fazer explodir essa questão. No entanto, não houve nenhum jornal de oposição que falasse do evento. Quem fez explodir a questão foi o presidente Chávez, comentando um artigo de últimas notícias, disse: "Muito interessante o evento etc., mas no que se refere à hiperliderança, eu não estou de acordo porque é necessário um líder; eu tenho que me defender também".

Recebeu isso como um ataque?

Claro. E eu acho que ele tinha razão na defesa. Mas qual foi o problema, o que aconteceu? Que esse artigo foi publicado com uma foto. E nessa foto estavam Michael Lebowitz, o diretor do CIM, Monedero, Peter McLaren [um dos principais representantes da pedagogia crítica revolucionária, nascido no Canadá e residente nos Estados Unidos], e eu. Era uma foto de outro evento, colocada ali. E Chávez teve a ideia de dizer: "Não pensem, vocês, que todos os que estavam ali são revolucionários". Isto foi suficiente para que o partido, o birô político, se dedicasse a nos insultar. Três pessoas nos defenderam, todos os demais... Os coordenadores regionais começaram a fazer campanha, especialmente contra mim. Eles já não suportavam que "a chilena estrangeira" estivesse ao lado de Chávez, e alguns também arremetiam contra Michael.

Por isso você se mudou para o Canadá?

Essa foi uma das razões. O que foi mais significativo no meio desta confusão foi a reação do povo. Eles me encontravam na rua e me diziam: "Companheira, isso que você disse é o que eu sinto". E saíram artigos em *Aporrea* de pessoas apoiando o evento. Foi tanto que Chávez teve que dizer: "Eu não sei o que acontece com essas pessoas, eles não entendem". Ele até quis fechar o CIM. Fomos defendidos pelo então secretário-geral ou subsecretário do partido, que já faleceu. Nessa ocasião, eu ainda escrevia a Chávez, isto é, tinha o contato e o telefone, e lhe disse que o maior erro que ele poderia cometer era fechar o CIM porque a intelectualidade não iria entender.

E não o fechou.

Não. Não o fechou. Mas em razão disso, o CIM caiu em desgraça. Pouco depois, Luis Bonilla, que é um tipo muito hábil, decidiu celebrar o 40º aniversário do meu livro, *Os conceitos elementares do materialismo histórico*. "Temos que fazer um grande ato de celebração do livro", me disse.

E então, claro: usemos Marta, que é amiga de Chávez. Vamos fazer um evento e vamos convidar Chávez. E como eu ainda tinha o telefoninho com Chávez, embora quase não tivéssemos contato, nós o convidamos para o evento. Porque também seria apresentado o livro que, por sugestão de Mike, saiu sobre mim, você o conhece?

Sim, *Marta: um tesouro da humanidade*. Fui convidada para escrever ali, mas não tinha tempo e, quando pude, já tinha havia se encerrado...

Muitas pessoas foram convidadas a escrever sobre o que meu livro *Os conceitos...* tinha significado em suas vidas. E esse livro reuniu testemunhos e opiniões muito valiosas de pessoas de muitas partes do mundo, muitas das quais eu nem sequer conhecia; foi emocionante. Bem, esse livro tinha duas cartas de Chávez.

A dedicatória para você e para Michael...

Sim. E a carta que ele nos enviou por nosso casamento.

Para colocar essas cartas no livro – embora eu fosse colocá-las de qualquer forma –, comecei a perseguir Chávez pelo telefone para que me desse autorização. E então ele me mandou uma mensagem pelo assistente, que sim, que não havia nenhum problema em publicá-las. Michael sempre interpretou, "Marta te apoio, mas você tem que entender". Não dizia isso, mas dizia: "Vá em frente, Marta", não sei o que mais... Imagino que ele estava cercado por muita gente que deve ter falado horrores sobre minha pessoa.

Falou com ele novamente depois disso?

Eu mantive contato com ele, mas bem, para quê explicar isso...

Voltando ao evento do CIM sobre o aniversário de *Os conceitos...*, vou dizer que Chávez esteve a ponto de ir porque me ligavam o tempo todo me perguntando quantas pessoas iam, a que horas seria... No final, ele não apareceu. E os ministros que tínhamos convidado também não foram. Chegou muita gente, mas nenhum dos ministros que tínhamos convidado veio, salvo Maria León, então ministra do Poder Popular para a Mulher e Igualdade de Gênero. Uma antiga lutadora comunista. Muito boa.

A ministra fez uma apresentação muito boa e eu encerrei no final. Nunca pensei no que ia dizer; não fiz um esboço, mas senti que tinha de abordar a questão da crítica pública, defendê-la, por quê? Por essa experiência prática que eu tive, em que as pessoas me diziam: "Companheira, você está me representando" etc. Eu disse que achava que a crítica pública era importante porque nossos governantes têm que ouvir o povo etc. Então, em meio a isso, a ministra me interrompeu e disse: "Eu não concordo com Marta. A roupa suja se lava em casa".

Um balde de água fria em você.

Sim. Nós tínhamos boas relações com Maria. Quando cheguei em casa com Michael, depois do evento, ele me disse, "Ligue para Maria e explique a ela". Então ligo para ela e digo: "Maria, você tem que entender que isso é necessário, que Chávez pode se equivocar, nós temos que ajudar". E ela me responde: "Chávez não se equivoca. Mas bem, escreva algo". Aí surgiu o artigo, que mais tarde incluí no fechamento do livro *Um mundo a construir*, que enfatiza a necessidade da crítica pública, especialmente quanto mais complexos são os processos.

Porque surgem problemas, debilidades...

Sim, e porque até nos melhores partidos tem que haver um alerta constante. O instrumento político tem que ter núcleos de base em que a militância controle e advirta os quadros que ela instaura com responsabilidades de governo. Porque o poder corrompe. O poder pode mudar uma pessoa.

Bem, e se não corromper, acomoda, e isso pode mudar os pontos de vista. É por isso que a rotação de cargos é tão importante. É um tema.

Chávez retifica

O que aconteceu com os assessores depois do que ocorreu nesse controverso evento crítico no CIM?

Mais ou menos dois anos depois daqueles fatos [em 22 de maio de 2012], Monedero – que foi quem falou sobre hiperliderança – apareceu em um programa de televisão na Venezuela.[4] Ele estava

---

[4] Em entrevista com Ernesto Villegas no programa Toda Venezuela, transmitido pela VTV, Monedero afirmou que quando o presidente Chávez ganhou os últimos comícios eleitorais, a direita mundial começou seu ataque e que isso é usual quando surge um país que pode ser referência da alternativa ligada ao so-

sendo entrevistado por Villegas e como Chávez costumava assistir ao programa de Villegas e telefonar de vez em quando, neste caso, ele ligou e disse: "Olá, Monedero! Como vai você? Ouça, eu me lembro bem disso que você está falando. Vocês tinham toda razão. Eu não sei que tipo de pessoas estavam à minha volta", algo assim. Imagine como ficaram os *puxa-sacos* que repetiram aquelas calúnias. [*Risos*]

Naquela época, Reinaldo Iturriza, que mais tarde se tornou o Ministro do Poder Popular para as Comunas, começou a escrever artigos especialmente destinados às leituras de Chávez. E eram artigos críticos e pelo menos uma vez Chávez leu alguns deles em público.

Iturriza fez parte da equipe de Comunicações que preparava as contribuições para os discursos do presidente, desde 2007. Em 2010, Elias Jaua assumiu a Vice-Presidência e essa equipe foi trabalhar com ele. Continuaram fazendo o que já faziam, mas também artigos com análise de maior envergadura política, digamos: análise de documentos do Partido; relatórios diários sobre o desempenho do presidente; visitavam territórios buscando as opiniões das pessoas...

Claro. Então Iturriza, em seus artigos, levantou a questão da interpelação popular. E Chávez incorporou essa questão e começou com esse tema o tempo todo. "Temos que permitir que as pessoas se expressem. Temos que dar o microfone ao povo". Bem, não sei se foi exatamente isso que ele disse, mas eu o entendi dessa maneira e o repetia. E eu acho que agora, por exemplo, o fato de Maduro impulsionar o que ele define como *governo de rua*, tem a ver com isso, com ter se convencido de que pode ser contribuição para o processo que o povo esteja atento e dê sua opinião. Um alívio.

---

cialismo. Também destacou que na Venezuela se está defendendo a democracia do mundo. E expressou: "Chávez não é um líder venezuelano, mas mundial". [Venezolana de Televisión: (http://www.vtv.gov.ve)]

O SEDIMENTO POLÍTICO DAS EXPERIÊNCIAS DE CUBA E VENEZUELA

Venezuela: a complexidade de governar

Qual seria o elemento mais importante que marcou sua experiência na Venezuela?

A complexidade do governo. As dificuldades. Já tinha visto isso um pouco no governo das prefeituras. Ou seja, isso me ajuda a compreender que a transição pacífica é muito mais complexa do que o que eu entendia de minhas leituras de Lenin.

Você voltou a pensar a revolução em democracia, digamos...

Sim. Mas não somente pelo que vivi na Venezuela, mas também pelo que eu conheci no Equador e na Bolívia. Porque há coisas que são terríveis, como as lutas palacianas, por exemplo. Isso eu não conhecia. Estar metida ali dentro me abriu os olhos.

A que você se refere com lutas palacianas?

Às diferentes correntes em disputa; às travas colocadas uns aos outros; a acusação de corrupção, que se usa como método para desprestigiar sem ter fundamento; o aproveitar-se do aparelho do Estado para beneficiar seu grupo...

E tratar de que isso não chegue aos ouvidos do presidente.

Bom, você sabe que uma das perguntas que fiz a Chávez foi sobre a questão da "caixa de cristal". E ele me disse que ele tinha clareza que era preciso romper com isso.

A caixa de cristal?

Sim. Ou seja, os grupos... o microclima. Os tipos "yes, man", que dizem sim a tudo, que lhe contam apenas coisas boas etc. Ele dizia que estava consciente disso, mas o que acontece é que alguém pode criar um mecanismo de informação, mas esse mecanismo também pode ser cooptado, então dura um pouco e depois já não cumpre sua função.

Há duas formas de manter o presidente informado. Uma, a do oportunista que quer contar apenas coisas boas. E outra, por meio dos amigos que, vendo-o tão sobrecarregado com tudo que tem sobre si, preferem não preocupá-lo com mais problemas. Então não é só a maldade, mas por amor também se pode construir isso. Eu encontrava o chefe de Gabinete e dizia: Você tem que lhe entregar isso e lhe dava um maço de papéis. E ele me dizia: "o presidente não conseguiu dormir".

Então é muito complexo. Por isso considero que a questão da descentralização é fundamental. Porque quando se centraliza tudo é impossível. Uma das coisas que nós dizíamos a Chávez era: "Você tem que pensar em sua agenda, tem que priorizar. Os trabalhadores e os intelectuais são fundamentais, então você tem de buscar as possibilidades para se encontrar com os trabalhadores e com os intelectuais". Mas Chávez era daqueles que se a Juanita, vizinha não sei de onde, queria conversar com ele, dedicava-lhe quatro horas a falar com a Juanita. Muito humano, mas muito irracional.

Empregava um tempo precioso para assuntos estratégicos em questões cotidianas...

Sim. E esse era outro dos problemas. Para combinar todas essas coisas, é preciso ser um super-homem. Mas bem, o tema é a centralização, ou seja, a descentralização. Isso tem a ver com encontrar a direção coletiva, com ter equipes, ter responsáveis, confiar, e aí está a questão.

Intervém também a formação, não é verdade? Porque essa equipe deveria ser sua equipe histórica... entre outras coisas, pela confiança.

Claro. Depois de viver essa experiência de governo, tenho pensado na questão do nepotismo. É frequente ver a família na equipe de governo... Mas é pela confiança.

Cuba, a importância da participação

Pensando em todo esse tempo em que você viveu em Cuba, como você vê a Revolução hoje?

Bom, eu digo que o processo de Cuba é admirável quanto à resistência de um povo que quer construir seu próprio destino, seu próprio caminho a tão poucas milhas dos Estados Unidos. Penso que todos os revolucionários do mundo devem reconhecer a capacidade deste povo de resistir e de ser como uma estrela que ilumina ou que fortalece em todos a capacidade de lutar por um projeto de soberania nacional.

No entanto, contrariamente aos anos iniciais da revolução, quando a revolução cubana era a inspiração para a sociedade que queríamos construir, hoje em dia não é assim.

Por quê?

Porque não foi capaz de resolver como fazer uma sociedade alternativa ao capitalismo que resolva os problemas das pessoas, questão que tem muito a ver com resolver os problemas econômicos básicos. Ou seja, para te dizer mais claramente, é admirável a resistência, mas o modelo econômico não é copiável. Não há respostas econômicas em Cuba sobre como fazer uma transição ao socialismo.

Bom precisamente aí intervém com força a realidade do bloqueio. Embora não justifique, influi. E bastante.

Sim. Mas é preciso resolver o problema econômico. Isso para mim é o mais importante. Também há outros problemas, certamente.

Quais, por exemplo?

Muitos temas. O primeiro é entender que uma coisa é o que os dirigentes desses processos sonharam – que eram sonhos maravilhosos –, e outra coisa é o que puderam implementar. Eu sempre dou o exemplo de como neste processo se sonhava com a transformação dos quarteis em escolas e eu vivi essa experiência na Sierra Maestra, quando vim aqui nos anos 1960. Mas depois, muitos quarteis continuaram ocupados pelos militares e isso não era o que os dirigentes sonharam, foi o que se impôs pela correlação de forças internacional e pela agressão imperialista dos Estados Unidos.

Então eu digo que a esquerda tem que entender que muitos dos seus sonhos ou dos projetos que se tem no início desses processos revolucionários depois não podem ser aplicados, não porque não se queira, mas porque não há condições objetivas na correlação de forças para fazê-lo. E digo isso porque os governantes atuais estão muito limitados na questão econômica e, provavelmente, gostariam de ter empresas em suas mãos para poder resolver os problemas econômicos, mas não podem nacionalizar tudo porque, digamos, isso não lhes permitiria sobreviver. Isso é a primeira coisa.

E a segunda?

A segunda, bem, esta confusão entre a propriedade estatal ou a propriedade do Estado e a propriedade social. Porque se pensava que o socialismo era o Estado proletário ter as empresas em suas mãos, e isso não é assim. Na prática, tem se demonstrado que não basta que o Estado seja proprietário para se conseguir uma maior produtividade do que as empresas capitalistas. Então aí surge o tema do que fazer para conseguir essa maior produtividade: deve-se voltar ao capitalismo ou deve-se aumentar a participação dos trabalhadores nesse processo? Talvez a improdutividade, a indiferença do trabalhador no processo de trabalho, se relacione com sua escassa participação no processo produtivo.

Como fazer com que o trabalhador aumente a produtividade no socialismo? Digo, se é um tema a ser considerado...

Para mim, esse tema é fundamental. Eu creio que aí, com as experiências que tenho estudado, a experiência iugoslava e algumas entrevistas que fiz na Venezuela sobre como o trabalhador se sente quando está construindo a solução, para mim ficou claro que quando o trabalhador sente que é parte do processo, atua de forma muito distinta de quando se sente obrigado.

Mas isso tem mais a ver com o empoderamento, não tanto com a produtividade, embora se relacionem, claro.

Você analisou o tema do aperfeiçoamento empresarial, entendo que um dos elementos desse processo era tornar os trabalhadores interessados pelo processo produtivo. Não tenho ideia até onde isso foi, mas evidentemente é preciso resolver esse problema. Na Unidade Popular, nós conseguimos uma maior participação dos trabalhadores nas empresas do que a que havia em Cuba quando eu cheguei aqui.

Creio que são dimensões que se entrelaçam: participação, empoderamento e produtividade...
Sim.

E sobre a democracia?
Sim. É preciso reconhecer que tem havido limitações no processo democrático cubano, que não é a panaceia da democracia. Eu creio que talvez haveria que dizer: não temos uma democracia perfeita porque não podemos tê-la, porque o inimigo nos impede. Essa é uma das coisas pelas quais eu defendia o partido único, mas com o sentido martiano do partido da Revolução Cubana. Mas não se pode pensar que as pessoas, que o povo, é sempre uma criança que deve ser conduzida. Há que ser capaz de entender que as pessoas têm que ser educadas para que tenham critérios próprios e possam se defender das ideias que vêm de fora, da famosa propaganda por internet ou o que seja, não é? E ter argumentos para se defender. Isso para mim parece fundamental.

Isso está articulado com todo o anterior.
Claro.

Porque a história de Cuba mostra que os Estados Unidos buscaram e buscarão por qualquer meio quebrar a unidade do povo cubano, certo? Por exemplo, bloqueia e persegue o país, mas

envia dinheiro, meios de comunicação, tudo para quem concordar em fazer um trabalho surdo contra os pilares da revolução. Então é uma guerra desigual. E isso leva a que a democracia também tenha tido que se fechar em muitas questões. Lembro que em uma assembleia do Poder Popular, Cintio Vitier disse que o parlamento cubano era um parlamento em uma trincheira. Quer dizer, não se pôde desenvolver a democracia tal como se pensava; não há espaço...

Quando se dá a formação inicial do poder popular, que registro no livro *Cuba: los protagonistas de un nuevo poder*[1] [*Cuba: os protagonistas de um novo poder*], vê-se que há uma proposta muito interessante, que realmente há interesse em que as pessoas participem, em descentralizar o poder. A ideia é descentralizar, certo? Para mim, parece que havia uma grande riqueza nessa experiência que depois foi fossilizada pela burocracia.

Essa burocracia seria uma consequência de tudo isso?

Sim, mas a criatividade inicial foi perdida, acima de tudo, pela cópia do modelo soviético. Os trabalhadores, por exemplo, não estiveram presentes nas discussões territoriais.

O processo de construção do Poder Popular em Cuba é muito resgatável, me parece. Fez-se um piloto, foi a um lugar, construiu um modelo...

Claro. É muito resgatável. Na Venezuela fazem as leis antes de fazer as coisas. Aqui as leis são feitas depois.

---

[1] Esse foi o título da edição cubana de 1979 das Ediciones Sociales, ele havia sido anteriormente publicado no México, 1975, sob o título *Cuba: democracia ou ditadura* pela Siglo XXI. (N. E.)

Porque primeiro é preciso experimentar, criar e construir um modelo, isso seria parte do laboratório social...

Por isso eu sempre disse que é interessante fazer experiências-piloto. Mas o problema que houve com o Poder Popular é que tudo foi formalizado.

Perdeu o vigor original, você diz...

Isso.

E por quê?

Aí vem o tema da burocracia, que não é soviética ou não soviética. O tema da burocracia é um tema geral. São quadros cujo *status* depende de não dar iniciativa aos demais.

Do controle...

Do controle. De concentrar as decisões, de fechar as oportunidades... É triste ver, por exemplo, um camponês que era um brilhante delegado do poder popular, que falava espontaneamente com seu pessoal, mas com o passar dos anos tinha que cumprir a normativa e então, na reunião de seu conselho popular, tinha que falar das políticas do município, das políticas do governo, tinha que ler um papel. Bom, e assim foi se deteriorando.

E por isso, na Venezuela, quando eu disse em um encontro que em Cuba o poder havia se burocratizado, alguns compas venezuelanos me acusaram de ser agente da CIA.

Isso é não entender a solidariedade internacional. Porque eu digo que a solidariedade tem de ser crítica. Se alguém pensa que vai defender mais e vai ajudar mais sendo um propagandista, não é verdade. Porque tem muita gente que só se convence quando vê conquistas e erros. As duas coisas.

Este é um assunto que daria um livro... Que outro elemento você destacaria de sua experiência em Cuba?

Bem, continuo dizendo que o processo revolucionário cubano conseguiu algo maravilhoso em termos da relação entre as pessoas. Ou seja, a solidariedade, o fato de um vizinho ajudar o outro, não importa como seja. Isso é algo muito lindo. Por isso é que eu quero vir para cá. Os últimos anos da minha vida, eu quero passá-los em Cuba, porque não encontrei isso em nenhum outro país. Sentir-me acompanhada no bairro...

Isso me parece uma coisa maravilhosa que provavelmente tem a ver com os primeiros anos da Revolução. E esperemos que não se perca.

Você vê isso como um dos desafios?

Sim. Algumas coisas me preocupam. Por exemplo, na rua onde eu morava há várias empresas. E a rua está muito deteriorada. Eu digo, bem, essas empresas deveriam ajudar a pavimentar essa rua. Ou seja, temos que buscar fórmulas.

O que você acha do igualitarismo?

Acho que há exagero no processo e que, por causa desse tipo de questões, a possibilidade de ter iniciativa foi eliminada.

É um assunto complicado.

Sim, é um assunto complicado.

O que você vê como ruim e o que você vê como bom?

Para mim, parece maravilhoso aquele período em que se pôde viver, em que não importava que você fosse o filho de quem fosse. Você ia à escola, recebia a mesma educação, recebia a mesma merenda. Recebia a mesma comida.

A questão mudou quando começou a relação com os exilados de Miami e as remessas. Os gusanos que se transformaram em borboletas, segundo o ditado popular.

As diferenças começaram...

Sim. Mas as crianças e os jovens não foram preparados para aceitar que poderia haver diferenças em Cuba.

Você se refere à diferença entre as pessoas.

Isso. Nós fomos preparados, não é verdade? Com uma moral em que se você era pobre, apesar de ser pobre, se encontrasse algo na rua, você o devolvia. Mas essa não foi a formação que muita gente aqui teve, que pensa que é um direito ter o mesmo que têm os demais e que, portanto, se há algumas pessoas que têm, o modo como outros consigam ter o mesmo não importa. E para mim, isso parece supercomplicado, que não tenhamos as pessoas preparada para assumir isso, me parece complicado diante do que está por vir.

Você acha que isso pode, talvez, romper os laços de solidariedade entre as pessoas, ou seja, que possa gerar uma espécie de ódio ou raiva daqueles que não têm para com aqueles que têm?

Pois não pensei muito nisso. Pensava nesse sentido: eu tiro tudo o que posso do Estado porque eu tenho o mesmo direito que o outro. O que mais me preocupa é a questão do consumismo, o afã de consumo.

Cuba, farol continental dos povos

Você considera que Cuba continua sendo o farol da América Latina, ou você a vê na defensiva?

Continua sendo o farol da resistência, mas não é um modelo a imitar. Ou seja, as pessoas não se sentem atraídas por esse modelo. Porque já sabemos que o modelo foi limitado não pelos desejos dos dirigentes, mas sim pela situação concreta da agressão externa. Por isso mesmo, digamos, é preciso levar em consideração também essa relação.

As pessoas entendem que se faça política partindo da correlação de forças existente, que não seja uma política do tudo ou nada, que o trânsito é lento, que é preciso aceitar uma série de coisas que não gostaria de aceitar, mas que são necessárias. Mas é preciso evitar que se pense que a solução de tudo é passar ao Estado todos os meios de produção. Essa é uma das principais lições que é preciso aprender, que o excesso de centralização é fatal.

E a importância de favorecer a iniciativa da participação popular.

Sim, claro. A participação não passa apenas por participar nas campanhas extraordinárias que Cuba tem feito. A campanha de alfabetização, a campanha de vacinação, em que quase todos os habitantes têm a sua tarefa. Isso é muito importante, mas isso não é o essencial da participação. Que também não é eleger, porque não podemos negar que em Cuba se elegem os representantes. Há um sistema representativo, embora os estadunidenses pensem que não. Eles desconhecem que a cada certo tempo se vota, se elege. Que existe um sistema diferente do deles, mas existe um sistema representativo. Existe uma participação eleitoral, portanto. Há uma participação debatendo coisas, as pessoas são consultadas. Bom, muitas coisas foram consultadas, ultimamente as Diretrizes foram consultadas... O grande problema é que isso não é suficiente. É preciso chegar à participação popular na tomada de decisões.

De todo modo, para mim sempre esteve claro que Cuba era muito mais democrática do que os países que se dizem democratas.

Há personalidades que você gostaria de destacar especialmente, que te marcaram?

Célia Sanchez, Marquitos Portal, Fidel Castro... Foram muitos, é difícil lembrar deles individualmente.

VI.
DA INFÂNCIA À TERCEIRA IDADE, ALGO MAIS QUE UM SUSPIRO...

VI.

PINCELADAS FAMILIARES

Ascendência familiar

Em que família você nasceu, de que ascendência?

Meus tataravós, do lado de meu pai, vieram da Alemanha e da Áustria. Foram eles que promoveram as Escolas Normais no Chile. Penso que minha vocação pedagógica vem daí, porque meu pai também era um grande pedagogo. Eu o admirava porque ele nos explicava todas as coisas, então eu pensava: meu pai tem que ser presidente. Porque ele sabe tanto...

A ascendência alemã era muito distante. Em minha casa, nunca se falou alemão porque minha mãe não sabe alemão. E quando eu comecei a estudar alemão, porque estava pensando em obter uma bolsa de estudos na Alemanha, minha avó Ana Jenshke Weigle era a que me corrigia a pronúncia, mas nunca ouvi falar alemão em nenhum outro lugar da minha família.

Era sua avó paterna?

Sim, mas meu pai não me colocou para estudar alemão de forma alguma, ele poderia ter me colocado em um colégio alemão, por exemplo, mas não o fez.

E seu pai falava alemão?

O meu pai falava alemão, mas nunca conosco. Ele pressionou muito para que aprendêssemos inglês e é por isso que frequentamos o que chamávamos, então, de kindergarten, que são as pré-escolas.

Como se chamavam seus pais?

Meu pai se chamava Germán e minha mãe se chamava Inés, mas como no Chile colocam María em tudo, se chamava María Inés.

Meu pai era engenheiro, como seu pai, que também era engenheiro. Tinha uma empresa de instalação dos elevadores suíços Schlinder, no Chile, que havia sido fundada por seu pai, Luis Harnecker Von Kretschmann. Meu avô tinha uma política que era que seu filho, embora fosse engenheiro, devia trabalhar como operário construindo a primeira escada rolante no Chile. Meu avô considerava que era uma formação muito boa, não só ser engenheiro, mas fazer o trabalho dos operários. Eu acho que, de certa forma, meu pai aplicou o mesmo conosco. Porque meu pai sempre valorizou as pessoas pelo trabalho, pelo estudo, e não pelos sobrenomes.

Parece-me que isto também me marcou.

E qual era a origem de sua mãe?

O sobrenome da minha mãe era Cerda. Parece que era "de la Cerda", que era mais pomposo, mas seu pai, meu avô, o suprimiu e ficou apenas "Cerda". Seu pai, que também era engenheiro, trabalhou nas minas de salitre; era gerente de uma salitreira. Ele morou em Iquique. Eu não sei se minha mãe nasceu em Iquique ou se eles foram para Iquique mais tarde. Embora tenham vivido lá por um tempo muito curto, minha mãe foi rainha em Iquique. Minha vovozinha – porque eu a chamava de vovozinha – era muito especial, uma dona de casa. Nenhuma das mulheres trabalhavam. Minha avó se chamava Zulema Sanz Frías. Lembro-me bem dela porque nós moramos cerca de seis meses com meus avós maternos, quando meus pais foram à Europa [1945].

Marca familiar

Eu pensava que todas as características da minha personalidade vinham de meu pai. E não é assim. Descobri que minha mãe era uma pessoa com características de dirigente. Nunca foi nem intelectual nem outra coisa, mas tinha uma grande personalidade. E essa personalidade estava ofuscada por meu pai, que – obviamente – a inibia completamente. Mas minha mãe tinha um problema, que minha irmã e eu sentíamos, e é que ela não conseguia expressar afeto. Certamente você conhece a teoria de Jung,[1] de que em todo homem, em todo ser humano há uma alma feminina e uma alma masculina.

Sim.

Bem, e quando há muito desenvolvimento intelectual em uma mulher ou em um homem, o afetivo, o feminino, é como mais imaturo.

É o seu caso?

Eu sou uma pessoa que não controla as emoções. Eu choro facilmente. As coisas emotivas me chegam de uma forma muito forte. Eu diria muito mais forte do que na maioria das pessoas. E acho que houve como uma necessidade de afeto. Apesar de o casamento dos meus pais ter sido feliz, e apesar de eles nos amarem e tudo isso, eu precisava de mais contato físico, mais carinho.

---

[1] Carl Gustav Jung nasceu em 26 de julho de 1875 em Kessewil, Suíça. A referência que Marta faz a sua teoria se refere à definição de persona, que Jung considerava "a imagem pública", a máscara que nós colocamos antes de sair ao mundo externo. Uma parte da persona é o papel masculino ou feminino que devemos interpretar. Para para a maioria dos teóricos, este papel está determinado pelo sexo biológico. Mas, assim como Freud, Adler e outros, Jung acreditava que, na realidade, todos nós somos bissexuais por natureza, e que a influência social nos converteria, predominante e gradualmente, no que nos dias de hoje chamamos de homens e mulheres heterossexuais cisgêneros.

Seus pais eram frios com vocês...?

Eram frios, sim. Eu me lembro que... quando adoecíamos, nós pedíamos à mamãe para nos fazer carinho e eu me lembro que isso era fantástico. Mas veja que era só quando ficávamos doentes; não todos os dias.

Você tem irmãos, irmãs?

Sim. Tenho um irmão e uma irmã; uma irmã que é um ano e quatro ou cinco meses mais nova e um irmão cinco anos mais novo.

Situação socioeconômica familiar
Você considera que sua família estava "bem situada" economicamente?

Chegamos a ser classe média alta, vindos de uma origem de classe média baixa.

Nós começamos morando em uma casa alugada, em Ñuñoa [localizada no setor nordeste da cidade de Santiago do Chile], uma comunidade popular. Eu andava de bicicleta. Além de trabalhar como engenheiro, meu pai fazia traduções. Eu lembro que ele voltava para casa e, depois de jantar, ia para um quarto no andar de cima, porque era uma casa com um terceiro andar, como um sótão, e lá se dedicava a traduzir para ganhar alguns pesos a mais porque minha mãe não trabalhava.

Fomos passando da casa alugada para outra casa alugada melhor, mas já tínhamos um carro. Depois minha mãe também teve um carro.

A certa altura, tivemos casa própria e não sei por que razão chegamos a frequentar um clube onde ia a alta sociedade.

Como era sua vida cotidiana na família?

Tínhamos empregada doméstica, mas nós aprendemos a cozinhar, aprendemos a fazer nossas próprias roupas, aprendemos todas as coisas...

Foram ensinadas no colégio?

Bom, as Monjas Argentinas nos ensinaram a bordar, mas não a cortar; minha mãe era quem sabia... Eu tinha uma tia que era uma excelente costureira, que costurava para ganhar a vida, então aprendemos com ela. Lembro-me de uma amiga que não tinha um vestido de festa, e, na véspera, minha irmã e eu nos empenhamos e fizemos o vestido para ela, uma loucura.

Mas apesar de sabermos tudo isso, meu pai era muito exigente conosco. Eu me considero insegura e sinto que talvez se deva a esse pai que, em vez de nos elogiar, era muito exigente sempre. Meu pai nunca estava contente com a filha que tinha; sempre me exigia mais e mais e mais.

Como se estivesse sempre faltando alguma coisa em você...

Sempre. Então eu acho que isso me deixou como uma marca, uma dúvida: estou fazendo bem ou não?

Infância e juventude

Como foi sua infância?

Até os 9 anos tivemos educação bilíngue, primeiro no jardim de infância e depois no que se chamava o Rainbow School, que era um colégio muito criativo. Eu me lembro das "festas indígenas", nós, as crianças, nos fantasiávamos de "indígenas", se fazia a comida típica... foi uma linda experiência que tive naquele momento.

Quais são suas principais lembranças dessa época?

Lembro que tinha um menino de quem eu gostava, disso me lembro. Quando cresci, o encontrei, mas já não gostava mais dele.

A verdade é que da Rainbow School, onde aprendi inglês, só me lembro das festas e desse menino.

Estudos secundários

Fiz o Ensino Médio no Colégio das Monjas Argentinas.[2]

"Monjas argentinas" era o nome do colégio?

Sim. Meu pai nos colocou lá. Houve uma discussão com minha mãe, porque ela queria que fôssemos para a Villa María Academy, uma escola secundária onde iam as meninas das famílias abastadas, digamos. E a discussão se deu porque meu pai rejeitava essa ideia da importância dos sobrenomes.

Até que chegamos às Monjas Argentinas, minha irmã e eu íamos às mesmas aulas, mas suponho que alguma psicóloga considerou que era melhor nos separar e, bem, desde então eu frequentei uma classe e ela foi colocada em uma mais atrasada.

Ela era menor...

Isso. Minha irmã tinha cabelo loiro e encaracolado. Eu tinha cabelo escorrido, lisos e mais para o castanho. Minha sensação era que eu não era atraente e minha irmã era. Eu me via como a menina feia com uma irmã bonita. E eu lembro que eu, de ruim que era, convenci a minha irmã que ela tinha um nariz grande. [*Risos*] Eu tinha algumas birras terríveis quando criança por causa disso.

---

[2] Colégio Argentino do Sagrado Coração de Jesus (Monjas Argentinas)

Bom...

Nas Monjas Argentinas, passei parte da Escola Primária, porque cheguei lá com 9 anos. Lembro que sempre fui líder. Eu tinha um sistema de estudo, de resumos, em uns papéis grandes onde punha toda a matéria do ano. Então depois vinha um monte de estudantes ou amigas para quem eu ia contando o papel.

Das Monjas Argentinas eu me lembro muito de uma professora de inglês que era maravilhosa. Ela nos fascinava porque nos ensinava a partir das poesias de Edgar Allan Poe ou de contos. Ela transmitia todo o romantismo. Eu adorava aquela aula.

Em contrapartida, lembro que na ginástica me colocavam de primeira, apesar de não ser a mais alta, porque tenho a possibilidade de levantar a perna muito alto.

Você praticava algum esporte?

Aos 12 anos eu era muito boa tenista. Meu treinador dizia que eu poderia ser campeã do Chile. Meu avô paterno, Luís Harnecker, foi campeão do Chile no tênis por mais de cinco anos. E um dos meus tios era de honra.

Eu cheguei à honra; é uma categoria. Mas isso durou até que entrei na universidade. Aí deixei meus compromissos. Ia apenas no domingo e para jogar bem tênis é preciso treinar muito. Também comecei a jogar vôlei aos 12 anos, 13 anos. Porque viajávamos nas férias e havia uma vizinha que era treinadora de vôlei. Seu filho era amigo meu e então jogávamos vôlei na praia. Comecei a jogar também em uma equipe em Santiago. Aí me atingiram no nariz e anos depois, em Cuba, tive que operar o nariz porque tinha um problema respiratório.

Eu não teria me operado por questões estéticas, mas aproveitei o fato de ter que fazer cirurgia por motivos terapêuticos para remover o septo. Antes eu tinha um nariz muito mais aquilino do que agora. E o mais engraçado é que meu nariz de agora se parece ao da Camila, então as pessoas pensam que minha filha se parece comigo. E não tem nada a ver.

Mesmo assim, se parecem muitíssimo.

Sensibilidade social

As Monjas Argentinas nos motivaram a ir aos hospitais aos sábados, para dar uma alegria aos enfermos. Para mim, era muito difícil ir ao hospital, mas me sentia muito feliz quando via que podia fazer as pessoas felizes. Creio que essa formação foi muito importante para mim.

Anos mais tarde, comecei a militar na Juventude Estudantil Católica (JEC), no final do Ensino Médio, e começamos a ir até as populações *callampas*,[3] como chamávamos, que são as populações mais pobres. Aí foi onde me despertou a sensibilidade social. Parece-me que eu tenho mais sensibilidade social que minha irmã. Ela é maravilhosa, ajuda a meio mundo, mas eu creio que eu tenho essa coisa de me sentir muito próxima das pessoas do povo, assim como dos jovens. O contato com os pobres foi o mais importante desse tempo, eu diria.

Vocação pela pobreza

Então veio a vocação pela pobreza, a relação com os Irmãozinhos de Foucault, essa influência da igreja dos pobres.

---

[3] Refere-se às moradias precárias, como favelas.

Os Irmãozinhos de Foucault?

Minha irmã e eu fomos muito influenciadas por esse tema da pobreza. Convivemos com umas primas que eram dois anos mais velhas que eu, Beatriz e Silvia Vicuña Cerda, que estavam muito envolvidas com o tema da pobreza com os irmãos da Fraternidade de Carlos de Foucault.[4]

Você me dizia que convivia com umas primas...

Eles moravam em Viña; nós íamos no verão e lá convivíamos, ficávamos na casa delas. Elas estavam vinculadas com a questão da pobreza.

Estamos falando do Ensino Médio.

Sim. Bom... Havia as primas mais velhas, Beatriz e Silvia Vicuña, que eram filhas da irmã de minha mãe, Teresa Cerda Sanz, que era costureira e morava em Viña. Beatriz, mais que Silvia, era como uma líder, era ela quem levava toda essa coisa da religiosidade, da pobreza. Casou-se com Hugo Boetsch, arquiteto da Universidade Católica, que fez trabalho social na Población San Manuel, em Santiago do Chile, inspirado pelo Padre Hurtado, que também estava na mesma linha. Eles nos influenciaram muito, especialmente na inclinação à pobreza.

Desde pequenas, fomos muito amigas da minha prima Luz María, que acabou de falecer – filha do irmão de minha mãe, que se chamava Juan de la Cruz Cerda Sanz, e de sua esposa Adriana Ramirez Baraona. Eu diria a você que sua influência foi muito importante para nós, devido à sua preocupação pela transformação social.

---

[4] É uma fraternidade fundada por Carlos de Foucault, que pregou sobre a necessidade de encontrar pontes de diálogo entre cristãos e muçulmanos. Morreu assassinado.

A pobreza me marcou muito. Quando ocorreu o terremoto no Chile, por volta da década de 1960, a Igreja nos pediu para dar coisas para as pessoas que sofreram com o terremoto, então eu e minha irmã decidimos dar todas as joias de ouro que meu pai havia nos presenteado como um seguro de vida: a correntinha de ouro, a pulseirinha de ouro... A maior parte das roupas. Eu cheguei a viver com três coisas, uma saia escocesa, uma Montgomery, que era uma jaqueta cruzada na frente e ajustada com bastões, e um pulovito[5] mais bonito. Isso era tudo.

Você manteve contato com suas primas?

A verdade é que depois que voltei da França, quase não as vi. Via um pouco mais Luz María, a prima que faleceu recentemente. Nesse sentido, tenho sido uma chilena atípica, porque os chilenos são muito apegados a sua família e eu não.

A religião do amor e o apaixonamento

Sempre fui muito apaixonada, então quando falava de religião ou falava desses temas da pobreza, meus amigos pensavam que eu havia me convertido pelo modo como eu assumia com tanta paixão essa questão da religião dos pobres.

O que diziam?

Diziam que eu tinha os mesmos ares dos convertidos. E para mim, realmente, a religião do amor foi fundamental. Lembro também que as freiras diziam que eu não era piedosa.

---

[5] No Chile, é chamado de *polera*. Em Cuba, por influência dos EUA, chamam de *pullover*.

Por quê?

Porque me recomendavam cilício[6] e o chicote... mas eu, aterrorizada com essas questões, não adotava.

O que significava ser piedosa para elas?

Para elas, tinha que estar na igreja rezando o rosário. É que os católicos daquela época eram muito formais, iam à missa todos os dias.

Sua passagem pela universidade

Você estudou Psicologia e continuou sua militância na Juventude Universitária Católica...

Sim. Eu entrei aos 18 anos e saí aos 24. Participei da Ação Católica Universitária (AUC),[7] creio que no primeiro ano da universidade. E cheguei a ser presidenta, como te contei anteriormente.

Proletarização

Quando eu estava na universidade, decidiu-se fazer uma pesquisa nas fábricas. A Ação Católica convocou, em 1962, os membros que estavam dispostos a trabalhar como operários nas fábricas, por

---

[6] Cilício: Acessório utilizado para provocar deliberadamente dor ou desconforto em quem o veste. Foi usado durante muito tempo nas diversas comunidades cristãs como meio de mortificação corporal, buscando, assim, combater as tentações e, sobretudo, causar identificação com Jesus Cristo nos padecimentos que sofreu na Paixão.

[7] A Igreja Católica chilena nunca foi alheia aos temas públicos do país ao longo da história. Mas os anos 1960, em especial, corresponderam a um despertar da instituição frente à realidade mundial e cristã e, por conseguinte, a um maior ativismo social para responder aos novos tempos, tanto no plano global como no nacional. No contexto de mudanças propiciado pelo Concílio Vaticano II, a Igreja Católica e a Ação Católica Universitária, particularmente, foram protagonistas do processo pelo qual passava a sociedade chilena em seu conjunto. No início dos anos 1960, a Igreja se somou às expectativas de reformas com um discurso e propostas de ação social.

dois meses durante o verão, para fazer essa pesquisa. E nós – aquela comunidade de amigos da qual já te falei, Rodrigo Ambrosio, Raimundo Beca, Cristina Hurtado, Tomás Moulian e Gabriela Tesmer, que depois foram para França – decidimos assumir essa tarefa.

Queríamos marcar nossas vidas para não nos tornarmos burgueses como todas aquelas gerações anteriores à nossa, que falava de pobreza, mas que se tornou igual às camadas médias altas etc. Queríamos uma marca que nos permitisse permanecer fiel aos nossos ideais de juventude, digamos.

Foram todos ou você foi sozinha?

Eu fui com o compa de quem eu estava enamorada, Rodrigo Ambrósio; depois vivemos como casal por alguns anos. Não me lembro se os outros foram. Rodrigo foi como mineiro do carvão, Lota, eu e outros amigos fomos para a fábrica Lucchetti, onde trabalhamos como operárias fazendo macarrão.

Rodrigo virou mineiro?

Ele ia à mina e fazia trabalhos de mineração. Trabalhei dois meses como operária na fábrica Lucchetti; trabalhava na linha de empacotamento carregando caixas o tempo todo. Foi uma experiência lindíssima. Descobri verdadeiramente a classe trabalhadora, digamos, os companheiros de trabalho, como eram saudáveis. Trabalhávamos durante a semana, mas fazíamos festa no fim de semana. A mim, eles chamavam de "Marta, a chasquillita", por causa da franja. Davam-nos um pacote de talharim, além do salário. Nós vivíamos em um bairro operário perto da fábrica, todas em um cômodo, com os colchões no chão, e ali também tínhamos a pequena cozinha e preparávamos a massa. Não tínhamos um espaço separado para cozinhar, era tudo junto. Foi uma experiência que valeu a pena.

O que mais te impactou?

Essa experiência me fez compreender melhor, digamos, que um setor dos pobres era trabalhador, não era preguiçoso. Também pude viver de perto o tema da dominação cultural, além da econômica, ao ver que muitas operárias pensavam como os patrões e não enxergavam ao seu redor. Creio que isso influenciou minha compreensão acerca da importância da educação popular; reafirmou minha vocação pedagógica. Ou seja, para mim significou uma abertura ao setor dos trabalhadores, eu diria.

O que você fez quando terminou seus estudos universitários?

Nessa ocasião, dava aulas a Rodrigo Ambrosio, meu namorado nesse momento, e a seu grupo.

Dava aulas na universidade?

Sim. Dava aulas de Psicologia Fenomenológica, na Faculdade de Sociologia

O MOVIMENTO RANQUIL E SUA ATIVIDADE NOS SINDICATOS

Quando começa sua militância política no Chile?

Quando regresso da França, venho com meu companheiro René Morales; ele era arquiteto. Nós vínhamos com a ideia de nos integrar a um partido marxista-leninista clandestino. Eu estudei a metodologia da clandestinidade dos maoístas na Espanha, na época de Franco, e trouxe essas normas para o Chile. Meu companheiro tinha contato com um grupo clandestino no qual estava Pedro Vuskovic,[1] se chamava Ranquil.[2] Era um grupo muito pequeno, nunca soubemos quantos éramos. Era a época de Frei. Neste grupo, nos ensinavam a trabalhar a partir das bases. Lembro o trabalho que fazíamos nos sindicatos.

Quando foi isso?

Era já a época de Allende, no início.

---

[1] Foi ministro da Economia do governo de Salvador Allende até 17 de junho de 1972.

[2] Em referência ao Massacre ou Levante de Ranquil, que aconteceu em junho e julho de 1934, quando grupos de camponeses e indígenas mapuches da antiga Província de Malleco, Chile, se sublevaram contra os abusos dos patrões. Foram cercados por carabineiros no dia 6 de julho de 1934. Segundo fontes, os mortos foram cerca de 500, mas a contagem dessas vítimas não foi oficializada. A versão oficial reconhece entre 150 e 200 mortos.

E o que faziam?

Trabalhávamos no cinturão industrial, com um sindicato não muito grande, da Central Única de Trabalhadores (CUT). Tínhamos que motivar os trabalhadores a participar de uma grande concentração em defesa da nacionalização do cobre, então, que fazíamos? Íamos ao sindicato, conversávamos com eles, buscávamos que eles elaborassem a palavra de ordem, que as estudassem.

Nada a ver com o sistema do Partido Comunista: "Vamos e que a CUT nos entregue os cartazes". Eles entregavam as coisas já feitas. Aqui não; nós discutíamos temas: qual a importância do cobre para o Chile, o que vai acontecer, quem são os donos do cobre agora, se o nacionalizamos quem vai se opor, que aconteceria... e daí tirávamos a conclusão: "Bom, companheiros, então se queremos que se faça isso e que não aconteça nada no país, o povo tem que estar armado".

A palavra de ordem que saiu nessa discussão foi: "O cobre para o Chile, armas para o povo". Eles me diziam, "Companheirinha, por favor, você que tem uma letra melhor, porque você não faz isso?" E eu: "Não companheiros, são vocês que têm que fazer". E chegamos uns 25, 30, em frente à Casa de la Moneda, onde se faziam concentrações. Chegamos convencidos, porque cada um havia discutido tão firmemente o assunto, e começamos a gritar a palavra de ordem. E os que levavam os cartazes com a CUT começaram a ouvir isso e a assumir nossa palavra de ordem e todo mundo começou a gritar isso. Depois pensamos que era demasiadamente radical como palavra de ordem, mas bom, havia saído da discussão.

Metodologia de base

Eu me lembro de haver escrito um artigo sobre essa metodologia de trabalho, ou seja, a importância de que as pessoas construam suas coisas e que não sejam dadas já feitas. Essa era a filosofia de Ranquil e eu agradeço enormemente, porque foi minha iniciação em uma organização política.

Recuperar as experiências populares para a formação política

Antes do governo de Allende, a questão da reforma agrária era um tema muito importante, setores camponeses lutando pela terra. Dentro dessa organização havia alguns companheiros que faziam *slides* – nessa época não havia vídeos –, então fizeram a história da luta pela terra com *slides*. Eles pegaram imagens das lutas camponesas e acrescentaram a de um papagaio que ia à casa de um fazendeiro e depois contava o pensamento do latifundiário, e como se organizava a luta camponesa... Aqueles *slides*, que duravam cerca de meia hora, nós os usamos na campanha para a presidência de Allende. Íamos para as cidades, as pessoas se reuniam e nas paredes das pequenas cidades projetavam-se os *slides* e depois se discutia. Essa metodologia me deu a ideia de usar a imagem como recurso pedagógico. Lembro que íamos a um lugar e as pessoas diziam: "Olha, é o Pedrito, é a Maria"; nos identificavam pelas imagens.

Daí surgiu a ideia de fazer a história do movimento operário. Foi uma história muito mais longa, não era meia hora. O interessante foi que, a princípio, eram esses companheiros que faziam os *slides*, mais dois ou três que íamos às fábricas para apresentá-los e fazer o debate. Mas como começamos a ser requeridos em muitas fábricas e não tínhamos tempo, começamos a delegar a companheiros sindicalistas que nos acompanharam durante cinco palestras, daquelas que mostravam a apresentação de *slides*. Íamos explicando e então eles depois podiam ir sozinhos, com essa base objetiva, digamos, apresentar e comentar os *slides*. Então vimos que esse também era um método para que os próprios companheiros fossem sendo os formadores de outros sindicalistas.

SUA ENTRADA NO PARTIDO SOCIALISTA

No momento da vitória de Allende, fizemos um grande evento, juntamos muita gente. Aí nos encontramos frente a frente com os do grupo Ranquil, porque não nos conhecíamos. E dissemos: não tem sentido continuar com uma pequena organização, aqui os dois grandes partidos da classe trabalhadora são o Partido Socialista e o Partido Comunista; temos liberdade para escolher um ou outro. Então, os que faziam os *slides*, meu companheiro e eu, decidimos ir para o Partido Socialista. Fundamentalmente porque sabíamos que lá estavam com as portas abertas para que puséssemos de imediato nossas capacidades a serviço da organização, ao contrário do Partido Comunista, que ia nos pedir anos de militância... ou seja, era mais difícil entrar e fazer as tarefas de formação política.

Porque não eram "gente experimentada"...

Exatamente. Então decidi entrar no Partido Socialista e de fato, imediatamente, tivemos ali uma responsabilidade na formação política.

ROMANCES DE JUVENTUDE

Primeiro namorado

Falemos de teus primeiros amores...

Rodrigo Ambrosio foi meu primeiro amor, realmente foi extraordinário, mas era também uma pessoa, digamos, exigente. Em todo caso, eu precisava de outra coisa. E por isso é que mesmo *pololeando* – como dizemos no Chile – com Rodrigo, pensando em nos casar, em irmos à França etc., em um determinado momento conheci outro rapaz, Carlos, um peruano que era meu aluno em Psicologia. Devia estar no último ano de Psicologia, uma coisa assim.

Era super, super-romântico; desses que dizem: "vamos Marta, dê uma volta. Como está linda...". Cantava uma canções de amor preciosas, e bom, me conquistou pela minha parte mais débil, o que me faltava. Essa é minha interpretação, porque com Rodrigo éramos um casal ideal. Todo mundo dizia: este é o casal ideal, porque tínhamos afinidades, tínhamos o mesmo projeto de vida, queríamos viver nessa vida comunitária, éramos cristãos, ele estava muito mais comprometido que eu com a política, quando eu ainda não havia chegado ao tema da política...

Ele era cinco anos mais novo do que eu, então quando meu pai queria gozar de minha relação, dizia: "E *la guagua*[1] como está?"

---

[1] Guagua – criança pequena, bebê.

Seu pai era bravo...

Era bravo, sim.

Ou seja, Rodrigo era mais jovem que você, e Carlos, o peruano, também?

O peruano também, mas menos. Não entendo como me enamorei de Carlos estando tão enamorada de Rodrigo.

Um retoque feminino.

Quando estava com Rodrigo Ambrosio eu tinha o cabelo comprido e fazia um coque. Então me deu vontade cortar um pouco o cabelo e começar a usar franja. Decidi usá-lo solto e comecei a me sentir feminina.

Na universidade, fui muito amiga de um jesuíta. Ele me chamava com frequência a sua casa para conversar, era meu diretor espiritual, e ele me considerava pouco feminina.

Ele te disse isso?

Sim. Não lembro exatamente como me disse, mas me disse. Quando cortei os cabelos essa situação mudou.

Um pré-namorado

Antes de *pololear* com Rodrigo me sentia muito atraída por outro rapaz, Jorge Leiva Cabanillas, que foi estudar para ser padre.

Que frustração. Chegaram a namorar?

Não; não chegamos a *pololear*, era um amor platônico. Nós dois trabalhávamos na Ação Católica e ele se tornou padre. Depois conheci Rodrigo e essa relação durou cerca de três anos. Quando eu e Rodrigo já havíamos decidido ir para a França, apareceu o peruano, mas essa relação durou alguns meses.

Você rompeu com Rodrigo?

Rompi com Rodrigo, claro. Fui tomada por uma insegurança em relação a isso; fui à casa de Santo Domingo[2] para tentar definir o que fazer e escolhi o peruano. Rodrigo ainda tentou me reconquistar, mas eu não sentia nada, era uma coisa muito estranha. O outro me tocava e eu sentia uma sensibilidade, uma atração, e com Rodrigo, não. Depois foi terrível porque me arrependi, mas já era muito tarde, Rodrigo havia se apaixonado por outra. Eu não admirava o peruano. Eu sabia que ele tinha uma série de problemas, me atraía o coração, mas racionalmente eu o via inseguro, alguém que não tomava decisões. Estava acostumada à personalidade de Rodrigo, que era mais parecida com a minha, então essa relação com Carlos terminou antes de eu ir para a França.

A tudo isso, Carlos, que era um malandro, um conquistador... quando íamos para a França, me disse: "Não importa, vai para a França; você quer ir, vá, não se preocupe, eu irei te ver". Mas não me disse: "Não vá, fica comigo" e, bom, rompemos.

O pré-namorado reapareceu...

Nessa época, o Jorge Leiva deixou o seminário. Então eu disse: isso é a vontade de Deus.

---

[2] Também chamada de Rocas de Santo Domingo, é uma cidade, comuna e balneário no litoral central do Chile, localizada na província de San Antonio, Região de Valparaíso

Começaram a sair...?

Sim. Mas foi cerca de três dias, uma coisa assim, talvez uma semana, mas totalmente platônico. E eu fui à França apaixonada por Jorge, vou com ele na cabeça e com Rodrigo no barco... No barco iam também meus outros dois companheiros com suas cônjuges: Raimundo Beca, Cristina Hurtado, Tomás Moulian e Gabriela Tesmer. Todos eram da comunidade que formamos. Estando com Rodrigo ali, poderia ter sido o momento de reatarmos, mas como estava com Jorge na cabeça, não aconteceu nada. Veja, quando chego a Paris, vou ao quarto do hotel com Rodrigo, enquanto esperávamos que nos alojassem... Nesse momento Rodrigo ainda queria reatar, mas eu não.

E o que aconteceu com Jorge?

Eu estava envolvida com Jorge, mas não foi adiante, a relação não se manteve. Depois, na França, tive admiradores, um argelino, um egípcio, um francês... mas me mantive até muito tarde sem ter relações sexuais.

O arquiteto

Mais adiante, tive uma relação com René Morales, que é o arquiteto chileno com quem morei na França e voltei no barco. Fomos à Grécia, passamos pela Iugoslávia e voltamos pela Itália. Foi uma viagem de carro que fizemos com uma prima minha que nos acompanhou, Adriana Cerda Ramírez.

Essa foi uma relação um pouquinho mais duradoura...

Essa foi uma relação mais duradoura. Foi ele quem me introduziu no grupo clandestino no Chile. Quando chegamos ao Chile, não tínhamos onde ficar, então eu fui à casa de meus pais, mas meu pai não me deixava receber este jovem em meu quarto porque não éramos casados; ficava furioso... Talvez porque minha mãe havia se separado dele quando eu estava na França. Acabei tendo que ir morar em uma barraca de acampamento no jardim de um amigo.

Você foi morar com esse arquiteto em uma barraca de acampamento?

Sim, sim. E depois quando a universidade me pagou, pude alugar um apartamento, não me lembro se o pagávamos juntos ou se somente eu o pagava. Mas esse homem se mostrou um pouco agressivo para minhas expectativas; me assustava.

Mas você o aguentava...

Porque era muito romântico, nisso se parecia ao peruano, muito romântico... Mas quando se irritava ou quando tinha ciúmes, era um horror. Lembro que em Paris me levava pelo braço e quando via que alguém me olhava ou sei lá o que, me apertava. Bom, tempos depois ele se apaixonou por outra pessoa e então nos separamos. Foi um alívio.

E o que aconteceu depois com o amor? Daí direto a Piñeiro?

Não. Tive cerca de três relacionamentos... encontrei de novo a um antigo namorado com o qual não pude desfrutar da relação porque era casado. Tive uma curta relação com um dos jornalistas de *Chile Hoy*. E depois com um dirigente do MIR.

Não sabia que era namoradeira...

Todos foram amores fugazes.

Morar sozinha

Quando terminei a relação com o arquiteto René Morales, comecei a morar sozinha. E eu creio que quando se começa a morar só, ter uma casa, saber que se tem um lugar para onde ir e que é seu, é importante. Estava contente, mas o que aconteceu? Começaram uma construção em frente ao apartamento onde eu morava e eu queria ter vista aberta. Então como na universidade não me pagaram por não sei quanto tempo, o dinheiro foi acumulando, quando cobrei foi a oportunidade para comprar um apartamento. Havia um edifício em frente a um parque, e os apartamentos eram vendidos a prazo, então pude comprar um. Para mim foi fundamental ter um apartamento próprio, um lugar de onde não poderiam me mandar embora.

Eu não pensava em ter uma casa própria nem em ter um carro, mas com o dinheiro acumulado que me chegou... mais o dinheiro dos direitos autorais, também comprei um Citroën para mim. Mas nunca me preocupei com dinheiro. Isso nos foi inculcado por meu pai, da poupança exagerada, porque ele nos dava um dinheiro semanalmente e dizia "Se você poupar, te dou o dobro". Eu não era daquelas que ia ao parque e comprava doces e comprava os sorvetes porque sempre estava pensando em poupar. Fui criada assim, digamos, de uma forma em que para mim era difícil gastar.

Então por que você diz que nunca se preocupou com o dinheiro?

Nunca me preocupei com dinheiro, mas sempre disse que uma coisa é uma pessoa que não tem dinheiro e que tem que buscá-lo para viver e outra coisa, como no meu caso, que tenho tido minha vida assegurada e nunca tive que me preocupar com a questão monetária.

Por que você diz que teve sua vida assegurada?

Porque meu pai ia me deixar uma herança e porque me chegou essa questão do livro, dos direitos autorais. Consegui a bolsa de estudos na França, mas sabia que se quisesse voltar ou se quisesse algo, era questão de pedir a meu pai. A verdade é que nunca quis depender.

Ele te enviava dinheiro na França?

Ele me mandava dinheiro e, quando eu não queria aceitar, mandava para minha tia para que comprasse roupas para mim nas lojas lá na França, porque se me dava o dinheiro eu comprava livros. Então, para que comprasse roupa para mim, mandava para os meus tios.

E em Cuba, como você fez?

Quando vim morar aqui em Cuba, naquele momento com 100 dólares você era rica, porque tinha a possibilidade de comprar as coisas para comer e as coisas da casa. Ou seja, não necessitava muito dinheiro; pude resolver sozinha, digamos.

E em sua vida familiar, como você é com a casa, com as plantas...?

Sempre gostei de coisas muito simples. Encantava-me a decoração de interiores. Outra de minhas vocações é essa; gosto muito de decorar.

Ou seja, toda a arrumação da sua casa, o que vemos aqui, foi você quem fez?

Isso. Também no Canadá, gosto muito dessa parte, manter em ordem. Porque é preciso limpar, tem que fazer esse tipo de coisas.

Ninguém diria que você se ocupa dos trabalhos da casa.
Bom, aqui faço tudo e no Canadá também.

Manter os livros limpos também?
É que não os mantenho tão limpos. Eu os limpo onde é visível, mas se você os retirar, lá atrás dá para ver o pó... [*Risos*]

VOLTAR À FORMAÇÃO POLÍTICA

Há duas coisas que propus recentemente do ponto de vista pedagógico: uma, o que eu chamo de formação política sem professor, que seriam palestras, com esse sistema de perguntas. E a outra é formação em participação, sem professores. Para isso serviriam os documentários que fizemos com experiências participativas em Cuba, no Brasil, na Venezuela. Não são para militantes necessariamente, podem ser ativistas ou para descobrir líderes, digo eu...

Filmar as conferências

Cerca de dois anos antes de ir embora da Venezuela, me convidaram novamente a Pontevedra, à XXVI Semana Galega de Filosofia [abril de 2009], para dar uma conferência sobre América Latina e os partidos de esquerda. Então o Instituto da Juventude do PSUV me pediu que filmasse minha intervenção. Eu sei que me comunico bem pessoalmente, mas daí a me filmarem, não sei. Bom, filmei a conferência; os jovens gostaram, mas ficou muito longa, duas horas e tanto. Então havia duas opções: uma era cortá-la e a outra, editá-la com imagens sobre o que eu dizia.

Se eu falava sobre o Muro de Berlim, buscaram na internet imagens do Muro de Berlim e as colocaram... Minha opinião é que se você faz uma palestra filmada, tem que ser seu rosto, comunicar ideias e pronto. Não colocar imagens. Esse é meu argumento.

E o que aconteceu com aquela gravação?

Foi superdifícil cortar a palestra depois de feita. Então deu muito trabalho ver como organizar as unidades e nunca ficaram homogêneas.

Você continuou com sua proposta então?

Isso. O segundo tema foi "O socialismo do século XXI". Preparei um material. Qual foi a ideia? Dar uma palestra a um grupo de umas 60 ou 100 pessoas em plenário e depois dividir em grupos de dez pessoas discutindo a temática, em salas diferentes, com um animador de grupo e um relator. Foi uma dinâmica muito interessante. Os relatores voltavam com o resultado à plenária. Então me dei conta de que os relatores não expunham o que era falado em seus grupos, mas apresentavam suas próprias ideias. E esse é um dos grandes erros: crer que o relator é um sintetizador.

Claro. São duas responsabilidades diferentes...

Sim. Por isso nunca me contentei com essas relatorias. Isso nos levou a pensar em outra solução. E decidimos que houvesse somente um animador e uma pessoa que anotasse as dúvidas que fossem surgindo. Com essas dúvidas volta-se à plenária e no final você tem um resumo das dúvidas que ficaram... E surgem propostas sobre alguns temas. Por exemplo: "Veja, é preciso fazer uma conferência sobre a Revolução Sandinista". Ou seja, pode-se fazer um programa de estudos baseados na realidade desse grupo; não uma fabricação artificial de especialistas.

Um dos erros do passado foi como decidíamos e fazíamos os cursos. Havia uma equipe que tinha muito bom conhecimento da matéria. Essa equipe formava outra, essa outra chegava embaixo, mas embaixo a mensagem chegava totalmente deformada. Com as dinâmicas de grupo se garante outra formação e, além disso, este tipo de formação – embora seja de pequenos grupos – é melhor aproveitada.

Isso você começou a fazer na Venezuela?

Sim. Comecei a fazer assim na Venezuela. Fui aprendendo. Agora temos tudo na página web.[1] A metodologia está lá, com todas as advertências: de deixarem os que sabem menos falar primeiro, coisas assim.

Reeditar os Cadernos de educação popular, *mas em vídeo*

Com a experiência do curso, com os jovens, disse: é preciso retomar de novo os textos do capitalismo, aqueles dos *Cuadernos de educación popular* que fiz no Chile. Tenho dois vídeos com esses temas: um, "Para entender o capitalismo. Conceitos prévios" [2012], e o outro, "Origem da exploração capitalista" [2012].

No primeiro, incorporo o tema de gênero – que se tratava muito pouco naquela época –, ou seja, o trabalho da mulher e o capitalismo. O outro é muito parecido ao original, porém com mais esforço pedagógico em explicar o que é mais-valia.

Está sobrecarregada de atividades...

Sim. Eu queria vir a Cuba para descansar, mas não consegui. Porque agora estou apressada, terminando o livro de planejamento.[2] E trabalhando nas cartas coletivas, porque me meti nessa coisa que eu te contava de escrever cartas coletivas de minhas viagens.

---

[1] https://videosmepla.wordpress.com/
[2] *Planificando desde abajo. Una propuesta de planificación participativa descentralizada* [*Planejamento a partir de baixo. Uma proposta de planejamento participativo descentralizado*], 2015.

Agora estou terminando de organizar as cartas sobre o Equador com fotos; ainda bem que me ocorreu colocar fotos. Porque é um compromisso escrever... Também queria estar dublando o texto do vídeo sobre a exploração capitalista, que já foi traduzido ao inglês. Esses eram meus planos, além de limpar meu computador. Mas não consegui fazer tudo.

Como era de se imaginar...

Estrita com o tempo

É comum que, se te ligam e você está trabalhando, você diga: "Agora não posso falar" e desligue.

É que eu preciso de tempo para escrever... Ou seja, eu digo muito não. Além disso, geralmente procuro não aceitar coisas que tenho que preparar, trato de intervir em temas que domino muito, ou seja, apresentação de meus livros e temas afins. Não quero empregar tempo em outras questões.

Entediar-se?

Nunca me entediei em minha vida. Nunca na minha vida tive a coisa de não saber o que fazer. Sempre tenho que decidir o que fazer entre tudo o que tenho que fazer e o que quero fazer. Nunca me entediei.

FAMA E PRIVACIDADE

Você sente que perdeu um pouco de sua privacidade?

Um pouco. Não sei se te contei o episódio que ocorreu na Espanha quando lancei meu livro *Haciendo posible lo imposible. La izquierda en el umbral del siglo XXI*, em 1999 [*Tornando Possível o Impossível – A esquerda no limiar do século XXI*].

Não falamos disso.

Eu havia estado lá antes, creio que foi em 1979. Fui entrevistada pela imprensa nas duas ocasiões e a questão é que nas fotos de 1999, estou com a mesma roupa de 20 anos atrás. Uma calça preta, você vai lembrar, com um pulôver preto e um cinto largo... Sempre uso o mesmo porque eu não preciso mudar. Lembro que você aparecia com cabelo longo, cabelo curto...

[*Risos*] Sim às vezes mudo o corte... Mas estamos falando de você agora, de sua privacidade para descansar, para passear... Diga-me, quando te pedem autógrafos, como você reage?

Isso eu detesto. Quando fui ao Peru pela primeira vez, em 1971, meu livro *Os conceitos...* já era conhecido. E quando fui à universidade, me senti como se fosse um Beatle, todos os jovens queriam que eu autografasse os livros. Depois cheguei à Bolívia, e foi outra coisa, sabe? Na Bolívia eu era Marta que "produziu algo que nos é útil". Lembro que foi superimpressionante a apresentação do livro ali, sentir esse carinho. Não foi essa coisa do autógrafo, que me incomoda.

Eu não peço autógrafos. Quando compro o livro de outra pessoa, não peço que o autografe. Eu autografo porque tenho que autografar, mas me frustro muito porque eu gostaria de colocar uma coisa pessoal a cada pessoa e não há tempo. Então isso de estar ali e que digam: "mesmo que seja uma rubrica..." eu não tenho uma rubrica especial para os livros, mas como as pessoas precisam disso, a gente acaba fazendo, mas não me sinto à vontade com isso.

O DESAFIO DE SER AVÓ

A eterna adolescente se torna avó...
Você nunca quis falar de sua idade, e agora?

Eu aparento menos, ou seja, geralmente as pessoas me dão muito menos idade. Quando cheguei realmente a aceitar que já não era adolescente foi quando começaram a me oferecer o lugar nos ônibus. Porque, bom, se olham minhas rugas no rosto, evidentemente não é de uma adolescente. Até seis anos atrás, vou te dizer, eu não dizia minha idade.

Eu lembro...

Tenho um truque para não dizer a idade. Eu continuo fazendo porque me diverte, mas agora, sim, falo minha idade. Quando me perguntavam a idade, eu sempre dizia: "Bom, calcula, tenho uma filha de tantos anos"; era como se tivesse escrito um livro aos cinco anos... porque, claro, ninguém tem filhos aos 42 anos, então as pessoas calculavam muito menos. E era assim que eu saía dessa pergunta incômoda para mim...

Agora você está na segunda maternidade...

Bom... Não tinha vontade de ser avó. Eu sempre me senti adolescente, como te disse. Nunca me senti uma senhora.

Tenho uma relação muito boa com os jovens. Nunca me vesti como senhora nem usei coisas de senhora. Então, realmente, não tinha ansiedade como outras mães, que o que querem é ter netos rapidamente. Agora, claro, é muito bom ter netos. Eu sempre dizia: a intensidade dos momentos é melhor que a duração. Isso aprendi com uma psicóloga quando estudava psicologia. Então evidentemente que eu não tenho paciência para dedicar muito tempo.

Melhor viver com intensidade e não com duração. Que você quer dizer?

Ou seja, eu posso ficar e fico feliz estando sozinha com meu neto. Mas como não tenho muita oportunidade de ficar sozinha porque minha filha sempre está presente, então os momentos que estou sozinha com ele são extraordinários.

Brincam, se divertem.

Sim. Além disso porque tenho uma excelente comunicação.

Michael diz que me dá cinco estrelas como avó. Porque viu como o trato, como manejo a relação com o menino. Mas claro, se estou sozinha. Se o garoto faz birra, eu tenho uma forma de fazê-lo reagir que também não é de ceder e fazer o que ele quiser. Porque Joaqui é muito teatral, chora, mas você se dá conta que está chorando para te manipular. Então eu digo: "menininho, estás fazendo teatro", e ele ri. E coisas assim. Então a verdade é que tenho vontade que ele cresça, porque me interessa a comunicação.

Não é verdade? Conseguir compartilhar questões. Ainda é muito pequenino. O Joaqui gosta muito que se sentem todos e que estejam à sua volta: papai aqui, vovó aqui...

Quer todo mundo à sua volta.

Claro. E assim, tocar fisicamente.

Agora vamos ver como vem a menininha, a outra neta...

A menina, sim. Está muito bem por hora. Mas, bom, não sou das mamães-avós, não sei como dizê-lo, que vive para os netos, não. Os netos são uma parte linda da vida, mas não mudam minha vida.

Você não vai deixar de escrever para se dedicar aos netos, é isso que você quer dizer...

Tenho dito que sou muito desumana, tenho que ser mais humana, tenho que dedicar mais tempo às relações afetivas de todo tipo. Então isso é parte dessa coisa que é preciso fazer. Mas eu gostaria de ter mais possibilidades de conviver com meu neto sozinha. Gosto muito das relações bi-pessoais, ou seja, de duas pessoas. Muito mais do que as de grupo, que as de família.

A MORTE, UM PROBLEMA A ENFRENTAR

Você me dizia que a morte te preocupa...

Eu senti de perto o problema no momento da pneumonia, essa carta deve ter chegado para você.

Sim.

Aí sim eu pensei pela primeira vez o que era isso. O próprio câncer não me causou o que a pneumonia me fez sentir realmente.

Você estava mais confiante que ia superá-lo.

Sim, porque não sentia dor nem nada...

Mas a morte realmente me aterroriza. Quando você começa a ver as pessoas próximas, os companheiros de Piñeiro, os problemas que têm, como vão morrendo... me lembro de minha mãe, que lia no jornal a morte de conhecidos e se alarmava. Minha mãe viveu até os 92 anos, muito lúcida.

Quando você começou a pensar na morte?

Bom, eu creio que faz muitos anos, mas senti-la assim tão de perto... Como te dizia, foi na ocasião da pneumonia e quando vejo algum filme sobre isso.

Não veja.

Não, claro. Mas você vê filmes de pessoas doentes, esses filmes tão tristes de casais em que um deles morre de câncer, ou Alzheimer nos velhinhos. Esses bons filmes que existem.

Nós sempre pensamos, sempre pensamos...

Outro problema é não morrer...

Sim. Por que o que acontece se você adoece? Esse é o grande dilema: se quer viver com uma série de problemas ou se é melhor morrer.

Ficar sozinha é outro problema. A morte do cônjuge...

Por isso que meu sonho sempre foi de viver em comunidade.

Seguramente pensava na morte há muito tempo. No Chile, um arquiteto, Fernando Castilho Velasco, faz essas construções tipo comunidades, casas com jardins comuns...

Poderiam ser, perfeitamente, residências de pessoas de terceira idade ou quarta idade.

Agora tenho esse apartamento aqui [Havana]. O ideal é que minhas amigas morassem aqui; que se mudassem para cá para que vivamos em comunidade, para nos apoiarmos.

Por isso procurou um apartamento aqui para mim, para que me mude...

[*Risos*] Sim. Parece-me importante estar perto, compartilhar...

Fazer ou não fazer testamento?

O tema da morte é complicado.

Acontece que aí vem uma coisa complicada: fazer o testamento. Veja, eu e Michael temos que fazer um testamento e estamos aqui e não o fazemos. Temos que fazê-lo porque por diferentes razões temos algum dinheiro; e há o Prêmio Libertador. Eu nunca quis ter herança, nem quero favorecer meus filhos. Meu critério é que eles têm que conquistar seu bem-estar. Ou seja, por que o filho de alguém vai ter mais possibilidades do que outro? Eu digo que eu tive possibilidades porque meu pai me deixou herança, mas não porque eu a buscasse.

Claro.

A ideia de que é preciso conquistar as coisas me parece muito importante. Mas é algo que temos de discutir, porque, bom, e os netos? Vou deixar algo para os netos? Que faremos? Criamos uma instituição? Apoiamos o Mepla? Para apoiar o Mepla é preciso ter uma equipe...

Bom, talvez o testamento não seja o mais importante...

A pressão para fazer o testamento me preocupa porque por se acaso venha a acontecer algo. Se não, eu não o faria. Havíamos dito: em Cuba vamos fazer, mas não temos tido tempo.

Não buscaram tempo...

Não. Para mim é difícil fazê-lo. Deve ser por tudo isso que te dizia.

MENSAGEM DE ENCERRAMENTO

Tendo chegado até aqui com nossa primeira série de conversações nas quais você repassa – sinteticamente – seu percurso de vida, eu te proponho que, à guisa de despedida, envie uma mensagem à juventude leitora deste texto.

Quero enfatizar isto: embora o capitalismo esteja em crise, ele não desaparecerá por si só. Se nossos povos não se unirem, não se organizarem e não lutarem com inteligência, criatividade e coragem, o capitalismo buscará sempre a forma de se recompor. Nossos povos já disseram basta e foram à luta, agora não devem se deter, a luta é longa, mas o futuro é nosso!

Adiante!

BIBLIOGRAFIA CITADA

CARRAZCO LÓPEZ, Graciela. "Armand Mattelard y su relación con los jesuitas: confrontaciones de un intelectual", Universum v. 27 n.1 Talca 2012. https://scielo.conicyt.cl/scielo.php?script=sci_arttext&pid=S0718237620120000100013

CORPORACIÓN MEMORIA MAPU. "Síntesis biográfica de Rodrigo Ambrosio", 2009. Disponível em: http://www.memoriamapu.cl/rodrigoambrosio.html

HARNECKER, Marta. "Reflexiones sobre el gobierno de Allende: estudiar el pasado para construir el futuro". In: *Historical Materialism: Research in Critical Marxist Theory*, vol. 11, n. 3, 2003.

HARNECKER, Marta. Planificando desde abajo. Una propuesta de planificación participativa descentralizada, 2015. Disponível em: http://www.rebelion.org/noticia.php?id=212889

HARNECKER, Marta. Palabras de Marta Harnecker al recibir el Premio Libertador al Pensamiento Crítico, 2014a. Disponível em: https://www.eldesconcierto.cl/nacional/2014/08/27/

HARNECKER, Marta. *Un mundo nuevo a construir (nuevos caminos)*. 2013. Disponível em: http://www.rebelion.org/docs/178845.pdf

HARNECKER, Marta. *Um mundo a construir: novos caminhos*. São Paulo: Expressão Popular, 2018.

HARNECKER, Marta. *La izquierda en el umbral del Siglo XXI. Haciendo posible lo imposible*. 1999. Disponível em: http://www.rebelion.org/docs/95166.pdf

HARNECKER, Marta. "A marca de Althusser em minha formação marxista". 2016.

HARNECKER, Marta. ¿Cuál es el rol de los movimientos sociales y los gobiernos?, 2014b. Disponível em: https://www.cetri.be/Los-movimientos-sociales-y--sus?lang=fr.

HARNECKER, Marta. *Vanguardia y crisis actual*. 1990. Disponível em: http://www.rebelion.org/docs/92106.pdf

HARNECKER, Marta. *Colombia. Combinación de todas las formas de luchas*. 1988. Disponível em: www.rebelion.org

HARNECKER, Marta. Perestroika: La revolución de las esperanzas. Entrevista a Kiva Maidanik, investigador soviético. 1987. Disponível em: http://www.rebelion.org/docs/90189.pdf

MOULIAN Tomás. El marxismo em Chile: producción y utilización. In: *Paradigmas de conocimiento y práctica social en Chile*. Santiago: Flacso, 1989. Disponível em: https://biblio.flacsoandes.edu.ec/catalog/resGet.php?resId=24997

LOZOYA LÓPEZ, Ivette (2013). "Debates y tensiones en el Chile de la Unidad Popular. ¿La traición de los intelectuales?" En: Pacarina del Sur http://www.pacarinadelsur.com/home/oleajes/45-dossiers/dossier-9/812-debates-y-tensiones-en-el--chile-de-la-unidad-popular-la-traicion-de-los-intelectuales

PEDROZA GALLEGOS, Blanca I. (2014) Catolicismo y Revolución Cubana. *In*: *Pacarina del Sur* [online], ano 6, no. 22, janeiro-março, 2015. ISSN: 2007-2309. Acesso: 20 de março de 2021. Disponível em: http://pacarinadelsur.com/home/abordajes-y-contiendas/1080-catolicismo-y-revolucion-cubana

RAMONET, Ignacio (2006). Cien horas con Fidel. Conversaciones con Ignacio Ramonet. Oficina de Publicaciones del Consejo de Estado, La Habana.

RAUBER, Isabel (2011). "Los pies, la cabeza y el corazón de Evo Morales. La fuerza de los de abajo". Em: http://isabelrauber.blogspot.com/2011/01/los-pies-la-cabeza--y-el-corazon-de-evo.html

REVISTA CHILE HOY (junho 1972 – setembro 1973). En: http://www.socialismo-chileno.org/PS/ChileHoy/chile_hoy/chile_hoy.html

STARCENBAUM, Marcelo. Itinerarios de Althusser em Argentina: marxismo, comunismo, psicoanálisis (1965-1976), UNLP, 2016. Disponível em: https://core.ac.uk/download/pdf/296392149.pdf

SUBCOMANDANTE MARCOS (2012). Rebelión amplía la recopilación de las obras completas de Marta Harnecker (actualizado hasta 2015). En: https://rebelion.org/rebelion-amplia-la-recopilacion-de-las-obras-completas-de-marta-harnecker--actualizado-hasta-2015/

TAUFIC, Camilo "Marta Harnecker: pedagoga de la nueva sociedad". Revista Paloma, Nro. 10, março 1973. Santiago de Chile. (Em fotos e imagens).

VILLALOBOS, Joaquín. El Salvador: construir um nuevo tipo de vanguardia. In: HARNECKER, Marta. *Ideias nuevas para tiempos nuevos*: Entrevistas a los cinco miembros de la Comandancia General del FMLN: Schafik Jorge Handal, Fermán Cienfuegos, Roberto Roca, Leonel González y Joaquín Villalobos sobre la situación de dicha organización, las etapas de la guerra, el concepto de vanguardia y el proyecto socialista. Chile, Ediciones Biblioteca Popular, 1991. Disponível em: https://www.marxists.org/espanol/tematica/elsalvador/villalobos/1989/jul/00a.htm. Acesso: maio de 2022.

VILLEGAS, Ernesto (2012). Programa Toda Venezuela. Venezolana de Televisión. Em: http://www.vtv.gov.ve

ANEXOS

"PARA CONSTRUIR UMA SOCIEDADE SOCIALISTA SE REQUER UMA NOVA CULTURA DE ESQUERDA"[1]

Discurso de Marta Harnecker ao receber o prêmio Libertador Simón Bolívar ao Pensamento Crítico
Caracas, 15 de agosto de 2014

1. Este livro que é premiado hoje (Libertador Simón Bolívar: Prêmio ao pensamento crítico 2013 – Venezuela pelo livro *Um mundo a construir* – novos caminhos) terminou de ser escrito um mês após o desaparecimento físico do presidente Hugo Chávez Frías e não poderia ter sido escrito sem sua intervenção na história da América Latina. Muitas das ideias aqui apresentadas estão relacionadas, de uma forma ou de outra, ao dirigente bolivariano, seja a seu pensamento, seja a suas ações em âmbito interno, ou em âmbito regional e globalmente. Ninguém pode duvidar que há um abismo entre a América Latina que recebeu e a América Latina que ele deixou.

2. Por isso, dedico a ele esse livro, com as seguintes palavras:

Ao comandante Chávez, cujas palavras, orientações e entrega exemplar à causa dos pobres servirão como uma bússola para o seu povo e para todos os povos do mundo, e serão nosso melhor escudo para nos defendermos daqueles que pretendam destruir essa maravilhosa obra que ele começou a construir.

---

[1] Por seu livro: *Um mundo nuevo a construir (nuevos caminos)*. Esse discurso foi incluído na edição brasileira do livro *Um mundo a construir: novos caminhos*, p. 259-271

3. Quando Chávez triunfou solitário nas eleições presidenciais de 1998, o modelo capitalista neoliberal já começava a fazer água. O dilema não era outro senão refundar esse modelo – evidentemente com mudanças, entre elas uma maior preocupação com o social, mas movido pela mesma lógica; a lógica do lucro, a busca do lucro – ou avançar na construção de outro modelo. Chávez teve a audácia de incursionar por este último caminho e, para denominá-lo, decidiu usar a palavra socialismo, apesar da carga negativa que tinha. Especificou que se tratava do socialismo do século XXI, diferenciando-o do socialismo soviético implementado no século XX. Não se trata de "cair nos erros do passado": nesse "desvio stalinista" que burocratizou o partido e acabou eliminando o protagonismo popular.

4. A necessidade do protagonismo popular era uma de suas obsessões e é o elemento que o distancia de outras propostas de socialismo nas quais é o Estado que resolve os problemas e as pessoas recebem os benefícios como presente.

5. Chávez estava convencido de que o socialismo não pode ser decretado de cima para baixo, que deve ser construído com o povo. E entendi, além disso, que é através da participação como protagonista que as pessoas crescem, ganham autoconfiança, ou seja, elas se desenvolvem humanamente.

6. Lembro-me sempre do primeiro programa "Alô Presidente" de caráter mais teórico, em 11 de junho de 2009, quando Chávez citou extensamente a carta que Piotr Kropotkin – o anarquista russo – escreveu a Lenin em 4 de março de 1920: "Sem a participação das forças locais, sem uma organização das forças de baixo, dos camponeses e dos trabalhadores, realizada por eles mesmos, é impossível construir uma nova vida. Parecia que os sovietes serviram precisamente para cumprir esta função de criar uma organização a partindo da base. Mas a Rússia tornou-se uma república soviética apenas no nome. [...] a influência do partido sobre as pessoas

[...] já destruiu a influência da energia construtiva que os sovietes possuíam, essa instituição promissora".[2]

7. É por isso que, muito cedo, eu acreditei que era necessário distinguir entre o projeto e o modelo socialista. Entendia por projeto as ideias originais de Marx e Engels e, por modelo, a forma como este projeto havia se materializado na história. Se analisarmos o socialismo soviético, vemos que nos países que implantaram esse modelo de socialismo – que recentemente foi nomeado por Michael Lebowitz como "o socialismo dos condutores e dos conduzidos", baseado no modo de produção vanguardista –, o povo deixou de ser o protagonista, os organismos de participação popular foram se transformando em entidades puramente formais, o partido tornou-se a autoridade absoluta, o único depositário da verdade, quem controlava todas as atividades econômicas, políticas, culturais, ou seja, o que deveria ter sido uma democracia popular se transformou em uma ditadura do partido. Esse modelo de socialismo que foi chamado por muitos de "socialismo real" é um modelo fundamentalmente estatista, centralista e burocrático, onde o grande ausente era o protagonismo popular.

8. Lembram-se que quando esse socialismo entrou em colapso e se falava da morte do socialismo e da morte do marxismo? Então, Eduardo Galeano, o escritor uruguaio que todos vocês conhecem, dizia que haviam nos convidado para um funeral que não era nosso. O socialismo que havia morrido não era o projeto socialista pelo qual lutávamos. O que aconteceu na prática tinha muito pouco a ver com o que Marx e Engels conceberam como a sociedade que

---

[2] A citação continua: "No momento atual, são os comitês do 'Partido', e não os sovietes, que têm a direção na Rússia, e sua organização sofre os efeitos de toda organização burocrática. Para sair desta desordem mantida, a Rússia deve retomar todo o gênio criativo das forças locais de cada comunidade" [a citação continua, mas eu me detenho aqui MH].

substituiria o capitalismo. Para eles, o socialismo era impensável sem um grande protagonismo popular.

9. Mas essas ideias originais de Marx e Engels não apenas foram desvirtuadas pela prática soviética e pela literatura marxista difundida por esse país nos âmbitos da esquerda; foram também ofuscadas ou simplesmente ignoradas nos países fora da órbita soviética, devido à rejeição produzida por esse modelo associado ao nome de socialismo.

10. Quase não se sabe que, segundo Marx e Engels, a futura sociedade que eles chamavam de comunista permitiria o pleno desenvolvimento de todas as potencialidades do ser humano, desenvolvimento que seria conseguido através da prática revolucionária. A pessoa não se desenvolve por arte de magia, se desenvolve porque luta, porque transforma (transformando as circunstâncias, a pessoa transforma a si mesma).

11. Por isso que Marx aceitava como algo natural que os trabalhadores com os quais se iniciaria a construção da nova sociedade não fossem seres puros, mas pesava sobre eles o "esterco do passado", e por isso é que não os condenava, mas confiava que eles iriam se libertando dessa herança negativa através da luta revolucionária. Ele acredita na transformação das pessoas através da luta, da prática.

12. E Chávez – provavelmente sem ter lido essas palavras de Marx – também entendeu assim. Em seu primeiro "Alô Teórico" de 11 de junho de 2009 alertou às comunidades sobre a necessidade de se ter cuidado com o sectarismo. E orientou:

> [...] se há gente, por exemplo, pessoas que não participam em política, que não pertencem a partido algum, tudo bem, não importa, bem-vindas. Digo mais, se vive por aí alguém da oposição, chamem-no. Que venha a trabalhar, que venha a demonstrar, a ser útil, que a pátria, tudo bem, é de todos. Deve-se abrir espaços para eles e vocês verão que com a práxis muita gente vai se transformando. É a práxis que transforma as pessoas, a teoria é a teo-

ria, mas a teoria não se prende na alma, nos ossos, nos nervos, no espírito do ser humano e na realidade nada se transformaria. Não vamos nos transformar lendo livros. Os livros são fundamentais, a teoria é fundamental, mas precisa ser levada na prática porque a práxis é a que transforma verdadeiramente o ser humano.

13. Em contrapartida, não tem nada a ver com o marxismo a prática "coletivista" do socialismo real que suprimia as diferenças individuais em nome do coletivo. Basta lembrar que Marx criticava o direito burguês por pretender igualar artificialmente as pessoas em vez de reconhecer suas diferenças. Ao pretender ser igual para todos, termina sendo um direito desigual. Se dois trabalhadores recolhem sacos de batata e um recolhe o dobro do outro, deve se pagar ao primeiro o dobro do segundo? O direito burguês diz que sim, sem levar em conta que o trabalhador que recolheu a metade estava doente naquele dia, ou nunca foi um trabalhador forte porque em sua infância foi mal alimentado e que, portanto, talvez com o mesmo esforço do primeiro pôde render apenas a metade.

14. Marx, pelo contrário, afirmava que uma distribuição verdadeiramente justa deveria levar em conta as necessidades diferenciadas de cada pessoa, e daí sua máxima: "De cada um segundo sua capacidade, a cada um segundo suas necessidades".

15. Outra ideia de Marx muito tergiversada tanto pela burguesia como pela prática soviética foi sua defesa da propriedade comum ou coletiva.

16. Que costumam dizer os ideólogos da burguesia? Os comunistas (ou socialistas) vão te expropriar tudo, teu refrigerador, teu carro, tua casa etc.

17. Quanta ignorância! Marx nem nenhum socialista ou comunista pensou jamais em expropriar os bens de uso das pessoas. O que Marx postulava era a ideia de devolver à sociedade o que lhe pertencia e que tenha sido apropriado injustamente por uma elite, ou seja, os meios de produção.

18. O que a burguesia não entende ou não quer entender é que só há duas fontes da riqueza: a natureza e o trabalho humano, e que sem o trabalho humano a potencial riqueza contida na natureza nunca poderia ser transformada em riqueza real.

19. Marx destacava que não existe apenas o trabalho humano atual, mas que também existe o trabalho passado, ou seja, o trabalho incorporado nos instrumentos de trabalho.

20. As ferramentas, as máquinas, as melhorias feitas na terra e, claro, as descobertas intelectuais e científicas que aumentam substancialmente a produtividade social, frutos todos do trabalho humano, são uma herança que se transmite de geração em geração, são uma herança social, são uma riqueza do povo.

21. Mas a burguesia, graças a todo um processo de mistificação do capital – que aqui não podemos explicar por questões de tempo – tem nos convencido de que os donos dessa riqueza são os capitalistas, que por esforço, criatividade e capacidade para os negócios, e por serem os donos das empresas têm direito a se apropriar do que elas produzem.

22. Apenas a sociedade socialista reconhece essa herança como social, e por isso considera que deve ser devolvida à sociedade e que deve ser usada pela sociedade e em interesse da sociedade em seu conjunto e não para servir a interesses privados.

23. Esses bens, nos quais está incorporado o trabalho de gerações, não podem pertencer a pessoas específicas, nem a países específicos, mas sim à humanidade como um todo.

24. A questão é como garantir que isso ocorra? A única forma de fazê-lo é desprivatizando esses meios e os transformando em propriedade social. Mas como a humanidade de começos do século XXI não é ainda uma humanidade sem fronteiras, esta ação deve começar em cada país e o primeiro passo é que os meios de produção estratégicos passem à propriedade de um Estado que expresse os interesses das e dos trabalhadores.

25. Mas a simples transferência para as mãos do Estado dos principais meios de produção é apenas uma simples mudança jurídica de proprietário, já que se nas empresas agora em mãos do Estado a mudança se limita a isso, continua a sujeição dos trabalhadores a uma força externa. A administração capitalista é substituída por uma nova administração, agora socialista, mas não modifica a situação alienada de trabalhadores no processo de produção. Trata-se de uma propriedade formalmente coletiva, porque o Estado representa a sociedade, mas a apropriação real ainda não é coletiva.

26. É por isso que Engels afirma que "a propriedade do Estado não é a solução [embora] abriga já em seu seio o meio formal, a alavanca para chegar à solução".

27. Em contrapartida, Marx afirmava que era necessário acabar com a separação entre o trabalho intelectual e o trabalho manual que transforma o trabalhador em uma peça a mais da engrenagem; que as empresas devem ser geridas por seus trabalhadores e trabalhadoras. E assim, Chávez, seguindo suas ideias, defendeu com tanta ênfase que o socialismo do século XXI não podia se limitar a ser um capitalismo de Estado que mantivesse intocados processos de trabalho que alienam o trabalhador ou a trabalhadora. A pessoa que trabalha deve estar informada do processo de produção como um todo, deve poder controlá-lo, poder opinar e decidir sobre os planos de produção, sobre o orçamento anual, sobre a distribuição dos excedentes, inclusive sua contribuição para o orçamento nacional. Não era esse, por acaso, o plano socialista da Guayana?

28. Mas aí surgirá o argumento da burocracia administrativa socialista: como vamos entregar a administração das empresas aos trabalhadores?!

29. E no âmbito das comunidades e das comunas, um tema que não posso abordar aqui, entre muitos outros que eu gostaria de abordar, lembro sempre o que Aristóbulo Istúriz dizia: "temos que governar com as pessoas para que as pessoas aprendam a se governar".

E entendo que o presidente Maduro está buscando esse objetivo ao promover a participação do povo organizado em sua gestão de governo, no que ele tem chamado de Conselhos de Governo Popular.

30. Várias vezes mencionei o socialismo do século XXI e, para mim, essa é a meta a alcançar" e chamo de transição socialista ao longo período histórico de avanço a essa meta.

31. Mas de que tipo de transição estamos falando? Não se trata da transição em países capitalistas avançados, que nunca ocorreu na história, nem da transição em países atrasados que conquistaram o poder do Estado pela via armada, como ocorre com as revoluções no século XX (Rússia, China, Cuba), mas de uma transição muito particular onde só se conseguiu chegar ao governo pela via institucional.

32. E em relação a isso, penso que a situação na América Latina na década de 1980 e 1990 pode ser comparada em certos aspectos com a que foi vivida pela Rússia pré-revolucionária do início do século XX. O que foi para ela a guerra imperialista e seus horrores tem sido para nós o neoliberalismo e seus horrores: a extensão da fome e da miséria, uma distribuição cada vez mais desigual da riqueza, a destruição da natureza, a crescente perda de nossa soberania. Nessas circunstâncias, vários de nossos povos disseram "basta!" e foram para adiante, primeiro resistindo e, depois, passando à ofensiva, e, em razão disso, os candidatos presidenciais da esquerda ou centro-esquerda que defendem programas antineoliberais começam a triunfar.

33. Foi assim que, frente ao evidente fracasso do modelo neoliberal tal como estava sendo aplicado, surgiu o seguinte dilema: ou se refundava o modelo capitalista neoliberal ou se avançava na construção de um projeto alternativo movido por uma lógica humanista e solidária. E já dizíamos que foi Chávez quem teve a audácia de incursionar por este último caminho e acreditamos que o presidente Maduro está buscando ser consequente com seu legado. Logo outros governantes, como Evo Morales e Rafael Correa, lhe seguiram. Todos eles conscientes de que as condições objetivas econômicas

e culturais, a correlação de forças existentes no mundo e em seus países lhes obrigaria ainda a conviver, não por pouco tempo, com formas de produção capitalista.

34. E dizemos audácia porque esses governos enfrentam uma situação muito complexa e difícil. Não apenas devem enfrentar o atraso de seus países, mas devem fazê-lo sem contar com o poder do Estado em sua totalidade. E fazê-lo a partir de um aparelho de Estado herdado cujas características são funcionais ao sistema capitalista, mas não o são para avançar ao socialismo.

35. No entanto, a prática tem demonstrado – contra o dogmatismo teórico de alguns setores da esquerda radical – que se esse aparelho está administrado por quadros revolucionários, esses quadros podem utilizá-lo como um instrumento para dar passos firmes até a construção da nova sociedade.

36. Mas, para isso, esses quadros não podem se limitar ao uso do aparelho herdado, é necessário que – usando o poder que têm em suas mãos – vão construindo os alicerces da nova institucionalidade e do novo sistema político, criando espaços de protagonismo popular que vão preparando os setores populares para exercer o poder desde o nível mais simples até o mais complexo.

37. Este processo de transformação a partir do governo não é apenas um longo processo, mas também um processo cheio de desafios e dificuldades. Nada garante um avanço linear, pode haver retrocessos e fracassos.

38. Devemos lembrar sempre que a direita respeita as regras do jogo até onde lhe convém. Podem perfeitamente tolerar e até propiciar a presença de um governo de esquerda se este puser em prática sua política e se limitar a administrar a crise. O que tentarão impedir, sempre se valendo de meios legais ou ilegais – e nisso não podemos nos iludir – é que se realize um programa de profundas transformações democráticas e populares que coloque em questão seus interesses econômicos.

39. Disso se deduz que esses governos e sua militância de esquerda devem estar preparados para enfrentar uma forte resistência; devem ser capazes de defender as conquistas democraticamente alcançadas contra forças que enchem a boca com a palavra democracia sempre e quando não se toque em seus interesses materiais nem seus privilégios. Por acaso, aqui na Venezuela, não foram as leis habilitantes[3] que tocavam levemente esses privilégios que desencadearam o golpe militar apoiado pelos partidos de oposição de direita contra um presidente democraticamente eleito e apoiado por seu povo?

40. Mas também é importante entender que essas elites dominantes não representam toda a oposição, que é fundamental que se faça uma diferenciação entre uma oposição destrutiva, conspiradora, antidemocrática e uma oposição construtiva, disposta a respeitar as regras do jogo democrático e a colaborar em muitas tarefas de interesse comum, evitando, assim, colocar no mesmo saco todas as forças e personalidades opositoras. Se somos capazes de reconhecer as iniciativas positivas que podem ter motivado a oposição e, de antemão, não condenar como negativo tudo o que venha dela, penso que isso ajudaria a aproximar muitos setores que hoje estão distanciados, talvez não as elites dirigentes, mas os quadros médios e amplos setores da população influenciados por eles, que é o mais importante.

41. Em contrapartida, penso que se ganharia muito mais se, ao combater suas ideias erradas suas propostas equivocadas, fossem utilizados argumentos e não agressões verbais. Talvez estes sejam muito bem recebidos pelos setores populares mais radicais, mas produzem rejeição em amplos setores médios e, também, em muitos setores populares.

42. Outro desafio importante para esses governos é a necessidade de superar, no meio do povo, a cultura herdada, mas não só

---

[3] Lei que concede poderes ao presidente para legislar por decretos.

lá, também nos quadros do governo, dos funcionários, dos militantes e dirigentes do partido, dos trabalhadores e seus dirigentes sindicais (individualismo, personalismo, carreirismo político, consumismo).

43. Por outro lado, como os avanços costumam ser muito lentos, e frente a esta situação, não poucas pessoas de esquerda se desanimam, porque muitos pensaram que a conquista do governo seria a varinha mágica para resolver prontamente os problemas mais sentidos pelas pessoas, e quando essas soluções não chegam com a rapidez esperada tendem a se desiludir.

44. Por isso é que penso que, da mesma maneira que nossos dirigentes revolucionários devem usar o Estado para mudar a correlação de forças herdada, devem também realizar uma tarefa pedagógica frente aos limites ou freios que encontram em seu caminho – o que chamamos uma pedagogia dos limites. Muitas vezes acredita-se que falar ao povo das dificuldades é desanimá-lo, desalentá-lo, quando, ao contrário, se os setores populares são informados, se a eles é explicado por que não se pode alcançar de imediato as metas desejadas, isso os ajuda a entender melhor o processo em que vivem e a moderar suas demandas. E também os intelectuais devem ser alimentados com informação para que sejam capazes de defender o processo e para que possam realizar uma crítica séria e construtiva se for necessário.

45. Mas esta pedagogia dos limites deve ir acompanhada simultaneamente de um aumento da mobilização e da criatividade populares, evitando domesticar as iniciativas das pessoas e preparando-se para aceitar possíveis críticas a falhas da gestão governamental. Não apenas se deve tolerar a pressão popular, mas se deve entender que é necessária para ajudar os governantes a combater os desvios e erros que podem ir surgindo no caminho.

46. Sinto-me frustrada de não poder falar de tantos outros temas, mas devo finalizar essas palavras e para fazê-lo quero ler al-

gumas das várias perguntas – que coloco no livro – que acredito que possam nos ajudar a avaliar se os governos mais avançados já mencionados estão dando passos no esforço para construir uma nova sociedade socialista:

47. Os governos mobilizam os trabalhadores e o povo em geral para levar adiante determinadas medidas e aumentam suas capacidades e poder?

48. Entendem que necessitam de um povo organizado, politizado, capaz de pressionar para enfraquecer o aparelho estatal herdado e assim poder avançar no processo de transformações proposto?

49. Entendem que nosso povo e especialmente as e os trabalhadores têm que ser atores de primeira linha?

50. Ouvem e dão a palavra às pessoas? (povo)

51. Entendem que podem se apoiar neles para combater os erros e desvios que vão surgindo no caminho?

52. Recebem recursos e são chamados para exercer o controle social do processo?

53. Em síntese, contribuem para criar um sujeito popular cada vez mais protagonista, capaz de ir assumindo cada vez mais responsabilidades de governo?

54. Nesse sentido creio ser de transcendental importância a proposta de discussão nacional aberta a todos os setores sociais do país sobre o tema do preço do petróleo. Parece-me transcendental porque o povo, e não o partido, é convocado a discutir. Penso que o papel do partido deve ser o de envolver-se plenamente nele sendo o instrumento facilitador de tal debate.

55. Quero terminar este texto insistindo em algo que não me canso de repetir:

56. Para que possamos avançar vitoriosamente neste desafio é necessária uma nova cultura de esquerda: uma cultura pluralista e tolerante, que priorize o que nos une e deixe em segundo plano o que divide; que promova a unidade em torno a valores como: a

solidariedade, o humanismo, o respeito às diferenças, a defesa da natureza, rejeitando o afã de lucro e as leis do mercado como princípios orientadores da atividade humana.

57. Uma esquerda que se dê conta que a radicalidade não está em levantar as bandeiras mais radicais nem em realizar as ações mais radicais – seguidas apenas por uns poucos porque assustam à maioria – mas que seja capaz de criar espaços de encontro e de luta para amplos setores, porque constatar que somos muitos os que estamos na mesma luta é o que nos faz fortes, é o que nos radicaliza.

58. Uma esquerda que entende que se deve ganhar hegemonia, ou seja, que se deve convencer em lugar de impor.

59. Uma esquerda que entende que mais importante do que o que fizemos no passado, é o que faremos juntos no futuro.

PALAVRAS DE MARTA HARNECKER AO RECEBER O PRÊMIO DE CIÊNCIAS SOCIAIS QUE LHE FOI OUTORGADO PELO CLACSO[1]

19 de novembro de 2018
Ferrocarril Oeste, Buenos Aires.

Estou muito emocionada com este inesperado prêmio, e gostaria de poder estar com vocês para recebê-lo, mas circunstâncias da vida me impediram de fazê-lo. E tenho certeza que Isabel Rauber o fará melhor que eu. Eu só queria enviar-lhes algumas breves ideias que estão presentes em meus últimos escritos.

Estes estão dirigidos àqueles que desejam construir uma sociedade humanista e solidária, com pleno protagonismo popular. Uma sociedade que ponha em prática um modelo de desenvolvimento ecologicamente sustentável, que satisfaça de forma equitativa as verdadeiras necessidades da população e não as necessidades artificiais criadas pelo capitalismo em sua louca corrida por obter mais lucro. Uma sociedade na qual quem decide o que, quanto e como produzir seja o povo organizado.

A questão então é: como conseguir esse pleno protagonismo; como fazer com que se interessem por ele não só os militantes e simpatizantes de esquerda, mas todas as cidadãs e cidadãos, e não apenas os setores populares, mas também os setores médios; como conseguir que os interesses solidários prevaleçam sobre os interesses

---

[1] Revisado e editado conjuntamente para ser lido por mim em tal evento.

egoístas; como conseguir que os setores mais desfavorecidos e esquecidos passem a ser considerados e que se busque saldar com eles a dívida social contraída pelos governos anteriores; como conseguir que a riqueza de uma sociedade passe a ser gerida pela sociedade e não por uma elite, e possa, portanto, colocar-se a serviço de toda ela.

Estou convencida de que é através do que denominamos de planejamento participativo descentralizado que se pode alcançar esses objetivos. E por isso estou convencida de que este é o principal instrumento da nova sociedade humanista e solidária que queremos construir.

Ao não ter matiz político, já que convoca a todas e todos os cidadãos a participar na elaboração do plano de desenvolvimento contribuindo com sua opinião e colaborando nas diversas tarefas envolvidas, o planejamento participativo cria amplos espaços de encontro que permitem reunir tanto a pessoas da mais diferentes militâncias políticas, como pessoas que nunca militaram em um partido, ou que sentem rejeição pelas más práticas políticas e pelos políticos.

Essa forma de planejamento não é apenas o instrumento ideal para conseguir uma plena participação das cidadãs e cidadãos na gestão dos assuntos públicos, mas também que, ao mesmo tempo, as pessoas envolvidas neste processo crescem humanamente, se dignificam, aumentam sua autoestima, ampliam seus conhecimentos em aspectos políticos, culturais, sociais, econômicos, ambientais. E o mais importante, deixam de se sentir mendigando soluções do Estado. Ao contrário, se sentem construtores de seu próprio destino.

Nesta atividade, como em toda atividade humana, há um duplo produto. Um primeiro produto objetivo material – o plano construído de forma participativa, que é algo palpável porque está à vista de todos – e um segundo produto subjetivo espiritual muito menos tangível, que apenas um olhar atento descobre: a transformação das pessoas através dessa prática, seu crescimento humano.

Muito obrigada.

PERFIL BIOGRÁFICO

Marta Harnecker (Santiago, Chile, 1937-Vancouver, 15 de junho de 2019) foi uma proeminente intelectual marxista chilena e latino-americana. De família de imigrantes austríacos, militava no catolicismo durante sua juventude, onde se destacou como líder da Ação Católica Universitária. Bacharel em Psicologia pela Universidade Católica do Chile, destacou-se desde cedo por suas habilidades como comunicadora e pedagoga. Em 1963 partiu para a França, com uma bolsa de estudos para aprofundar sua estudos. Lá conheceu Althusser, com quem se formou no pensamento marxista e abandonou os fundamentos do humanismo cristão, ao encontrar uma superação no que definiu como socialismo científico.

No final de 1968 retornou ao Chile, onde iniciou uma ativa militância no Movimento Ranquil; após o triunfo da Unidade Popular, se integrou ao Partido Socialista.

Seu livro *Os conceitos elementares do materialismo histórico* irrompeu com força nas universidades no início dos anos 1970, como texto obrigatório para os estudos do marxismo. Com várias reedições, o livro alcançou uma difusão de difícil repetição no campo da teoria marxista. Mais adiante publicou os *Cadernos de Educação Popular,* que foram amplamente utilizados pelas organizações de esquerda e sindicatos para a formação de seus militantes.

Dirigiu a revista *Chile Hoy,* até o golpe militar contra o governo de Salvador Allende. Exilada em Cuba, casou-se com Manuel

Piñeiro, chefe do Departamento das Américas do Comitê Central do Partido Comunista de Cuba. Com ele teve sua filha, Camila. Em Cuba, dirigiu o boletim *Chile Informativo*, trabalhou na Revista *Bohemia* e depois, em 1991, fundou o Centro de Pesquisa Memória Popular Latino-Americana (MEPLA), do qual foi sua diretora. Na época de sua viuvez, casou-se [2004] com o economista marxista Michael Lebowitz, com quem se trasladou para morar na Venezuela durante anos. Foi assessora de Hugo Chávez entre 2004 e 2011 e membro da equipe de direção do Centro Internacional Miranda (CIM), em Caracas.

Depois Marta se mudou para o Canadá com o marido e dividiu seu tempo entre este país, Cuba, onde vive sua filha, e a Venezuela, onde oficialmente continuava residindo e onde recebeu o "Prêmio Libertador ao Pensamento Crítico", em 15 de agosto de 2014, por seu livro Un nuevo mundo a construir.

Em 2018, o CLACSO concedeu-lhe o Prêmio de Ciências Sociais.

A partir de 1996, foi colaboradora ativa do portal Rebelión, onde todas as suas obras (mais de oitenta livros) estão disponíveis.